급변하는 군 환경 속의 체계적인 교육 및 올바른 윤리관 확립

군대윤리

김용현·김남수·김성우·김영종
송준화·임계환·이승규 공저

Millitary
Ethics

백산출판사

군대윤리

머리말

Preface

우리 군의 존재목적은 국민의 군대로서 국민의 재산과 생명을 보호하고 국가를 보존하는 일이라 할 것이다. 특히 직업군인들의 올바른 가치관과 윤리의식은 군 전투력과 사기에도 엄청난 영향을 미친다고 할 수 있다.

군에서 정신개혁은 직업군인들이 투철한 국가관과 직업관, 사생관을 확립하여 행동으로 실천함으로써 건전하고 당당한 군대문화를 창출하는 것이다. 군에서 정신개혁을 국방개혁의 출발점으로 삼는 이유도 바로 여기에 있다. 그러나 안타깝게도 최근 직업군인들 사이에서 충성과 명예를 중시하던 군의 전통적 가치관이 점차 희석되고 국가에 대한 희생과 헌신보다는 물질적 보상에 대한 기대심리가 상승하고 복무기강이 해이해지는 모습이 자주 언론을 통해 보도되고 있다.

이와 같은 현상은 군 간부들의 명예심과 책임의식, 사명감이 부족하기 때문에 일어나는 현상이라 할 수 있다.

군 간부들의 정신개혁과 올바른 가치관은 신세대 병사들의 선도 및 교육에 대단한 영향력을 미치기 때문에 심도 있게 다루어져야 하고 치밀하고 철저하게 교육이 이루어져야 한다고 본다.

이러한 급변하는 군 환경 속에서 어떻게 하면 체계적으로 교육을 시키고 올바른 윤리관을 확립할 것인가를 고민 끝에 본서를 발간하게 되었다.

본서의 구성은 제1장에는 군대의 역할과 사명에 대해서 가장 기본적인 것부터 설명하였고, 제2장에는 군대사회와 윤리에 대하여 기술하였다. 여기에서는 군대윤리의 개념과 성격, 군대사회의 특징에 대하여 알기 쉽게 설명하였고 군대문화와 시민문화의 차이점에 대한 설명을 함으로써 군대사회에 대하여 이해를 돕도록 하였다. 제3장에서는 바람직한 간부 윤리규범에 대하여 개인적인 생활윤리규범과 군간부로서 직업적인 윤리규범을 구별하여 소개하였으며, 제4장에서는 각국의 전통적인 군 간부상에 대하여 한국의 화랑도 정신과 비교하여 자세하게 기술하였다.

그리고 제5장과 제6장에서는 충·효·예 교육에 대하여 정의에서부터 교육의 필요성, 나아가 충·효·예 교육의 실천방향에까지 포괄적으로 접근하여 자세하게 설명하였다.

본서를 집필하면서 이 한 권의 책만 잘 교육하고 참고로 한다면 군 간부로서 소양에 필요한 지식은 다 정리될 수 있도록 하는데 중점을 두었다.

이 책을 출간하면서 저자로서는 최선을 다하였지만, 많은 부족한 부분이 있으리라 생각을 하며 차후에 계속 보완해 나갈 것을 다짐해 본다.

끝으로, 이 책이 나오기까지 아낌없는 지원과 배려를 해 주신 백산출판사 사장님과 임직원 여러분께 진심으로 감사를 드리고 싶다.

아무쪼록 본서가 군사학에 입문하여 향후 군 간부로서 근무하게 될 학생에게 좋은 지침서가 되고 자그마한 지표가 되었으면 더할 나위가 없겠다.

2011년

공저자 일동

차 례

Contents

부록1

부록2

군대윤리

제1장

군대의 역할과 사명

Military Ethics

軍隊倫理 Chapter 1

군대의 역할과 사명

제1절 전쟁과 국방

‘칼과 창’을 ‘낫과 쟁기’로 만들고자 하는 평화에 대한 인류의 염원과 이상은 강렬하지만, 지구상에 전쟁이 없던 날은 그리 많지 않았을 정도로 영원한 평화에 대한 이상과 현실간의 괴리는 인류의 역사가 시작된 이래 지금까지도 계속되고 있다.

한 연구가의 조사에 따르면 1480년에서 1970년까지 490년 동안 적어도 311회의 전쟁이 지구상에서 발생했는데, 이중 137회가 공식적인 강화조약의 체결로 종결되었고, 나머지 174회의 전쟁은 강화조약 없이 종결되었다고 한다. 그리고 강화조약을 맺고 종결된 전쟁 가운데 그 강화조약 문구에 ‘약방의 감초’처럼 삽입되었던 ‘영구적 평화’의 평균수명은 약 20년에 불과했다는 것이다.

20세기에 들어와서도 인명피해(人命被害)가 많았던 주요 전쟁들을 조사한 기록에 의하면 매 4.9년마다 전쟁이 발생했음을 보여 주고 있고, 지금도 세계 도처에서 전쟁은 계속되고 있다.

가. 전쟁의 본질과 현대전쟁의 특징

(1) 전쟁의 목적과 목표 및 수단

우리는 전쟁에 대비하여 국방을 하며 군비를 갖춘다. 그렇다면 전쟁이란 무엇인가? 이런 의문은 전쟁의 본질, 목표, 목적 그리고 수단이 무엇인지 이해하면 쉽게 이해될 수 있을 것이다. 전쟁의 본질과 목표, 목적 그리고 수단을 이해하기 위해 한쪽이 완전히 항복할 때까지 싸우는 두 사람의 레슬러(격투기)를 상상해 보자. 두 격투사는 각기 자기와 대결하고 있는 상대방을 쓰러뜨리려고 사력(死力)을 다하며, 그리하여 상대를 더 이상 저항할 수 없게 만드는 사람이 결국은 승리자가 된다. 이와 같은 비유를 통해서 독일의 군사전략가인 클라우제비츠(von Klausewitz, Karl, 1780~1831)는 "전쟁이란 자기의 의사를 관철시키기 위해 적을 굴복시키려는 폭력행위"라고 정의했다. 전쟁에 관한 이런 정의로부터 우리는 전쟁의 목적과 목표 그리고 전쟁의 수단을 도출해 낼 수 있을 것이다. 전쟁의 목적은 적에게 자기의 의사를 강요하여 이를 관철시키는 것이며, 전쟁의 목표는 적으로 하여금 더 이상 저항하지 못하도록 적을 굴복시키는 것, 적을 섬멸(殲滅)시키는 것이다. 그리고 전쟁의 수단은 바로 물리적 폭력, 즉 군사력(또는 무력)이다.

(2) 전쟁의 원인

전쟁은 인류가 싫어함에도 불구하고 지구상에서 사라지지 않고 있다. 도대체 전쟁은 왜 일어나는가? 이에 관해서는 여러 학설이 있다. 즉 전쟁은 동물이나 인간에 있어서 동종에 속하는 집단간의 생사를

건 야만적인 투쟁으로 생물계의 보편적인 현상이라는 생물학적 학설, 인간에게 고유한 공격성과 투쟁본능 그리고 지도자의 영웅심에 그 원인이 있다는 심리학적 학설, '전쟁은 다른 수단에 의한 정치' 또는 '전쟁은 정치의 연장'이라고 보아 전쟁의 원인을 정치에서 찾으려는 정치학적 학설, '가진 자와 가지지 못한 자 간의 투쟁'으로 전쟁의 원인은 자본주의 경제체제에 있다는 마르크스-레닌의 학설에 이르기까지 다양한 이론들이 존재한다.

전쟁의 원인에 관한 이들 학설들은 각기 문제점을 내포하고 있다. 첫째, 생물계에 있어서는 투쟁과 인류사회의 전쟁은 현저히 다른 성질을 띤 것으로, 생물계를 지배하는 생존경쟁의 법칙이 이성(理性)을 가진 인간에게 그대로 적용될 수 없다는 점에서, 생물학적 학설은 전쟁의 근본적 원인을 찾는데 실패했다고 할 수 있다. 둘째, 인간의 투쟁본능이나 공격성은 전쟁의 원인이 된다기보다는 오히려 전쟁의 발생으로 인하여 비로소 자극된다는 점에서 비추어 볼 때 심리학적 학설에도 문제가 있는 것이다.

셋째, 전쟁의 원인은 정치적인 데 있을 뿐만 아니라 경제적·인종적·종교적·사상적인 데에도 있기 때문에, 그 원인을 정치적인 것에서만 찾거나 경제적인 것에서만 찾는 정치학적 학설이나 마르크스-레닌의 학설 또한 편협한 이론이라 하겠다. 역사상 실제로 발생했던 전쟁들을 살펴보면, 앞에서 열거한 전쟁의 원인들이 복합적으로 작용하고 있음을 알 수 있다. 원시 전쟁시대에는 주로 토지, 식량, 가축 또는 노예의 획득이나 보복 또는 자위(自衛) 등이 전쟁의 주된 원인이 되었으며, 고대 전쟁시대에는 여기에 민족이주, 지배자의 모험 등이 추가가 된다. 1520~1648년의 종교전쟁은 종교적 요인이 전쟁의 주원인이 되었던 것이며, 근대 기술전쟁시대에는 경제적(영토, 식민지, 자원, 시장 등), 종교적·군사적(군사적 위협, 전략요충 쟁탈, 군비경쟁 등) · 정치적(제국건설, 지배자의 권위 증대, 세력권의 확대, 특권의 획득, 세력균형, 국제질서 개편 등) 목적의 달성이나 자위 등이 전쟁의 요인이 되고 있다.

(3) 고전적 전쟁의 원리

나폴레옹시대 이후부터 제2차 세계대전까지의 기간에 걸쳐 의심의 여지없이 정당시되어 왔던 고전적인 전쟁원리는 다음과 같은 특징들을 지니고 있는데, 그 첫 번째 특징은 절대전쟁을 전쟁의 완벽한 형태로 보고 적의 저항을 분쇄하는 무력 섬멸전에 총력을 집중시키는 것을 가장 중요시했다는 점이다. 둘째, 전쟁과 평화가 명확하게 양분된다는 사실을 의심하지 않았다는 점이다. 따라서 "전쟁이 없는 상태가 평화이고, 평화가 없는 상태가 전쟁이다"는 것이다. 셋째, 승패의 형태와 의미가 완벽했다는 점이다.

이상과 같은 특징중 마지막인 폭력의 상호 무한계 발전원리에 주목해 보자. 이 원리에 따르면, 개념상에 한계가 없는 상호간의 단계적 확대가 전쟁의 기본적인 매커니즘이라는 것이다.

그러나 이러한 단계적 확대원리는 현실적인 여러 조건의 저항으로 인해 실현될 수 없다. 물량, 인원, 기술, 유통 및 기타의 현실적인 여러 조건에 의해 얼마 못가서 서로 투쟁하는 두편 중의 한편이 보다 빨리 한계에 도달하지 않을 수 없다.

힘의 단계적인 확대 결과, 한편이 현실적으로 힘을 전부 써 버리고 말았을 때 조금이라도 남은 힘을 보유하고 있는 승자는 모든 것을 얻게 되고, 패자는 모든 것을 잃게 되는 것이 승패의 원리로서 작용했다. 어쨌든, 승패가 명확했기 때문에 그것은 하나의 해결책이 될 수 있었다.

(4) 현대전쟁의 특징

전쟁원리는 그 후 핵무기의 출현과 공산주의 전쟁관에 의해 변화를 겪게 되었다. 우선, 폭력의 상호 무한계 확대원리는 필연적으로 핵과 만나게 될 것이고, 핵무기의 상호 무제한적 사용은 승리하는 쪽이나 패배하는 쪽을 막론하고 모두를 파멸시키는 결과를 초래함으로써 승리나 패배의 의미가 없게 된다. 그렇다면 적어도 핵전쟁, 혹은 그것을 유발할 가능성이 큰 전쟁은 발생되기 곤란하게 되고, 따라서 단계적 확대의 원리는 크게 제한을 받게 된다. 이것을 핵의 '억지력(抑止力)'이라고 부른다.

핵무기는 가공할 만한 파괴력을 지녔으면서 바로 이 때문에 대규모 전쟁을 억제하는 억지력을 발휘할 수 있는 것이다. 그렇다고 전쟁의 의의와 원인이 소멸된 것도 아니다. 그 결과, 제2차 세계대전 이후 제한전쟁, 국지전쟁, 대리전쟁, 심리전쟁, 혁명전쟁, 게릴라전쟁 등 전쟁답지 않은 전쟁이 발생하게 되었다. 이것은 모든 전쟁은 핵전쟁으로까지는 발전되지 않는다는 것을 전제조건으로 야기된 현상이라 할 수 있다. 핵무기의 등장에 의해 전쟁의 양상이 이처럼 변하게 된 것과 병행하여 정치, 경제, 사상 등 비군사적 수단을 무력(武力)에 대처하고자 하는 발상의 전환이 이루어졌다.

정치, 경제, 사상 등의 영역을 전쟁에 동원하고 조직하는 것에 대해 최초로 명확하게 언급한 사람은 아마도 독일의 루덴도르프 장군(Ludendorff, E.F.W., 1865~1937)일 것이다. 그는 제1차 세계대전을 통해 얻은 지식을 이용하여 『국가총력전』이라는 책을 저술했다. 국가총력전 개념을 전쟁이 군사력만으로 이루어지는 것이 아니라는 새로운 전쟁관을 낳았다. 이러한 전쟁관으로서의 전환은 공산주의 전쟁관의 접촉을 통해 더욱 촉진되었다.

공산주의자들에 따르면 착취가 없는 세계가 이루어지지 않는 한, 다시 말하면 전 세계가 공산화되지 않는 한 전쟁은 사라지지 않는다는 것이다. 따라서 전세계의 공산화를 위한 투쟁에 전념하는 것만이 지구상에서 전쟁을 종식시켜 진정한 평화를 달성하는 길이라고 주장한다. 그들에게는 이를 위해 폭력을 행사한다는 것은 모럴의 문제가 아니라 유효한 수단이냐 아니냐의 여부에 따라 결정될 전술의 문제에 불과하다.

그들은 "만약 전쟁이 다른 수단에 의한 정치의 계속이라면 평화도 다른 수단에 의한 투쟁의 계속에 지나지 않는다"고 말함으로써 전쟁과 평화를 구분하지 않고 투쟁의 두 가지 수단이라고 본다.

그들은 군사력을 대신해서 또는 군사력과 병행해서 정치적, 경제적, 사상적 수단을 전쟁에 동원하며 게릴라전, 심리전, 정치사상전 등을 적절히 구사한다. 따라서 공산주의자들과의 전쟁은 그만큼 복잡하고 난해한 요소들이 개입되어 있다.

나. 군대의 기능과 역할

(1) 국방의 의의와 의미

손자병법은 "전쟁은 나라의 중대한 일이다. 국민의 생사와 국가의 존망이 달려 있다(兵者國家之大事 死生之地 存亡之道)"고 하여 전쟁의 심각성을 지적하고 있다. 전쟁에서 이겨도 많은 피해를 입지만 하물며 전쟁에 졌을 경우에는 어떻게 되겠는가? 국민들이 직접적으로 입게 될 손실은 말할 필요도 없고, 나라를 송두리째 잃게 된다. 나라를 지키는 일, 즉 국방이 중요한 것은 바로 이런 이유 때문이다. 따라서 세계 어느 나라를 막론하고 막대한 부담을 감수하면서 국방을 위해 군대를 보유하고 있는 것이다.

민주국가에서 국방은 바로 나라의 주인인 국민이 자기 자신을 지키기 위한 것이며, 군대도 국민들 스스로에 의해서 구성된다. 근대국가가 발생하기 이전의 봉건제하에서 전쟁은 "국왕이 전쟁을 하거나 정부가 개전(開戰)을 하거나, 일반백성들은 이에 상관하지 않고 마치 입장료를 내고 구경하는 구경꾼들의 구경거리" 정도에 지나지 않았으며, 군대는 왕실과 왕권을 지키기 위한 근위병이나 영주의 용병에 지나지 않았던 것이다.

양반이나 귀족은 사회의 특권층이었을 뿐만 아니라, 군대에서도 그의 능력에 관계없이 지휘관이나 장교가 되었다. 이런 현상은 근대 국민국가의 출현 이후 급변하게 되었는데, 전쟁은 '국민과 국민과의 전쟁', 즉 '국민전쟁'으로 그 성격이 바뀌었으며, 군주나 소수 상비군만의 문제가 아니라 전 국민적 사업이 되었던 것이다. 군대는 국민군의 성격을 띠게 되고, 전쟁은 보다 치열해지며, 국가와 국민의 생존을 좌우하는 것으로 부각되었다.

(2) 군대의 존재 의의

군대가 왜 존재하는지 그 의의를 위해 복잡한 학설이나 이론을 원용할 필요가 없다. 군대가 없거나, 있더라도 그 규모가 작고 힘이 약할 때 그 결과가 어떻게 되는지를 보면 알 수 있을 것이기 때문이다. 먼저 가장 가까운 예로서 이라크의 쿠웨이트 점령을 들어보자.

1990년 8월 2일 새벽 1시(쿠웨이트 시간)에 이라크의 최정예부대인 공화국수비대사령부 소속의 3개 사단(1개 기계화보병사단, 2개

기갑사단)이 쿠웨이트국경을 넘어 침공해 들어왔다. 2개 사단은 주공으로 쿠웨이트시를 향해 남진했고, 다른 1개 특수작전부대가 쿠웨이트시를 공격하기 시작했다. 주요 정부시설에 대한 헬리곱터 공격이었다. 한편, 특공조들은 아미르궁전과 기타 주요 시설에 대하여 상륙공격을 감행하였다. 국왕 아미르는 사우디아라비아로 도피할 수 있었으나 그 형은 이라크 공격 중에 살해되었다.

전투기의 지원을 받는 이라크의 공격부대는 05:30에 쿠웨이트시에서 특수작전부대와 합류했다. 공격을 개시한지 18시간만인 8월 2일 19:00에 이라크는 쿠웨이트의 수도를 완전히 장악했다.

쿠웨이트군은 이라크군의 상대가 되지 못했다.

8월 6일까지 이라크는 점령한 쿠웨이트 지역을 통합, 정리하고 군대에 대한 재보급을 실시하였다. 이때는 이미 이라크군의 11개 사단이 쿠웨이트에 진주해 있었다. 이것은 2천대 이상의 전차의 지원을 받는 20만명 이상의 병력규모였다. 8월 8일 사담 후세인 이라크 대통령은 쿠웨이트를 “이라크의 19번째 행정구역, 이라크의 영원한 일부분”이라고 선언하고, 쿠웨이트와의 합병을 발표하였다. 군사력이 절대적으로 열세했던 쿠웨이트는 제대로 저항 한번 해보지 못하고 불과 일주일 만에 이라크에 나라를 빼앗기고 말았다.

1950년 6월 25일, 38도선을 넘어 침공해 오는 북한 인민군을 막지 못해 불과 3일만에 적에게 수도 서울을 내준 것도 우리의 군사력이 북한에 비해 상대적으로 너무 열세했기 때문이었다. 적은 200대 이상의 탱크를 앞세우고 진격해 왔지만, 우리 국군에게는 단 한대의 탱크도, 단 하나의 대전차지뢰도 없었던 것이다. 그야말로 무방비 상태에서 당한 것이다.

우리가 일제에 나라를 빼앗긴 것도 따지고 보면 강한 군대가 없었기 때문이요, 얼마 남지 않은 군대마저도 힘이 없어 일제에 의해 강제로 해산당했기 때문이다. 나라를 잃고 나서야 군대의 필요성을 절감하였다. 1941년 임시정부 포고문은 "슬프다, 군대는 국가의 간성(干城)이니, 간성이 없이 어찌 국가를 보존할 수 있으며, 국가를 보존하지 못하고 어찌 국민이 존재할 수 있으랴, 이것은 공허하고 막연한 이론이 아니라 만고불변의 진리이고, 역사가 주는 교훈이며, 우리가 몸소 체험한 사실이다"라고 절규하면서 광복군 창설을 서두르게 된다.

손자는 "용병의 원칙은 적이 오지 않으리라고 믿어서는 안되고, 언제와도 대적할 수 있는 자신의 대비(對備)를 믿어야 하며, 적이 공격하지 않으리라는 것을 믿을 것이 아니라 공격해 오지 못하도록 하는 방비태세를 믿어야 한다"고 하여 군비와 군대의 존재의의를 역설한 바 있다. 그래서 다산(茶山) 정약용(丁若鏞)도 "군대는 백년 동안 한번도 사용하지 아니할 수 있으나, 단 하루라 할지라도 갖추지 않으면 안된다(兵可百年不用 不可一日無備)"고 역설하였다.

(3) 군대의 기능과 역할

군대는 평소에 적이 감히 침략에 오지 못하도록 나라의 방비를 튼튼히 하는 한편, 전쟁에 대비해서 힘을 기르는데 온갖 노력을 다해야 하며, 일단 전쟁이 발발했을 때는 어떻게 해서든지 적을 섬멸하고 전쟁에서 이겨야 한다. 전자를 군의 전투준비태세 기능이라 한다면, 후자는 군의 전투작전수행 기능이라 할 수 있을 것이다.

"칼은 평화로울 때 갈아라"고 했듯이, 유사시 전승을 보장하는 것은 완벽하게 사전대비를 하는 것이다. 평시에 실전과 같은 훈련을 강조하는 것도 이 때문인데, 전투준비는 인적자원의 확보, 무기나 장비 또는 물자의 획득과 관리로부터 교육훈련 및 교리발전에 이르기까지

다방면에 걸쳐 이루어진다.

전투준비태세 기능과 전투작전수행 기능이라는 기본적인 역할 이외에도, 군대는 적의 군사력과 이의 동향에 대한 첩보 및 정보를 수집하고 분석하는 일을 끊임없이 수행해야 한다. 이와 함께 적의 침투를 차단하고 침공을 사전에 경보해야 할 경계기능 수행은 필수적이다. 군의 첩보수집 및 경계기능은 최전선의 말단 초병에 의한 것으로부터 최신 전자장비나 인공위성을 이용한 것에 이르기까지 군대의 전제대가 수행해야 한다. 이상과 같은 전투작전수행 기능과 전투준비태세 기능 그리고 첩보수집 및 경계기능 등 기본적인 기능 이외에도 부차적으로 대민활동 기능을 들 수 있다. 대민활동이란, 교육, 기술훈련, 공공사업, 농사, 수송, 통신, 보건, 공중위생 및 기타 사회경제적 발전에 공헌할 수 있는 모든 분야에서 일반사회나 지역주민들에게 유용한 사업을 군대가 지원해주는 것을 말한다. 우리나라의 근대화 과정에서 우리 군이 도로 및 교량건설, 건축 등 사회간접자본 형성에 기여한 점이나, 각 분야에 걸친 기술인력을 양성, 배출한 점 등은 바로 군의 대민활동 기능이 성공적으로 발휘된 예라 할 수 있다.

군의 대민활동으로 빼놓을 수 없는 것은 태풍이나 홍수 등 천재·지변을 당했을 때 군이 보유하고 있는 물자와 인력과 장비를 투입하여 이를 구제하기 위한 재난구조 기능이 있는데, 이 밖에도 군은 특히 제2국민교육기관으로서 산업인력 등 다양한 국가의 인력자원 개발과 책임 있는 민주시민양성 등 주요한 사회교육적 기능을 수행한다.

다. 군사력과 국력

(1) 국력과 군사력의 관계

한 나라의 국방력은 그 나라가 지니고 있는 전력(戰力)에 의해서 결정된다. 그런데 '전력'이란 협의로는 '군대의 전투력'을 의미하지만, 광의로는 한 나라의 '전쟁수행력'을 지칭한다. 전자가 군사력만을 지칭한다면, 후자는 군사력을 포함한 국력의 여러 요소, 즉 한 나라의 경제력, 정치외교력, 과학기술력 그리고 사상력 등을 지칭한다.

전쟁의 형태가 오직 '무력전(武力戰)'에 국한되었던 시대에는 한 나라의 전력은 오직 그 나라의 군사력에 국한되고, 군사력 이외의 국력, 즉 경제력, 정치력, 과학기술력, 사상력 등은 군사력의 보조적 수단으로서밖에 문제시되지 않았다. 그러나 현대와 같은 총력전시대에 있어서는 군사력 이외의 국력요소들도 직접 전쟁에 동원하고 있다. 이에 따라 경제력에 의한 '경제전쟁', 정치력에 의한 '정치전쟁', 과학기술력에 의한 '과학기술전쟁', 사상력에 의한 '사상전쟁' 등이 군사력에 의한 '무력전쟁' 못지않은 전쟁의 형태로 중요시되고 있다.

물론, 현대와 같은 총력전 시대에 있어서 비록 군사력 이외의 국력이 군사력 못지않게 중요하다고 해서 군사력의 상대적 중요성이 과소평가된다는 의미를 함축하는 것은 아니다. 아직도 군사력은 전력의 핵심적 요소로서 또한 국력의 중요한 요소로서 결정적 의미를 지니고 있다. 따라서 아무리 국토가 넓고 자원이 풍부하며 인구가 많고 국민소득이 높다고 하더라도, 군사력이 약한 나라는 그만큼 국방에 취약하다고 말할 수 있을 것이다. 그렇기 때문에 오늘날 세계 각국은 자국의 국력에 걸맞은 군사력을 보유하고 유지하려고 하고 있는 것이다. 이와 같은 맥락에서 볼 때, "힘은 재화(財貨)보다 더 중요하다. 왜냐하면 힘의 반대인 허약은 이미 획득한 재화뿐만 아니라, 우리의 생산력, 우리의 문명, 우리의 자유 그리고 우리의 독립마저도 힘이 우세한 편의 손아귀로 넘어가기 때문이다"라는 독일의 경제학자 리스트(List, Friedrich, 1789~1846)의 말은 국가보위를 위한 군사력의 유지가 얼마나 중요한가를 새삼 일깨워 주고 있다.

(2) 현대전과 군사력

현대전은 첫째, 핵전쟁으로부터 게릴라전, 정치심리전 등에 이르기까지 전쟁의 형태가 매우 다양하다는 특징을 지니고 있다. 다행이 아직까지는 핵보유국 간의 전면전이 일어나지 않았으나, 그렇다고 앞으로 핵전쟁이 절대로 일어나지 않으리라는 보장이 없기 때문에 승자와 패자 양측을 동시에 파멸시키는 핵전쟁은 피해야 한다는 발상으로부터 국지전이나 재래전의 상대적 비중이 중대하고, 게릴라전 또는 정치심리전이 유효한 수단으로 수행되고 있다.

둘째, 현대전은 고도의 과학기술무기가 전쟁의 승패를 좌우한다. 첨단 과학기술무기는 날이 갈수록 그 위력을 발휘하고 있다. 걸프전은 그 대표적인 사례라 하겠다.

걸프전은 '무기체계가 전술교리를 초월한 최초의 전쟁'이라고 할 정도로 무기체계의 중요성을 부각시켰다. 정밀도에서 획기적인 발전을 이룬 미군의 무기체계 앞에 이라크 군은 상대가 되지 못했다.

그 결과, 이라크군은 병력 54만 5천명중 사망 8만여명, 포로 10만명의 인명손실을 입은데 비해, 다국적군은 병력 53만명중 사망 149명, 포로 13명에 불과한 손실을 입었을 뿐이다. 이라크군은 탱크 4,230대중 4천대가 파괴당했고, 다국적군은 3,360대중 불과 4대밖에 손실되지 않았다. 무기체계가 우월한 쪽이 거의 완벽한 승리를 거둔 것이다.

셋째, 현대전은 엄청난 전쟁비용이 든다. 걸프전 동안 다국적군이 전쟁에 투입한 경비는 대략 450억 내지 5백억달러로 추산되며, 이런 추세는 장차전에 있어서는 더 증가할 가능성이 있다.

제1차 세계대전에서는 적병 1명을 사살하는데 드는 비용은 2만1천달러로, 총탄으로 따지면 20만발, 포탄은 20발이 소요되었다. 제2차 세계대전에서는 더욱 상승해서 적병 1명 사살에 5만달러, 총탄 200만발, 포탄은 400발이 소요되었다. 그러나 오늘날에 이르러서는 무기의 정확성으로 총탄이나 포탄의 양은 상대적으로 줄어들었을지는 몰라도 무기나 포탄가격이 상당히 고가의 것으로 전체 전비는 급상승하고 있다.

넷째, 현대전은 전쟁이 최단기간내 종결되는 속전속결전의 형태를 취한다는 점을 들 수 있다. 이스라엘과 아랍간의 '6일전쟁'이나 걸프전에서 지상작전이 겨우 4일만에 종결된 것 등은 장차전의 양상을 예고해 주는 좋은 예라 하겠다.

이상과 같은 현대전의 특징으로부터 우리는 오늘날 군사력의 건설과 유지가 얼마나 어렵고 복합적인 요소들이 고려되어야 하는지를 알 수 있을 것이다.

범죄는 나쁜 짓이고 저질러서는 안되는 것이라고 비난한다고 해서 범죄가 없어지지 않는 것처럼, 전쟁을 인류의 죄악이라고 규탄한다고 해서 지구상에서 전쟁이 결코 없어지는 것이 아니다. 전쟁이 범죄와 마찬가지로 인간조건의 일부로 계속되리라는 사실만은 우리가 받아들이지 않을 수 없다. 이는 엄연한 현실이기 때문이다.

따라서 전쟁을 막아 평화를 유지하기 위한 최선의 길은 평화에 대한 그저 막연한 기대나 꿈에서 깨어나야 하며, 언제 일어날지 모르는 전쟁에 대비하는 일 뿐인 것이다.

"천하가 비록 평안하다 해도 전쟁은 잊으면 위태롭다(天下雖安 忘戰必 : 『司馬法』)", "그대 평화를 바라거든 전쟁에 대비하라(베제티우스)", "전쟁에 대비한다는 것은 평화를 유지하는데 가장 유효한 수단의 하나이다(워싱턴)"는 격언들은 만고불변(萬古不變)의 진리라 하겠다.

제2절 국군의 이념과 사명

우리나라 헌법은 전문(前文)에 "밖으로는 항구적인 세계평화와 인류공영(人類共榮)에 이바지함으로써"라고 하고, 제5조 제1항에서는 이를 구체화하여 "대한민국은 국제평화의 유지에 노력하고 침략적 전쟁을 부인한다"라고 하여, 대외적으로 평화주의(平和主義)를 표방하고 있다. 이와 같은 평화주의의 표방은 침략적 전쟁을 일으키지 않겠다는 의사표시를 동시에 나타낸 것이다. 따라서 우리 헌법은 침략적 전쟁을 부인하고 있을 뿐 외부의 침략이 있는 경우에 이에 대한 자위전쟁(自衛戰爭)까지 금지하는 것이 아니다.

우리나라 헌법은 또한 민족의 평화적 통일을 지향하고, 또 국군은 국토방위의 신성한 의무를 수행하고, 그 정치적 중립성은 준수된다고 규정하고 있는데, 이와 같은 헌법정신으로부터 국군의 위상과 국군의 이념 및 사명이 도출되는 것이다.

가. 국군의 위상과 좌표

(1) 국토방위의 신성한 의무수행

헌법 제5조 제2항은 "국군은 국가의 안전보장과 국토방위의 신성한 의무를 수행함을 사명으로 하며, 그 정치적 중립성은 준수된다"고 규정하고 있다. 이 헌법규정으로부터 우리는 국군 본연의 임무를 도출해 낼 수 있다. 그것은 국토방위를 통한 국가의 안전보장인 것이다. 이를 구체화하면, 결국 국방이란 외부의 침략으로부터 대한민국의 영토와 주권을 보위하는 것이다.

국가의 생존이 걸린 이와 같이 막중한 임무수행에 전념하기 위해 군은 국가사회의 여타분야에 관여하거나 관심을 쏟을 여유가 없기 때문에, 특히 정치에 개입하거나 관여해서는 안되며, 현실정치로부터 초연한 입장을 취해야 하는 것이다. 다시 말하면 정치적 중립을 지켜야 한다.

(2) 문민통제와 대통령의 국군통수권

전쟁과 정치, 군과 정치의 관계는 군의 위상을 정립함에 있어서 반드시 짚고 넘어가야 할 대목이다. 전통적으로 '전쟁은 정치적 목적의 수단'이라는 견해가 지배적이다. 이와 같은 입장에 따르면, 일정한 국가목표를 달성하고자 하는 국가정책이 전쟁에 앞서 먼저 수립되고, 전쟁의 수단을 결정하며, 전쟁의 성격을 좌우하고 전쟁을 종결시키며, 전쟁 이후에도 존속한다.

군대가 전쟁을 담당한다고 해서 전쟁을 일으키거나 종결시킬 권한까지도 군대가 가지고 있는 것은 아니다. 선전포고(宣戰布告)와 강화(講和)는 국회의 동의를 얻어 대통령이 한다(헌법 제60조, 제73조). 여기에서 말하는 '선전'이란 전쟁개시의 선언을 말하고, 강화란 전쟁을 종결시키기 위한 적국과의 합의를 말한다.

이처럼 전쟁은 어디까지나 국가정책을 결정하는 정치에 종속되는 것이다. 전쟁이 정치에 종속된다는 명제로부터 우리는 군에 대한 통제와 통수권(統帥權)이 궁극적으로는 군인이 아닌 문민(文民)에 있음을 추론해 낼 수 있다. 이는 민주주의 기본질서이며, 우리나라 헌법정신과도 일치하는 원칙이다.

헌법 제74조 제1항은 "대통령은 헌법과 법률이 정하는 바에 의하여 국군을 통수한다"고 함으로써 국군의 최고통수권자는 제복을 입은 군인이 아닌 민간 정치가인 대통령임을 규정하고 있다. 대통령의 국군통수권은 국가원수로서의 권한이며, 대통령의 국군통수권에는 국군지휘권, 국군의 내부편성권 및 교육·규율권 등 군령권(軍令權)과 군정권(軍政權)을 다 포함한다. 따라서 군의 지휘권은 궁극적으로 대통령의 군통수권으로부터 연유되는 것이다. 그렇기 때문에 지휘권을 가진 장교에 대한 임명권을 대통령이 가지고 있다 하겠다. 군인사법 제13조 제1항의 "장교의 임용은 각군 참모총장의 추천에 의하여 국방부장관의 제청으로 대통령이 행한다"는 규정은 바로 이런 정신을 반영한 것이다.

군에 대한 통수권이 대통령에게 있는 것 이외에도, 국회에는 국방예산의 심의·결정권(헌법 제54조), 국군의 외국에의 파견 또는 외국군대의 대한민국 영역 안에서의 주류(駐留)에 대한 동의권(헌법 제60조), 국정감사 및 국정조사권(헌법 제61조), 국방부장관 및 각군 총장 등 군인들을 국회에 출석시켜 국회의원의 질의에 답변하도록 하고 있는 국회 출석요구권(헌법 제62조), 국군의 조직과 편성에 관한 입법권(헌법

제74조) 등이 있으며 국무회의에서의 군사에 관한 주요 사항 및 합동참모의장, 각군 참모총장 임명심의권(헌법 제89조)을 가지며, 국가안전보장회의에서의 국가안전보장에 관련되는 군사정책수립권(헌법 제91조) 등은 민주주의 기본원칙인 문민통제(文民統制: 군인은 민간정치가의 통제에 따라야 한다는 민·군관계의 기본원칙)를 구현하기 위한 것이다.

(3) 정치적 중립 준수

헌법 제5조 제2항에 규정된 바와 같이, 군이 정치적 중립을 준수해야 한다는 것은 다음과 같은 세 가지 의미를 지닌다. 첫째, 군은 국토방위라는 본연의 사명을 저버리고 군무이외의 영역인 정치에 개입해서는 안된다는 것이다. 둘째, 국가의 정책목표를 달성하기 위한 수단인 군은 국가(또는 정부)의 정책결정과정에 불필요한 간섭을 하거나 일단 결정된 국가정책을 반대하거나 비판해서는 안된다는 것이다. 셋째, 군은 현실정치로부터 초연한 입장을 취함으로써 변화무쌍한 정치문제에 말려들지 말라는 것이다.

군의 정치적 중립 준수는 민주국가의 기본원리인 것이다. 민주국가란 다원사회(多元社會)로 어떤 특수계층이나 집단이 국가사회를 일방적으로 지배하거나 주도할 수 없으며, 여러 계층과 집단이 서로 남의 일에 간섭하지 않고 각자 맡은 직분을 충실히 수행할 때 질서가 서고, 사회가 발전하게 되어 있는 것이다. 따라서 정치는 정치인이, 경제는 기업인이 떠맡아야 하는 것과 같은 논리로 군인은 오직 국가방위에만 전심전력을 다해야 한다.

군은 국가정책수행을 위한 수단이다. 따라서 국가의 정책목표를 설정함에 있어서 군은 정책결정자들에게 군사분야에 관한 정보와 전문가적 조언을 제공할 수는 있어도 국가정책결정을 강요하거나 불필요하게 간섭해서는 안되며, 일단 결정된 국가정책은 충실히 수행해야 한다. 미국의 카터행정부 시절 주한 미8군 참모총장이었던 싱글러브 소장이 카터행정부의 주한 미군 철수정책에 반대하는 발언을 했다가 즉시 본국에 소환되어 전역된 사례는 군인이 국가정책에 대해서 어떤 태도를 취해야 하는지를 보여준 것이다. 군이 국가정책결정권을 가지고 있지 않음을 우리는 이미 우리나라 헌법에서도 찾아보았다.

또, 군은 현실정치로부터 초연한 입장을 취해야 한다. 이를 위해 군인은 정당활동 등 정치적 활동을 하여서는 아니되며, 선거나 투표 등에 있어서도 자기의 기본권을 행사하는 이외의 정치적 행위를 제한받는다. 군인복무규율 제18조(정치적 행위의 제한)에 따르면, 군인은 ① 정당, 기타 정치단체에 가입하거나 그 목적을 달성하기 위한 행위, ② 특정 정당이나 정치단체를 지지 또는 반대하는 행위, ③ 법률에 의한 공직선거에 있어서 특정의 후보자를 당선하게 하거나 낙선하게 하기 위한 행위, ④ 각종 투표에 있어서 어느 한쪽에 찬성하거나 반대하도록 영향을 주는 행위, ⑤ 기타 정치적 중립성을 행하는 행위 등을 행하여서는 안된다.

특히 군의 지위를 이용하여 각종 선거나 투표에서 어느 한쪽을 지지하거나 어느 한쪽을 반대하기 위한 어떤 행위도 해서는 안되며, 정치적 시위나 서명운동에 참여하거나, 정치헌금을 내거나, 정치적 구호나 상징물을 패용하거나 부착하는 행위, 대중 앞에서 정치적 의견을 공표하거나, 국가정책을 공개적으로 비판하는 행위 등은 군의 정치적 중립을 해치는 사례들이라 하겠다.

나. 국군의 이념

> 국군은 국민의 군대로서 국가를 방위하고 자유민주주의를 수호하며, 조국의 통일에 이바지함을 그 이념으로 한다.
>
> (군인복무규율 제4조 제1항)

'이념'이란 어떤 집단이나 단체에 그 집단이나 단체의 존재의의와 목표를 제시하고, 집단구성원들의 행동과 사고에 지대한 영향을 끼치는 가장 기본이 되는 가치관 내지는 신념체계라고 할 수 있다. '국군의 이념'이란, 따라서 대한민국 국군이 지향해야 할 신념체계인 것이다. 국군이 지향해야 할 신념체계로서의 국군의 이념은 국군의 존재목적에 의해 결정되며, 국군의 기본성격을 규정한다. 한 나라 군대의 성격은 그 나라가 어떤 나라이며, 그 나라가 추구하는 기본적인 가치와 목표, 즉 그 나라의 국가이념에 따라 결정된다. 따라서 국군의 이념은 북한 인민군의 그것과 같을 수 없다. 특정 계급의 이익만을 옹호하는 군대가 아니라 국민 전체의 이익을 옹호하는 군대, 특정 당(노동당)의 혁명적 무장력임을 자처하는 군대가 아니라 국가를 방위하기 위한 군대, 공산주의와 공산혁명의 전취물을 보위하기 위한 군대가 아니라 자유민주주의를 수호하기 위한 군대 그리고 유일사상으로 무장하고 특정 개인이나 집단의 사병이나 다름없는 군대가 아니라 자유민주주의적 가치를 신봉하고 이를 지키기 위한 국민의 군대인 것이다. 이처럼 북한 인민군과 국군은 기본성격에서부터 다르다는 사실을 우리는 먼저 염두에 두어야 한다.

(1) 국민의 군대

'국민의 군대'가 가지는 일차적 의미는, 군대를 구성하는 인적 자원이 국민, 좀더 구체적으로 말해서 '국민의 자제'라는 것이다. 민주국가에서 국가의 주인은 국민이기 때문에 나라를 지켜야 할 일차적 의무도 나라의 주인인 국민에게 있는 것이다. 그렇기 때문에 군대가 국민적 성격을 지닐 때 강한 군대가 된다.

'국민의 군대'라는 말은 또한 우리 군이 특정 계급이나 당 또는 집권자를 위해 존재하는 군대가 아니라, 오직 국민을 위해 존재하는 군대라는 뜻을 담고 있다. 이런 관점에서 볼 때, 국군은 천왕을 위한 구일본군이나 조선노동당을 위한 북한 인민군이 매일같이 외우는 "당의 유일사상과 혁명사상으로 무장하여 혁명화로 계급화하며, 당정책을 무조건 옹호 관철하자"는 '북한군의 의무'에서 저들의 국민군적 성격은 어디에서도 찾아볼 수 없다.

우리 군이 이처럼 '국민의 군대'임에도 불구하고, 국민들이 자제를 군에 보내기를 꺼리거나 입영장정들 또한 군복무 의무를 흔쾌히 받아들이지 않을 때 그리고 국민들이 군에 대해서 거리감을 느끼거나 군이 국민들로부터 사랑과 신뢰를 받지 못할 때 우리 국군이 '국민의 군대'가 되었다고 자신 있게 말할 수 없을 것이다. 따라서 우리는 각자 '국민의 군대', '국민의 사랑과 신뢰를 받는 군대', '국민과 호흡을 함께 하는 군대'가 되는 길이 무엇인지 깊이 반성하고, 이를 실천에 옮겨야 할 것이다.

(2) 국가방위

헌법 제5조 제2항에서 말하는 '국가의 안전보장'이란, 우리 군이 국가의 안전보장을 책임지고 있다는 의미로 '외부의 침략으로부터 나라를 지키는 것' 즉 '국가방위' 또는 '국토방위'와 같은 의미를 지니는 것이다. 그렇다면 왜 새삼스럽게 이를 국군의 이념으로 설정했는지 그 이유를 생각해 볼 필요가 있다.

그 이유는 첫째, 국군은 공산국가의 군대처럼 특정한 이데올로기를 강요하기 위한 폭력수단으로 동원되는 군대도 아니고, 또한 봉건시대의 군대처럼 왕이나 왕실을 지키기 위한 군대도 아니며, 자국의 이익을 위해 남의 나라를 침략하기 위한 군대도 아닌, 오직 외침으로부터 국가와 국민을 지키기 위한 군대임을 밝힌 것이다.

둘째, 우리나라가 남을 침략하지는 않더라도 남의 침략이나 도발을 받았을 때는 이를 격퇴시켜 나라를 지켜야 하며, 이를 위한 전쟁은 불사한다는 뜻을 나타내기 위한 것이다.

셋째, 국군은 국토방위라는 본연의 임무에만 전념할 뿐, 정치 등 국토방위 이외의 분야에 관여해서는 안된다는 뜻을 간접적으로 나타내기 위한 것이다.

(3) 자유민주주의 수호

대한민국은 자유민주주의 국가이다. 따라서 국가를 방위한다 함은 대한민국의 국토와 국민은 물론 우리나라의 국가이념과 체제까지도 지킨다는 뜻을 포함한다. 그런데 자유민주주의를 수호한다는 것은 적어도 이를 부정하거나 파괴하려는 세력이 존재함을 전제로 할 때 의미를 지니는 것이다.

그렇다면 우리의 자유민주주의 이념과 체제를 부정하거나 파괴하려는 세력은 누구인가? 오늘의 현실에서 볼 때, 북한 공산집단과 이들에 동조하거나 이들을 추종하는 세력이라고 할 수 있을 것이다. 폭력혁명을 지향하는 공산 이데올로기는 평화와 인권을 존중하는 자유민주주의와 양립할 수 없다. 이데올로기를 위해서 인간이 존재하고, 인간의 희생이 정당화되는 비인도주의는 개인을 무엇보다도 존중하는 민주적 가치관과 배치된다. 정치적 탄압과 박해 그리고 개인의 사상과 자유로운 생활을 광범위하게 통제하고 억압하는 체제는 개인의 자유와 창의성을 존중하는 민주주의체제와 공존할 수 없다. 비타협투쟁과 파괴적 폭력으로 문제를 해결하려는 급진주의적 사고방식은 대화와 타협, 양보와 중의를 존중하는 민주주의 적인 것이다.

자유민주주의 이념과 체제를 부정하거나 파괴하려는 적으로부터 수호하기 위해 우리 군은 이념무장을 철저히 해야 한다. 이렇게 함으로써 북한 공산집단의 정치 심리전에 대응할 수 있고, 사회의 불온한 사상이 군에 침투하는 것을 차단할 수 있기 때문이다. 이는 공산주의자들과의 대결에서는 사상전에 대비하는 것이 군사력에 의한 무력전에 대비하는 것 못지않게 중요한 비중을 차지함을 반영하는 것이다. 우리 군의 창군과정에서 좌익사상이 군에 침투함으로써 겪어야 했던 희생의 대가가 얼마나 컸던가를 상기해 보면, 민주주의 수호를 국군의 이념적 지표로 설정한 데는 그럴 만한 충분한 이유가 있는 것이다.

(4) 통일에의 기여

헌법 제4조는 "대한민국은 통일을 지향하며, 자유민주적 기본질서에 입각한 평화적 통일정책을 수립하고 이를 추진한다"고 규정하고 있다. 이는 통일이 국가목표이자 민족적 사명이라는 사실과 무력적 방법이 아닌 평화적 방법으로 이루어져야 하며, 통일 후 국가체제는 자유민주적이어야 함을 나타낸 것이다.

무력을 사용하지 않고 평화적 방법으로 통일을 이루려고 한다면, 우리 군은 통일에 어떤 기여를 할 수 있겠는가라는 의문이 생길 것이다. 우리 군이 조국의 평화적 통일에 기여할 수 있는 길은 첫째, 동족상잔의 비극이 이 땅에서 다시는 재발하지 못하도록 억제함으로써 한반도에 평화를 정착시키는 것을 들 수 있다. 둘째, 북한 공산집단의 무력 적화통일 야욕을 분쇄함으로써 북한 공산집단으로 하여금 조국의 평화적 통일에 나서게 하는데 기여할 수 있다. 셋째, 북한 공산집단과의 대화, 교류, 협력은 강력한 힘이 뒷받침되어야 하기 때문에, 이를 위해서는 강한 군대가 필요한 것이다.

다. 국군의 사명

> 국군은 대한민국의 자유와 독립을 보전하고 국토를 방위하며 국민의 생명과 재산을 보호하고 나아가 국제평화의 유지에 이바지함을 그 사명으로 한다.
>
> (군인복무규율 제4조 제2항)

국군의 이념이 건국의 본뜻, 곧 국군의 존재목적이 무엇이며, 그 구성원은 누구냐 하는 국군의 기본성격을 제시하는 것이라면, 국군의 사명은 그 이념을 토대로 하여 국군이 수행해야 할 임무를 밝힌 것이다.

국군의 사명은 국가안전보장과 국토방위에 있음을 헌법에 규정하고 있는데, 국가의 안전보장과 국토방위는 구체적으로 어떠한 내용을 포함하고 있는가를 살펴보기로 한다.

(1) 대한민국의 자유와 독립보전

국가란 ① 국가권력 즉 주권(主權), ② 국민, ③ 영역(영토)으로 구성된 정치적 조직체이다. 따라서 '국가를 방위한다'는 것은 외부의 무력적 침략이나 간섭으로부터 국가의 주권과 국민 그리고 영토를 지킴을 의미한다.

국가의 주권 또는 통치권이란 국가의사를 전반적·최종적으로 결정하는 최고의 권력이며, 대외적으로 독립을 보전하는 것이 된다. 주권을 빼앗긴 나라, 곧 자유와 독립을 빼앗긴 나라를 우리는 식민지국가 또는 예속국가라 한다. 따라서 국군의 일차적인 사명은 독립국가의 군대로서 대한민국의 자유와 독립을 외부의 위협으로부터 보호하는 것이다. 구한말(舊韓末) 일제에 의해 강제로 국권을 침탈당한 후 의병－독립군－광복군으로 이어지는 피나는 투쟁도, 따지고 보면 우리나라의 자유와 독립을 되찾기 위한 것이었음을 상기할 때, 나라의 자유와 독립을 지킨다는 것이 얼마나 소중한 일인가를 새삼 깨닫게 한다.

(2) 국토방위

국가는 일정한 영역(영토)을 기초로 하여 존립한다. 이 영역은 영토, 영해, 영공을 지칭하는 것으로 통상 '국토'라고도 부른다. 국토는 국민들 간의 활동공간이자 삶의 터전일 뿐만 아니라, 국가권력의 영향이 미치는 공간적 범위와 외국의 국가권력의 영향이 미칠 수 없는 한계가 된다. 이처럼 국토는 국가존립의 기반이 되기 때문에 국토를 빼앗기면 곧 국가를 빼앗기는 것이 되며, 국가통치권이 더 이상 작용할 수 없게 된다. 따라서 국토방위는 국가방위의 핵심이 되는 것이다.

(3) 국민의 생명과 재산보호

국가방위의 한 요소로 국민을 지키는 일이 있는데, 이는 구체적으로 말해서 국민의 생명과 재산을 보호함을 뜻한다. 국민의 생명과 재산을 지키는 일은 군대 외에 경찰도 한다. 그러나 그 기능이 다르다. 경찰은 치안(治安)을 유지하여 살인이나 절도로부터 국민의 생명과 재산을 보호하는 반면, 군대는 외부의 침략으로부터 국민의 생명과 재산을 전쟁의 위협으로부터 보호해준다는 의미 이외에도 국민의 기본권을 존중하고 보호하는 일도 중요하지만, 이에 못지않게 국민의 생명과 재산은 물론 제반 권리가 부당하게 침해당하지 않도록 하는 것도 매우 중요한 것이다. 그렇기 때문에 수많은 장병들이 홍수나 태풍으로 생명과 재산손실의 위험을 당하고 있는 수백, 수천명의 국민을 구해주는 것보다 단 한명의 무장탈영병이 도심에서 총기를 난사하여 선량한 시민들에게 피해를 가하는 행위를 더 조심해야 하는 이유는 바로 여기에 있는 것이다.

(4) 국제평화유지에의 공헌

우리 헌법은 국제평화주의를 표방하고 있음을 우리는 앞에서 살펴본 바 있다. 여기에서는 왜 우리 군이 국제평화유지에까지 기여해야 하는지 그 당위성을 고찰해보자. 우리 군이 국제평화의 유지에 기여해야 하는 이유는 첫째, 오늘날 한 국가의 전쟁과 평화문제는 그 국가의 문제로 국한되지 않고 바로 국제적인 문제, 세계적인 문제와 직결되기 때문이라고 말할 수 있다. 우리는 이란 · 이라크전쟁이나 걸프전 당시 유류파동으로 세계경제가 위기에 직면했던 사실을 잘 알고 있다. 따라서 한반도의 평화와 안정에 직접 또는 간접으로 그 영향을 끼침을 생각할 때, 국제평화를 유지하는 것이 이 땅에 평화를 유지하는 것과 결코 무관하지 않는다는 사실을 알 수 있다. 둘째, 오늘날 우리나라가 국제사회에서 그 위상이 급부상함으로써 국제사회에 대한 책임도 그만큼 커졌을 뿐만 아니라, 유엔회원국이 된 이상 국제평화를 유지하기 위한 우리나라의 역할이 강화되었다고 할 수 있다. 국군의료지원단과 공군수송단의 걸프전 파병, 공병단의 소말리아 파병 그리고 최근의 이라크 파병 등은 이와 같은 맥락에서 그 의미를 찾아야 할 것이다.

국군의 이념과 사명은 법령의 규정 속에 또는 우리들의 관념 속에 머물러 있어서는 아무 소용이 없다. 국군의 이념과 사명에 함축되어 있는 군대의 상을 실천하고 구현함으로써 살아 있는 규정이 되어야 한다. 그렇다면 국군의 이념과 사명에 내포된 국군의 바람직한 상은 무엇인가? 그것은 바로 민주군대상이라 할 수 있을 것이다. '민주군대'란 민주주의를 수호하는 군대라는 의미뿐만 아니라, 군 내외적으로도 민주국가의 기본질서에 순응하는 군대임을 의미한다. 민주국가의 기본질서에 순응한다 함은 민주국가는 법치국가이며, 모든 사람이 법 앞에 평등하다는 정신에 따라 군대 또는 군인도 예외가 될 수 없음을 의한다. 따라서 군대는 성역(聖域)이나 치외법권적 지위에 있는 특수기관이 아니며, 군인은 일반 국민들이 모두 지키는 국법을 어겨서도 안된다. 헌법을 비롯한 각종 법규를 준수해야 하며, 만일 이를 위반할 때에는 일반 국민과 똑같이 처벌을 받아야 하는 것이다. 군대 혹은 군인에 의한 법질서 파괴행위가 용납될 수 없는 것도 이 때문이다. 이는 군대의 상관이라고 해서 예외가 아니다.

민주군대는 군인 개개인의 인격과 인권을 최대한 보장하는 점에서 비민주적인 군대와 구별된다. 비민주적인 군대의 전형적인 예로 일본 제국주의 군대나 히틀러의 나치군대 그리고 북한 인민군대를 들 수 있을 것이다. 구(舊)일본군에서는 병사들의 인격을 모독하고 인권을 침해는 기합(氣合)과 구타 등 가혹행위가 예사로 자행되었으며, 선임병이나 상관은 법과 규정을 어겨도 된다는 사고방식이 남아 있거나, 선임병의 횡포와 권위주의적이고 비민주적인 관행과 의식구조가 존재하는 한 우리가 염원하고 추구하는 민주군대상 확립은 그만큼 멀어질 것이다.

제3절 국군의 전통과 정통성

우리 민족은 예로부터 평화를 사랑하는 민족이라고들 말한다. 그러나 우리 민족이 평화를 사랑한 만큼 평화를 누려왔던 것은 아니다.

우리 민족이 지닌 평화애호정신은 우리 민족 자체의 민족성이 온순하고, 남을 해치기를 싫어하며, 순박하다는 뜻을 함축하고 있다. 그러나 이러한 사실들이 우리 민족의 민족성 속에는 상무적(尙武的)이고 진취적이며 강인한 성격의 특질이 결여되어 있다는 것은 결코 아니다.

우리 민족의 민족성에 상무적인 기상이 평화애호정신 못지않게 강하게 자리 잡고 있다는 것은, 우리 민족의 융성기에는 만주와 중국 일대를 지배하였으며, 주변 강대국의 끝없는 도전과 생존 위협 속에서도 독자적인 문화를 누려왔다는 역사적인 사실에 의해서 증명된다고 하겠다.

옛날 중국 사람들이 고구려 사람들을 평해, "걸음걸이는 달려가는 듯하고, 서 있을 때에는 뒷짐을 지고 서며, 걸어다닐 때에는 반드시 팔을 크게 흔들고 다닌다"고 한 것이나, 중국의 『산해경(山海經)』에는 우리 민족의 풍습을 '의관대검(衣冠帶劍)'이라 한 것 그리고 『후한서(後漢書)』에서도 부여 사람들에 관해서는 "그 성격이 야성적이고 용감하며, 그 육체는 기골이 장대하고 강건하다"고 말하고, 또 동옥저 사람들에 대해서는 "곧고 소박하며 강건하고 용감하다"고 말한 것 등은 모두 우리 민족의 씩씩하고 굳센 기상을 지적한 것으로 보인다.

『산해경』의 '의관대검'이라는 말의 '의관(衣冠)'이란 몸가짐과 옷차림을 단정히 하여 예의를 갖춘 모습을 나타낸 말이고, '대검(帶劍)'이란 항상 몸에 칼을 즐겨 차고 다닐 정도로 무용을 숭상했음을 뜻한다고 하겠다.

한민족의 상무적(尙武的) 기상을 바탕으로 기라성 같은 장수들이 우리 민족사의 굽이굽이를 장식하고 있다. 우리 민족 중에는 역사적으로 광개토대왕, 을지문덕, 양만춘, 강감찬, 이순신 같은 특별한 군사적 천재가 나오기도 하였다.

또, 나라가 위급할 때에는 수많은 의병, 의사 및 열사들이 일어나서 민족의 정기를 다시 일깨우고, 외세와 불의에 대항했던 것 등은 모두가 우리 민족의 무용(武勇)과 상무(尙武)의 기상을 실천한 것이다.

가. 국군의 정신적 연원

(1) 의병의 호국정신

우리 민족은 세계 어느 민족보다도 나라를 사랑하고 지키려는 마음이 각별한 것 같다. 그 예로, 나라가 위태로울 때마다 일반 백성들까지 스스로 무기를 들고 군대를 조직해 적과 싸웠던 의병(義兵)의 투쟁사를 들 수 있다. 이들은 훈련이나 장비면에서는 비록 정규군에 비해 보잘 것이 없었을지도 모르지만, 오직 나라를 구하겠다는 호국의 일념으로 싸웠기 때문에 때로는 정규군보다도 더 무서운 전투력을 발휘하기도 했다. 의병의 활약상으로 임진왜란과 병자호란 때의 의병투쟁을 들 수 있겠지만, 보다 조직적이고 지속적인 것은 독립전쟁으로 이어진 구한말의 의병활동을 들 수 있다.

구한말의 의병투쟁은 일제에 의한 일련의 내정간섭 또는 국권찬탈 음모사건들을 계기로 일어났는데, 1895년 명성왕후 시해사건과 단발령이 계기가 되어 일어난 제1차 의병투쟁, 1905년 을사조약으로 인하여 일어난 제2차 의병투쟁, 1907년 고종의 강제퇴위와 군대해산을 계기로 일어난 제3차 의병투쟁 그리고 1910년 경술국치를 전후한 1909년 말부터 1914년까지 전개된 제4차 의병투쟁 등 4단계로 나누어 볼 수 있다.

제1차 의병투쟁은 국모(國母)를 시해한 원수를 갚기 위해 일어난 것으로, 동학농민군의 잔존세력인 농민들이 많이 가담했으며, 외세를 배격한다는 일념으로 농민과 유생들의 결합으로 이루어진 것이 특징이다. 그 후, 을사조약이 강제로 체결되자 '국권회복'의 기치를 들고 일어난 것이 제2차 의병투쟁이다. 이 시기에는 의병투쟁이 전국적으로 확산되어 일어났는데, 그 대표적인 사례로 충청도 홍성에서의 민종식, 전라도 태인에서의 최익현, 경상도 울진, 평해에서의 신돌석 등이 앞장선 의병투쟁을 들 수 있다.

제2차 의병투쟁에서는 평민출신의 의병장들이 등장하여 무력투쟁을 적극적으로 전개함으로써 장차 의병투쟁의 주도세력으로 활약하게 되었다.

1907년 고종의 강제퇴위로 열기를 더해 간 의병투쟁은 군대해산을 기폭제로 하여 전국적으로 확산되었고, 이렇게 해서 시작된 제3차 의병투쟁은 빼앗긴 국권을 되찾기 위해 피로써 분기한, 가장 규모가 크고 치열하게 전개된 국권회보 투쟁이었다. 특히, 구한국군대가 해산을 당하게 되자 시위(侍衛) 제1연대 제1대대장 박성환(朴星煥:朴昇煥)은 앞날을 통탄, 찾던 칼로 자결을 하고, 이 소식을 들은 장병들은 일본군과 일대 전투를 벌였으나 중과부적으로 전원 전사함으로써 호국의 수호신이 되었다.

경술국치를 전후한 시기에 일어난 소규모의 유격투쟁 그리고 동북만주와 연해주를 근거로 하여 전개한 제4차 의병투쟁은 수많은 역경과 시련에도 굴하지 않고 지속되었다. 이 투쟁은 1914년까지 평안도, 황해도, 경북지방 일대에 걸친 산간지대에서 유격전을 전개하였으나 일제의 대부대 투입으로 거점을 상실하고, 마침내 그 근거를 국외로 옮겨 독립군을 창설하기에 이르렀다.

약 반세기에 걸친 항일 민족운동사에서 의병의 숭고한 투쟁정신은 항일 독립전쟁에 활력을 불어넣었을 뿐만 아니라 우리 민족사에 자주와 독립의 정신을 새겨 놓았다고 할 수 있다. 국권이 피탈되어가는 절망적인 상황 속에서도 민족의 자존과 국권회복을 위해 격렬하게 싸웠던 의병들의 피끓는 호국정신은, 선조들이 남긴 소중한 정신으로서 우리 마음속에 영원히 남아 길이 계승되고 전승되어야 할 것이다.

(2) 독립군의 독립투쟁 정신

구한말 의병이 보여준 무장항쟁의 전통을 이어받은 독립군은 무력으로 일제를 한반도에서 몰아내는 것만이 민족의 독립을 쟁취할 수 있는 가장 확실한 길이라고 믿고, 주로 만주와 연해주를 근거로 독립투쟁을 전개하였다. 독립군이 이 곳을 근거지로 삼은 데에는 두 가지 이유가 있는데, 그 하나는 국내에서의 대일 무력항쟁이 일제의 강력한 탄압으로 많은 의병부대와 민족운동가들이 새로운 투쟁근거지를 외국에서 찾을 수밖에 없었기 때문이요, 다른 하나는 만주와 연해주에 이주한 한인들이 그 무렵 1만명에 육박했을 뿐만 아니라, 이 곳 동포들의 사회는 국내에서 일어난 3·1운동으로 그 어느 때보다도 민족의 자주독립의식이 고조되어 있어, 이를 바탕으로 독립군 부대의 조직이 용이했기 때문이었다.

1919년 후반기에는 만주 각 지역에서 크고 작은 40개 내지 50개의 무장독립운동 단체가 조직되는데, 이들 무장독립운동 단체들을 독립군이라 부른다. 이들 가운데 대표적인 단체로는 김좌진을 총사령으로하는 북로군정서(北路軍政署), 홍범도가 이끄는 대한독립군, 인청천을 사령관으로 하는 서로군정서(西路軍政署) 그리고 조맹선 등이 주도한 대한독립단이 있다.

독립군의 규모는 1백명에서부터 2천여명에 이르기까지 부대마다 병력에 큰 차이가 있었으나, 일본군과 대규모 전투를 치르기에는 대부분 장비나 병력면에서 너무나 열세에 있었기 때문에 주로 소규모 게릴라전을 폈던 것이다. 그러나 이러한 어려움에도 불구하고 독립군은 투철한 정신력과 지휘자들의 탁월한 지략(智略)으로 대규모의 일본군을 번번이 격파하여 막대한 피해를 입혔던 것이다. 독립군의 대일항쟁 가운데서도 홍범도가 이끄는 대한독립군의 봉오동전투와 김좌진 장군이 이끄는 북로군정서의 청산리대첩은 전술작전이나 전과(戰果)면에서 역사에 길이 기록될 만한 것이었다.

1920년 6월 7일 정오부터 오후 4시까지 4시간 동안 벌어진 봉오동 전투에서 일본군은 전사 157명, 중상 2백여명, 경상 1백여명의 피해를 입었으나, 독립군은 전사 4명, 중상 2명이라는 경미한 피해만 보았다. 독립군 전사상(戰史上) 최초로 대승을 거둔 이 전투의 총지휘관인 홍범도 장군은 53세의 나이로 계급장도 없이 언제나 병졸 차림으로 무기도 권총이 아닌 장총을 휴대하고 다녔던 것이다. 그러나 그는 탁월한 전략과 백발백중의 사격술로 전투에 임해서는 패전을 모르는 훌륭한 지휘관이었다.

그 후, 각지에서 독립군의 활동이 활발해지자 일본군은 독립군의 활동에 놀라 1920년 가을에 요동에 있던 관동군과 시베리아에 출병하고 있던 일본군 그리고 함경도에 주둔하고 있던 제19사단을 만주 방면으로 투입하여 우리 독립운동의 뿌리를 뽑으려고 시도하였다.

이와 같은 일본군의 동향을 알아낸 북로군정서의 김좌진 장군은 비전투병력을 포함한 2,800여명의 병력을 그 해 10월 15일, 화룡현 삼도구라 불리는 청산리로 이동시켰다.

청산리는 계곡분지로서 양(羊)의 창자모양을 한 꾸불꾸불한 계곡이 80여리에 달하였고, 입구가 하나밖에 없어 수비하기에는 더없이 좋은 천연의 요새였다. 이 청산리계곡을 끼고 북로군정서와 일본군 정예부대가 10월 20일부터 23일까지 10여 차례의 혈전을 벌였는데, 이것이 바로 청산리전투이다.

첫 전투는 10월 20일 아침 백운평에서 아군의 전위대와 적군의 척후대 사이에서 벌어졌는데, 이때 아군의 전위대 지휘자였던 이범석의 다음과 같은 피맺힌 목소리가 새벽공기를 가르며 백운평 골짜기에 울려 퍼졌다.

"청산리 산맥은 장백산의 주맥이요, 우리 조상의 발상지이다. 지금 이 순간 수천, 수만의 눈동자가 우리를 주시할 것이요, 무수한 자손의 눈동자도 또한 우리를 바라보고 있을 것이다. 만약 우리들의 혈관속에 아직도 단군의 피가 말라붙지 않았다면, 우리는 마땅히 한몸을 희생해 제단에 올려놓고 동포의 원한을 풀어야 할 것이다."

드디어 1개 소대의 일본군 척후대가 독립군을 찾기 위하여 접근하다가 독립군이 만들어 놓은 십자화망 안으로 들어왔고, 이때를 기다렸다는 듯이 독립군의 총구가 일제히 불을 뿜기 시작하였다. 적들은 어디서 날아오는지도 모르는 총탄에 맞아 그 자리에 모두 쓰러졌다. 참으로 통쾌한 서전이 아닐 수 없었다. 이때부터 청산리는 함성과 포성이 뒤섞인 아수라장으로 변했다.

일본군은 기병을 동원하여 독립군의 정확한 위치를 파악하려 애쓰는 한편, 전령을 각 부대로 보내 아군의 퇴로를 차단하려고 동분서주하였고, 독립군은 적보다 유리한 지형을 먼저 확보하기 위하여 기민하게 움직였다.

곳곳에서 계속되는 패배에도 불구하고 일본군은 압도적인 병력으로 계속해서 밀고 들어와, 21일 오전 7시부터 2만여의 일본군은 독립군이 점령하고 있는 봉우리를 향해 파도처럼 밀려와 계곡과 능선에서 처절한 전투가 벌어졌는데, 저녁이 되어도 전투는 그칠 줄 몰랐다. 날이 어둡자, 김좌진 장군은 아군의 희생을 줄이기 위하여 철수를 명령하고 2개 중대로 하여금 주력부대의 철수를 엄호하도록 하였다. 이 마지막 엄호전에서 기관총 중대장 최인걸(催麟杰)은 기관총에서 몸을 붙들어 매고 최후까지 적을 막아 내다가 기관총과 더불어 운명을 같이하였고, 좁은 길목을 지키던 40여명의 1개 소대도 전원이 장렬하게 최후를 마쳤다. 이들의 귀한 희생으로 독립군의 주력부대는 안전하게 철수할 수 있었고, 사기가 꺽인 일본군은 패퇴하고 말았다.

독립군 전투에서 그 유례를 찾아볼 수 없는 청산리 혈전은 이렇게 막을 내렸다. 이 전투에서 독립군은 적의 연대장 가노 이하 1,200여명을 사살하였고, 2천여명에게 부상을 입혔으며, 막대한 무기를 노획하였다.

그 후 독립군은 항일투쟁을 계속하다가 대한민국 임시정부의 광복군으로 재편성됨으로써 새로운 차원으로 발전하였다.

(3) 대한민국 임시정부와 광복군

1931년 9월, 일제는 만주사변을 일으켜 만주를 점령하고 괴뢰정부인 만주국을 수립하고 나서, 일본군으로 하여금 만주군과 합동으로 우리 독립군에 대한 대대적인 공세를 벌이기 시작했다. 이에 독립군(한국독립군)은 만주지역에서 항일투쟁을 전개하고 있던 중국군과 한·중연합군을 편성하여 1932년 8월부터 본격적인 연합작전에 들어가 쌍성보전투, 동경성전투, 대전자령전투 등에서 혁혁한 전공을 세웠다. 북만주에서 한국독립군이 중국군과 연합하여 항일전쟁을 계속하는 동안 남만주에서는 조선혁명당 소속 조선혁명군이 별도로 한·중연합군을 결성하여 항일전을 전개하고 있었다.

한편, 1937년 7월 7일 노구교사건을 기화로 중·일전쟁이 발발하여 전쟁이 중국전역으로 확대되면서 대한민국 임시정부와 중국의 국민당 정부간에는 대일항전이라는 공동목표하에 적극적 협력관계를 맺게 되었으며, 이러한 내외조건들의 성숙으로 임시정부는 1940년 9월 17일 광복군을 창설하여 광복군 총사령부 총사령에 이청천 장군을, 참모장에 이범석 장군을 임명했다. 1941년 태평양전쟁이 발발하자 임시정부는 대일 선전포고문(對日宣傳布告文)을 발표하고, 연합군과 협동하여 대일전을 수행해 나갔으며, 특히 1942년에는 중국 정부와 광복군에 관한 협정을 맺고, 중국군과 긴밀한 협동작전을 하게 되었다.

이 밖에도 광복군은 인도와 미얀마 등 동남아전선에 출전하여 영국군과 군사협정을 체결(1943년 6월)하고, 주로 대적선전, 포로심문, 적지정찰 등 특수공작임무를 수행했다.

한·미간에도 군사협정(1945년 8월)을 체결하였으며, 미국 전략정보처(OSS)의 훈련반에 가담하여 한인공작반(韓人工作班)을 신설하였다.

1945년 7월 26일 포츠담선언이 발표된 후인 8월 초부터 미국 전략정보처(OSS)의 특수훈련을 마친 광복군은 국내진입에 대한 구체적인 계획에 들어갔으며, 이범석을 총지휘관으로 하고 국내를 3개 지구로 나누어 제1지구(평안, 황해, 경기도) 대장에 안춘생, 제2지구(충청, 전라도) 대장에 노태준, 제3지구(함경, 강원, 경상도) 대장에 노복선을 임명하는 등, 군내 정진군(挺進軍) 편성을 마쳤던 것이다. 이들은 8월 20일까지 함경도로부터 남해에까지 잠입하게 되어 있었다. 그러나 일제의 항복이 예상외로 빨라 광복군의 국내 진입계획은 실현되지 못하고 말았다. 이 며칠동안의 시간차는 후일 광복 이후 정부수립과 국군창설에 많은 시련과 어려움을 주게 된다.

조국이 광복을 되찾은 이후인 1946년 5월 16일, 광복군은 총사령관 이청천 장군의 "이제, 숙적 일본이 항복하여 연합군은 승리하고 우리 국토는 광명을 되찾았으니, 우리 군의 중국 내에서의 작전임무는 이로써 끝났다.… 이에 우리 군은 복원을 선포, 전 대원이 귀국하여 조국건설대업에 참가할 것을 명한다"는 명령에 따라 속속 귀국하여 국군창설의 모체가 되었다.

나. 국군의 탄생

(1) 창군 전·후의 상황

한반도를 강점하고 있는 일제를 몰아내기 위한 국내 진입작전계획이 비록 일본의 갑작스러운 항복으로 실현되지 못했지만, 자주적 군사력으로 국가를 되찾으려 했던 광복군의 정신은 높이 평가되어야 한다. 그리고 이러한 정신은 광복후 일본군으로부터 직접 항복을 받으려 했던 사실과 국군을 창설하려 했던 시도에도 잘 나타나 있다.

일본이 항복하고 일본군이 아직 물러나기 전인 1945년 8월 18일 "일본의 조선총독과 재한(在韓) 일본군사령관은 대한민국 정부대표에게 무조건 항복해야 한다"는 김구 주석의 지시에 따라 이범석 장군 예하 광복군요원들(정훈대장 안춘생, 대원 김준엽, 장준하)이 여의도 비행장에 진주했으나, 내외의 불리한 여건으로 뜻을 이루지 못하고 중국으로 되돌아감으로써 역사에 통한을 남겼다. 그 후 김구 주석은 장개석 총통으로부터 중국에 주둔하고 있는 일본군 내의 한국인 국적을 가진 장병들을 광복군에 편입시킬 수 있다는 승인과 협조를 받아 광복군을 증원시켰으나, 광복군은 미 군정청의 불허로 어쩔 수 없이 개인자격으로 입국해야 했다.

이처럼 상황이 광복군에게 불리하게 돌아가고 있음에도 불구하고, 임시정부 요인을 비롯한 독립운동가들은 광복군을 1907년 8월 일제에 의해 강제 해산당한 대한제국군의 후예로 보았으며, 또 의병과 독립군을 계승하여 독립전쟁을 마무리지을 마지막 항일독립군으로 확신하고 있었고, 동시에 광복군이 신생 대한민국의 국군이 되어야 한다고 믿고 있었다. 또한, 비록 일본군에 복무했을망정 김석원(金錫源), 이응준(李應俊), 신태영(申泰英) 등은 임시정부요인이 환국하기를 기다려 광복군을 중심으로 국군을 편성하는 창군계획서를 김구에게 제출했다.

그럼에도 불구하고, 국군의 창군과 건국에 있어서 일본군 출신의 비중이 컸던 것은 일본군에 복무했던 인원은 39만여명인데 비해, 광복군은 일본군에 복무하다가 들어온 한적장병(韓籍將兵)을 포함해서 3만 5천여명에게 불과했고, 일본군 출신중에는 정규사관학교를 졸업하고 현대전을 경험한 요원들이 많았는데 반해, 광복군 출신은 군사학교 출신배경이 다양한데다, 중국군에 복무한 자들만이 중・일전쟁을 경험했을 뿐이었다.

그렇기 때문에 자질 있는 인적 자원을 많이 가진 일본군 출신 중에서 많은 요원이 선발될 수밖에 없었다.

그러나 대한민국 국군의 초대 국방부장관은 결국 광복군 사령관이었던 이범석 장군이 임명되게 되었다. 그는 국군의 육성에 있어 군의 정신은 광복군의 독립투쟁정신과 반공사상을 계승하도록 하였다.

(2) 국방경비대의 창설

나라가 세워지면 무엇보다도 먼저 국권을 수호하기 위하여 국방의 필요성을 느끼게 되고, 국방을 위해서는 반드시 군사력을 필요로 하게 된다. 그것은 옛날이나 지금이나 어느 나라를 막론하고 똑같은 이치이다.

1945년 8월 15일 제2차 세계대전에서 일본이 패망하고 조국이 분단되자, 온 겨레는 다시는 외부침략으로 나라를 빼앗기는 굴욕을 겪지 않고 우리의 주권을 영원토록 보전하겠다고 굳게 다짐하였으며, 이러한 결의는 국권을 수호하고 민족의 독립을 지키기 위해서는 하루 속히 충분한 군사력이 갖추어져야만 한다는 사실을 뼈저리게 체험했기 때문이다.

따라서 국내외에서 독립투쟁을 벌여온 사람들 가운데 창군에 대한 열망은 더욱 간절하였다. 그러나 광복 직후의 혼란 속에서 건군이 순탄하게 진척될 수는 없었다. 조국의 광복과 더불어 각종 사회단체 및 정당들이 우후죽순처럼 난립하였으며, 이와 함께 해외 각지에서 귀환한 광복군, 중국군, 만주군 그리고 일본군 출신의 군사경험자들은 사설 군사단체를 만들었는데, 그 수가 30여개에 이르렀다. 그 중에서도 광복군, 학병연맹, 학병단, 조선 국군준비대, 귀환군인연맹 등이 대표적인 것이었다. 이들 군사단체는 모두 광복된 조국을 위한 애국적인 건군목적을 표방하였으나, 명분과 이념을 서로 달리하였기 때문에 쉽사리 통합될 수 없었으며, 오히려 대립과 충돌을 빚어낼 뿐이었다.

군대의 발족은 바로 이러한 정치적 · 사회적 혼란을 수습하는 조치로부터 시작되었다. 우리나라의 독립정부를 실현시키는 과업을 수행하고 있던 미 군정당국은 1945년 11월 13일, '군정법령 제28호'를 공포하여 '국방사령부'를 설치하고, 국군창설작업에 착수하였다.

건국작업의 제일보로서 국방사령부는 우선 건군의 간부양성을 위하여 그 해 12월 5일 '군사영어학교'를 설립하고, 이듬해 1월 21일을 기하여 모든 사설군사 단체들을 해산시킴과 동시에, 해체된 사설군사단체의 요원들 중에서 사상이 건전한 군사경력자들을 흡수하여 재교육을 실시한 후 창군의 기간요원으로 삼았다. 이들 '군사영어학교'에서 교육을 마치고 배출된 간부요원들은 국군 창설의 초석과 같은 역할을 하게 되었다.

이같은 창군의 간부양성과 더불어 미 군정당국은, 1946년 1월 14일 '군정법령 제86호'에 의거하여 '남조선국방경비대'를 정식으로 창설하였다. 이것은 실로 오늘날 우리 국군의 모체가 탄생되는 감격적인 사실이요, 광복 후 5개월만에 이루어진 경사였다.

이어서 1월 15일부터 남한 8개 도에 각각 1개 중대규모 부대를 창설하였으며, 2월 7일에는 이들 각 부대를 지휘통괄하는 '남조선국방경비대 총사령부'가 설치되었다. 이와 같이 발족하게 된 경비대는 불과 10개월만에 9개 연대로 그 규모가 늘어났고, 편제를 비롯하여 군의 제반 기초가 확립되어 갔다.

그런 가운데 6월 15일 국방부를 통위부(統衛部)로, 남조선경비대를 '조선경비대'로 개칭하였으며, 9월 11일에는 경비대 총사령부를 비롯하여 각 연대의 지휘권이 한국인 지휘관에게 정식으로 이양되었다. 이처럼 국군의 탄생을 위한 제반여건이 성숙되자 통위부에서는 병력확충의 필요성을 인식하고 경비대원을 증모한 결과 1948년 8월 15일 대한민국 정부수립 당시에는 그 규모가 5개 여단에 15개 연대로 성장하게 되었다.

한편, 해군의 모체인 해사대(海事隊)는 해군 창설에 뜻을 둔 해사경력자(海事經歷者)들에 의하여 1945년 8월 23일에 발족하였다. 이들은 약 80여명의 대원을 모집하여 해양기술에 관한 교육과 군사훈련을 실시하면서 해군 창설을 위한 첫걸음을 내디뎠다.

그리하여 그해 11월에 우리 연안의 경비와 밀수출입 방지 그리고 조난선의 구조 등을 임무로 하는 해안경비대의 조직을 미 군정당국에 요청함으로써 해사대는 마침내 해안경비대로 발전하게 되고, 그 명칭을 해방병단(海防兵團)이라 하였다.

1946년 1월에는 진해에 '해군병학교'를 설치하고 간부와 사병에 대한 교육을 실시하는 한편, 전국 주요 항구를 기지화함과 동시에 미군으로부터 함정을 인수하여 본격적인 해군으로서의 면모를 갖추기 위해 온갖 노력을 기울였다.

1946년 6월 종래의 국방부가 통위부로 개칭됨에 따라 '해방병단'도 '조선해안경비대'로 그 명칭이 변경되었다. 그 당시 '해안경비대'의 함정보유 실태는 해상경비임무를 수행하기에는 너무나 빈약한 것이었으나, 미군으로부터 수척의 소형함정을 인수하게 되고, 교육훈련을 강화해 나감으로써 그 실력을 인정받게 되어, 1947년 8월 30일에는 38도선 이남의 해안경비임무를 미 7함대로부터 인수하게 됨으로써 우리 해군은 그 기틀이 잡혀지게 되었다.

그리고 1948년 4월, 북한의 지령에 의하여 공산분자들이 제주도에도 폭동을 일으키자 해안경비대는 조선경비대와 함께 즉각 출동하여 병력 및 물자수송임무를 수행하는 한편, 제주도 연안의 봉쇄를 단행하고, 폭도들의 해상탈출을 차단하는 등 폭동진압에 혁혁한 공을 세웠다. 이와 같이 해안경비대는 빈약한 함정으로 임무를 수행해 나가면서 장차 막강한 해군으로 발전하기 위한 실력을 연마하는데 꾸준히 노력하였다.

육군과 해군의 모체인 조선경비대와 조선해안경비대가 창설되고 성장해 가는 동안 군출신의 항공계 인사들은 조국의 영공수호를 위한 공군 창설에 뜻을 모아 1946년 8월 10일에 '한국항공건설협회'를 창립하였다. 그들은 광복된 조국의 영공을 지키는 역군이 되겠다는 굳은 의지로 많은 난관을 극복하고, 마침내 1948년 5월 15일 경기도 수색에서 통위부 직할부대로서 '항공부대'를 창설함으로써 우리 공군의 효시를 이루게 하였다.

부대를 창설한 뒤 항공부대의 간부들은 항공병을 모집하여 교육을 실시하는 한편, 기구와 편성을 완료하였고 7월 27일에는 부대명칭을 '항공기지부대'로 개칭하였으며, 기지를 수색으로부터 김포비행장으로 옮겼다. 그러나 '항공기지부대'는 한대의 비행기도 가지지 못했으며, 그 밖에 제반여건도 어려운 실정에 있었다. 이러한 난관 속에서도 부대원들은 일치단결하여 훈련에 박차를 가하며, 내일의 공군으로 발전하기 위한 기틀을 다져 나가는데 힘을 기울였다.

(3) 국군의 발족

1948년 8월 15일 대한민국정부가 수립되자, 국방경비대는 대한민국 국군으로 발족하게 되어, 9월 5일에 군정 당시의 '조선경비대'는 '육군'으로 '해안경비대'는 '해군'으로 편입되었다. 이제, 건국과 더불어 조국의 독립과 민족의 자유를 수호하게 될 '국민의 군대'가 온 국민의 기쁨과 자랑 속에서 탄생하게 된 것이다.

국군으로 개편됨과 동시에 당면한 시급한 문제는 국방력의 강화에 있었다. 정부수립 당시 육군의 병력규모는 5개 여단에 5만여명이었으며, 해군의 규모는 대소함정 105척, 총톤수는 1만 3천톤에 병력은 약 3천명이었다. 국군으로 개편된 이후 육군은 병력의 확장에 박차를 가하여 1949년에는 제7여단을 창설함으로써 6개여단, 20개 연대를 보유하게 되었고, 동년 5월 12일에는 국군조직법에 의거하여 각 여단을 사단으로 승격시켰다. 이어서 6월 10일에 제8사단이 창설되고, 6월 20일에는 '수도경비사령부(수도사단)'를 창설함으로써 총규모 8개 사단, 25개 연대의 군대로 발전하게 되었다.

한편, 해군도 조국의 영해 방위력을 증강시키기 위하여 진해기지에 '통제부'를 설치하고 이미 해군기지로 사용해오던 인천, 군산, 목포, 포항, 묵호 등 각 기지에 경비부를 설치하여 전투력 강화에 힘써 나갔다.

그러나 해군이 보유하고 있던 대부분의 함정은 소해정 또는 그 밖에 낡은 소형함정 뿐이어서 고도의 전투력을 발휘할 수 있는 함정부대를 편성, 보유할 수 없었다.

이것은 그 당시 국가재정과 기술면에서 해군이 요구하는 함정을 구입하거나 건조할 수 없는 형편에 있었기 때문이다. 그리하여 해군장병들은 스스로 함정 구입을 위한 성금을 거출함으로써 마침내 해군의 숙원이던 전투용함정(PC형 함정) 3척을 미국으로부터 구입하여 동·서해안선의 경비임무를 맡고 있던 제1, 2정대에 각각 배치하였다.

그리고 여수·순천의 반란을 진압하기 위한 작전을 통하여 상륙전부대의 필요성이 절실히 요청됨에 따라, 1949년 4월 15일 진해에서 해병대가 창설되어 무적해병의 전통을 다지기 시작했다.

조선경비대가 육군으로 개편됨에 따라 항공기지부대도 '육군항공기지부대'로 그 명칭이 바뀌었다. 그러나 그 때가지만 해도 비행기 한 대 보유하지 못하고 있던 '육군항공기지부대'는 1948년 9월 4일에 이르러 비로소 미군으로부터 연락기(L-4, 5) 12대를 처음으로 인수하였다. 이어 9월 13일에는 '육군항공사령부'로 개칭되었다. 2일후인 9월 15일 우리 역사상 최초로 태극표지를 단 항공기 10대가 서울 상공에 전시비행을 실시하자 온 시민들은 뜨거운 박수갈채를 보냈다.

그 후, '항공사령부'의 간부들은 현대전에 있어서의 공군력의 필요성을 누누이 역설하면서 그 확보를 위해서는 항공부대를 육군으로부터 분리시켜 독립된 군으로 발전시켜야 한다고 주장하였다. 공군독립의 필요성에 대한 확고한 신념이 마침내 결실되어 1949년 6월 28일 육군본부내에 '항공국'이 발족되었다. 이같은 항공국의 발족으로 공군독립이 실현될 길이 열리게 되었고, 드디어 동년 10월 1일 병력 1천 6백명과 20대의 연락기를 근간으로 하여 육군으로부터 공군이 독립하게 되니, 국군은 드디어 명실공히 육·해·공 3군의 위용을 갖추기에 이르렀다.

(4) 창군의 역사적 의의 - 광복군의 정통성 계승

우리나라의 제헌헌법이나 현행헌법에는 대한민국이 임시정부의 법통(法統)을 계승한다는 점을 그 전문(前文)에서 명백히 밝히고 있다. 따라서 대한민국 국군은 임시정부의 군대인 광복군의 법통을 계승한 것이다. 이는 당위에 머물지 않고 실제 창군과정에서도 나타났던 것이다.

8·15광복 직후 창군운동 전개과정에서 인공(人共)에 참여했던 사람들을 제외한 대부분의 국민들은 "광복군이 국군의 모체가 되어야

한다"는 점에서는 거의 합의된 의식을 하고 있었으며, 군사경력을 가진 사람들일수록 더욱 이러한 인식이 강했던 것이다.

광복 이후 3년간의 미 군정하에서도 광복군을 모체로 국군을 편성해야 한다는 사회적 요구를 반영하여 경비대의 상징적 직책인 국내경비부장(통위부장)과 경비대 총사령관을 광복군 출신으로 각각 임명했던 사실이라든지, 1948년 8월 15일 대한민국 정부가 공식 출범하면서 초대 국방부장관과 국방부차관으로 광복군 출신인 이범석 장군과 최용덕 장군을 임명했던 사실 등은 국군이 광복군의 정통성을 계승하고 있음을 말해 주는 상징적 의미를 가지는 것이다. 그리고 무엇보다 중요한 사실은 미군정의 경비대에 입대한 자들이나 대한민국의 국군 창설시 입대한 자들이 한결같이 '광복군의 후예'가 된다고 생각하고 있었다는 점을 들 수 있다. 즉 경비대 창설시 입대한 자들은 "광복군을 모체로 국군을 편성해야 한다"는 데 이의가 없었으며, 국군 창설시 입대한 자들 또한 "광복군의 독립투쟁정신을 계승한다"는 데 공통된 인식을 하고 있었다는 점이다. 또 광복군의 정통성을 계승한 국군은 우리 민족의 전통적인 호국정신 및 자주독립정신과 함께 민주반공정신을 창군이념으로 하고 있다. 특히 민주반공정신은 창군을 전후하여 일어난 '4·3폭동사건', '여·순반란사건', '대구반란사건' 등 6·25전의 대공투쟁과 6·25전쟁 등 공산주의자들과 피어린 투쟁 속에서 성장하여 건군의 기틀을 다진 우리 국군의 역정을 생각할 때 이는 통일의 원동력으로서 더욱 굳건히 무장해야 할 정신적 전통이다.

이상에서 살펴본 바와 같이, 대한민국 국군은 광복군의 법통과 정신을 계승한 국민의 군대이다. 그럼에도 불구하고, 초창기의 경비대가 일본군 출신이 주류를 형성했다는 점, 광복군 출신이 일본군 출신이나 만주군 출신에 비해 진출이 뒤졌다는 점 등을 들어, 국군이 광복군의 전통을 계승하지 못했다는 부정적 평가를 제기하는 사람도 있다.

그러나 미 군정하의 경비대 초기에 인적자원이 풍부했던 일본군 출신이 많았던 것은 사실이지만, 점차 순수민간인 출신의 경비대 입대가 증가함으로써 경비대 말기에는 일본군 출신이 1/3수준에도 미달하였고, 광복군은 일본군 출신에 비해 수적으로 적었을 뿐만 아니라 고령이어서 경쟁에 뒤질 수밖에 없었으며, 정치적 이유로 이승만 대통령이 김구 선생의 한독당 세력을 견제하는 과정에서 피해를 입는 등의 곡절이 있었지만, 광복군 출신이 대한민국 국군의 초대 국방장관과 국방차관에 임명되었다는 사실들은 국군이 광복군의 전통을 계승하지 못했다는 주장이 근거가 미약함을 입증하는 것이다. 그렇지만 이러한 사실 이외에 정말로 중요한 점은 광복군이 국군에 물려준 정신적 유산일 것이다.

주 해

1. 군사영어학교

건국의 기간요원 양성을 위해 1945년 12월 5일 설립한 학교로, 최초의 간부양성 기관을 군사영어학교로 한 것은 미국과 협조하여 건군과업을 수행해 나가는데 있어 언어의 장벽을 제거하기 위함이었다.

2. 6·25전의 대공투쟁

광복후 미 군정하에서 온갖 난관을 극복하고 탄생되었던 국방경비대는 대한민국 정부의 수립과 더불어 국군으로 정식 편입되어 국토방위의 임무를 수행하게 되었다.

그러나 우리 국군은 창군 초기에 온갖 내외의 도전과 시련을 겪어야만 했다. 즉 안으로는 적색공산분자들의 침투와 각종 파괴활동을 분쇄해야 했고, 밖으로는 38도선상에서 북한 공산집단의 계속적인 무력도발을 막아내야만 했던 것이다. 국방경비대 창설 당시부터 미 군정당국의 미온적인 태도와 사회적 혼란으로 신원조회 없이 입대할 수 있었던 기회를 틈타 다수의 공산분자들이 국방경비대원으로 군내에 침투하여 새로 들어오는 신입대원들을 교묘하게 포섭하면서 공산당의 지령에 따라 하극상과 같은 부대내의 질서를 어지럽히는 일을 조장하였을 뿐 아니라, 부대의 공금과 보급품을 횡령처분하여 군내 좌익활동을 위한 자금으로 쓰는 등 교란활동을 자행하였다. 그들은 근무에 충실한 간부와 반공사상이 투철한 지휘관들을 중상모략하여 제거하거나, 군·경간의 반목을 조장하고 군·민간의 이간을 획책하면서 대대적인 폭동과 반란사건을 일으키기에 이르렀다.

그 첫 번째 사건은 1948년 4월 3일을 기해 제주도 전역에서 남조선노동당 계열의 좌익분자들이 일으킨 4·3폭동사건이었다. 8·15광복 직후 남로당은 김달삼, 이호제를 중심으로 제주도에서도 지하조직을 펴기 시작하였다.

이들은 제주도민을 좌익상으로 의식화하고 제주지구당 총책 김달삼 휘하에 제주도지사는 인민투쟁위원장, 제주읍장은 부위원장, 각 면장은 면투쟁위원장으로 암약하였다. 또 이들이 조직한 제주인민해방군은 이덕구를 사령관으로 하여 각면에 중대편성을 가지고 있었는데, 무장병력 총 인원이 1,500여명을 해아렸다. 더욱이 당시 제주도에 주둔하고 있던 국방경비대 제9연대 안에도 이들의 세포가 파고들어 문상길 대위가 조직책으로 김달삼, 이덕구와 접선하고 있었다.

이러한 상황에서 1948년 2월과 3월, 5·10총선거를 방해하려는 시위와 폭동이 거세게 일어났고, 이를 진압하기 위해 충남, 전남, 기동경찰대를 투입하였으나 이들은 4월 3일 새벽 2시를 기해 남로당 외곽단체를 총동원한 3,000여명의 무장·비무장세력으로 도내 14개 경찰지서를 습격, 무기를 탈취하고, 관공서, 경찰관서, 서북청년단숙소 등을 습격, 방화하는 한편, 우익인사와 관리들을 인민재판에 회부하여 처형하는 등 제주도 일원을 마비시켰다.

이에 정부에서는 경찰병력 1,700명과 제주 주둔 제9연대외에 제11연대를 투입하여 이해 7월 중순까지 반란군을 대부분 소탕하였다. 이러한 과정에서 프락치가 부대에까지 뻗쳐 제11연대장 박진경 대령이 부하장교에게 피살되는 사건이 발생하자, 제11연대는 수원으로 철수하고 제9연대를 재편 토벌작전을 계속하던 중 러시아 10월혁명기념일을 계기로 폭도가 재봉기했기 때문에, 이를 소탕하기 위해 준비하던 여수 제14연대에서 반란이 일어나 적색분자에 의해 여·순반란사건으로 확대되었다. 이에 국방부는 즉각 제주도경비사령부를 설치하여, 군·관·민 합동으로 토벌임무를 수행, 1949년 5월까지 극소수 잔당을 제외하고는 대부분을 소탕하였다. 이로 인해 1만여명의 이재민과 4~5만의 사상자가 발생하였다.

두 번째 사건은 여·순반란사건이다. 1948년 10월, 제주도에서 폭동이 재발하자 정부는 여수지역에 주둔하고 있던 제14연대내에 제주도 폭동진압 지원을 명하였으나, 지원명령을 받은 1개 대대가 10월 19일 김지회 중위를 주동으로 40여명의 남로당 출신 군인이 출동을 반대하는 갖가지 구호를 외치면서 그날밤 출동예정이었던 부대장병들을 선동하고 위협하여 반란에 가담하도록 하였다. 그들은 먼저 연대본부를 습격, 점령하고 장교들을 살해하는 동시에, 순식간에 무기고를 점령하여 무기와 탄약을 탈취하였다. 그리하여 병영을 완전히 장악한 공산반도들은 그날 밤으로 여수시내로 진출하여 경찰관서를 습격하고 점령한 다음, 여수지구의 공산분자들과 합세하여 여수시를 완전히 장악하였다. 이어서 20일 새벽에는 순천행열차를 탈취하여 순천으로 잠입하여 그곳까지 점령하였다.

이 반란을 통하여 공산반도들은 부대의 일부 간부장교와 병사들, 지방의 경찰관, 애국지사 및 유지 그리고 양민들까지도 닥치는 대로 무자비하게 학살하고, 각종시설을 파괴 또는 방화하는 등 잔인무도한 만행을 자행하였다. 수일간 계속된 이 반란사건에서 학살당한 경찰관을 비롯한 관공서 직원, 우익정당의 지도급 인사 및 일반시민의 수는 무려 3천여명에 이르렀고, 가옥의 소실과 파괴는 1천 6백여 동에 이르렀다.

반란이 일어나자 국군지휘부에서는 곧 반군토벌 전투사령부를 설치하고, 여수·순천지구에 계엄령을 선포하는 한편, 2개 여단, 5개 연대, 10개 대대의 병력으로 대규모의 토벌작전을 전개하여, 10월 27일에는 여수·순천을 반도들로부터 탈환하였다. 그러자 반도의 잔당들은 지리산으로 도주, 입산한 후 공비로 변하면서 유격전으로 저항하였다. 그러나 이들을 계속 추격한 토벌군은 6개월 후에 그 두목을 사살하고 잔당세력을 완전히 소탕함으로써 호남일대의 평온을 되찾게 하였다.

세 번째 사건은 1948년 11월 2일 이후 3차에 걸쳐 일어났던 이른바 '대구반란사건'이었다. 지리산의 공비로부터 반란의 지령을 받은 대구 제6연대내의 공산분자들은 연대본부에서 이정택 상사가 주동이 되어 1차 반란을 일으켰다. 당시 제6연대의 주력은 제주도와 여수·순천지구에 출동중이었으므로, 남아 있는 병력은 영천 및 포항지구의 2개 중대와 연대본부의 일부요원

뿐이었는데, 반도들은 이 기회를 이용하여 반란을 일으켰고, 포항지구의 제 4중대에서 3차 반란을 일으켰다

이 반란사건으로 장교 및 사병, 경찰관 그리고 양민 등 수십명이 살해되었다.

육군에서는 토벌부대를 즉시 출동시켜 이를 진압하였으며, 이에 잔당들은 도주하여 팔공산으로 잠입하였다.

이상에서 본 바와 같이, 창군 초기 우리 군군은 공산분자들의 군내 침투를 허용함으로써 많은 문제를 안게 되었고, 그로 인하여 중대한 결과를 초래하게 되었던 것이다. 공산분자들은 군내에 위장 침투하여 군의 기강을 문란케 함은 물론, 군내의 좌익세력을 확대, 강화함으로써 군을 완전히 장악하고, 나아가서 이를 기반으로 하여 남한을 공산화하려고 하였다.

따라서 건군 초기에 우리 국군이 시급한 과제는 우선 군내에 침투하고 있던 공산불순자들을 색출해 내는 일이었다. 그러나 이같은 작업은 쉬운 일이 아니었으므로 쉽사리 손을 대지 못하고 있었다.

그러다가 1948년 6월 18일 제주도반란 진압작전을 수행하고 있던 제11연대장이 동 연대소속의 공산분자들에 의하여 피살됨을 계기로 하여 숙군(肅軍)이 시작되었다. 그러나 이때의 숙군은 부분적인 범위에 국한되었다. 그 후 여・순반란사건이 일어나자 전군적인 규모의 일대 숙군작업이 단행되기에 이르렀다. 1949년 말까지 4차에 걸친 철저한 조사를 통하여 색출된 공산분자들이 무려 4천 7백여명에 달하였다. 이같은 숙군작업으로 우리 군은 건군 초기의 시련을 극복하고 반공태세를 확립함으로써 군의 건전한 발전을 위한 기반을 다져 나가게 되었던 것이다.

제2장

군대사회와 윤리

Military Ethics

軍隊倫理 Chapter 2

군대사회와 윤리

제1절 군대윤리의 개념과 성격

군대윤리를 올바른 시각에서 이해하기 위해선 먼저 군대윤리의 개념적 의미를 알아야 한다. 아울러 군대윤리에 대한 개념을 잘 이해하기 위해서는 먼저 윤리의 의미와 사회생활과 윤리와의 관계를 고찰해야 할 것이다.

그러나 여기서 철학적 차원의 의미를 고찰하기보다는 기존의 정의를 통해서 그 개념과 의미를 파악하고자 한다.

가. 윤 리

인간의 행동 가운데는 마음대로 해도 좋고, 그렇지 않은 것도 있다. 나 혼자가 아닌 여러 사람과 공동운명체적인 삶을 살아가고 있기 때문이다. 예컨대 우리가 여행을 하고자 할 때 목적지까지 어느 교통수단을 이용해도 무방하다. 그러나 요금을 지급하지 않고는 교통수단을 이용할 수가 없으며, 기차나 버스를 마음대로 타고 내릴 자유는 없을 것이다. 우리나라 안에서라면 누구를 막론하고 주거이전의 자유를 가지고 있다. 그러나 남의 땅이나 공원 안에서 집을 마음대로 짓고 살 자유는 없다.

이와 같이 사회적 존재로서의 인간은 여러 가지 규범의 제약을 받아가며 살아가기 마련인 것이다. 이처럼 인간의 행위에 제약을 가하는 사회적 규범에도 여러 가지가 있어서 우리는 이를 관습과 법, 도덕 또는 윤리 등으로 나누어 볼 수 있다. 이 가운데 가장 기본적이며 사회유지의 기초가 되는 것은 도덕 또는 윤리규범이다.

도덕과 윤리는 어원으로 따질 때 엄밀하게 같은 뜻의 말은 아니다. 그러나 일반적으로 동일한 뜻으로 사용하고 있다.

그렇다면 윤리란 과연 무엇이며 어떤 뜻을 가지고 있는가? 윤리란 사전적 의미로는 “사람들이 지켜야 할 도리와 규범”이라고 할 수 있다. 윤리의 “윤(倫)”은 원래 동류라는 뜻이다. 윤(倫)은 인륜으로서 인간의 공동체를 의미하며 사람과 사람과의 도덕적 관계 또는 도덕적 질서를 가리킨다. 윤리의 “리(理)”는 다스릴 리 또는 이치 리로서 도리의 리 또는 이론의 리를 말한다.

따라서 윤리란 사람과 사람 사이에 있어서 올바른 질서로서의 인간의 도리에 관한 것을 밝혀주는 것이라 할 수 있다. 다시 말하면 윤리란 사람과 사람과의 올바른 도덕적 질서이며 인간 상호간에 지켜야 할 자율적인 여러 규범인 것이며 공동사회의 도덕적 가치체계이다. 이를 요약해 보면 윤리란 인간의 행동기준, 행동규범, 행동법칙으로 사람이 반드시 지켜야 할 도리이다.

나. 사회생활과 윤리

윤리적 규범의 내용은 서로 다른 점이 있을지 모르나 윤리가 없는 사회는 이 세상에 아무데도 없다.

다시 말해서 윤리도덕이라는 현상은 인간사회에 있어서 보편적인 현상이다. 우리들의 삶을 위하여 윤리는 절대로 필요한 규범인 까닭에 윤리도덕을 갖지 않는 인간사회는 있을 수 없다. 건전한 윤리가 있어야 사회가 유지되는 것이다. 인간이란 혼자 살 수 없으며, 어울려 살아야 하는 사회적 동물인 까닭이다. 우리의 의 · 식 · 주와 교통, 통신 등 우리가 의존하지 않고 해결할 수 있는 것은 별로 없다.

특히 현대사회에 있어서는 정치, 경제, 사회, 문화가 일체가 되어 상호의존의 톱니바퀴를 이루며 발전해 나가고 있다.

심리학자 영(K.Young)은 인간은 철두철미한 사회적인 존재라는 것을 다음과 같이 말했다. "인간은 먼저 개인이고 다음으로 사회의 하나의 구성분자가 되는 것은 아니다. 인간의 실존과 그의 성품들이 이미 이웃들과의 공동생활과 문화에의 참여를 통해 이루어진 산물이다." 개인이 먼저 있고 그가 필요에 따라 사회의 일원이 되든지 안되든지 마음대로 되는 것은 아니고, 개인의 존재와 그의 성품이 이미 사회 안에서의 공동생활의 산물이며 우리가 흔히 말하는 인간성이라는 것도 사회 안에서의 공동생활의 산물이라는 것이다.

현대사회는 과학적인 지식이 폭발적으로 늘어나고 또한 과학과 기술이 급속하게 변화하는 정보화시대이다. 이에 따라서 인간의 생활방식, 사고방식, 의식구조 등이 급속하게 변화하고 우리가 살고 있는 사회구조도 급속히 변화하고 있다. 기술 및 산업의 발달과 더불어 우리의 생활이 편리해지고 안락해지고 모든 생활환경이 합리화되고 있다. 특히 교통과 통신의 발달은 여러 민족들과 여러 국가들의 거리를 매우 단축시켰다.

따라서 현대산업사회에는 인간의 삶과 이것을 위한 여러 가지 조건들이 합리화되고 기계화되면서 문화적인 개성은 사라지고 획일화되어가는 특징을 가지고 있다. 또한 스스로 판단하고 스스로 행동을 결정하고, 행동의 목표와 의미를 반성하는 이성은 희미해져 가고 있으며, 윤리의식과 도덕의식이 마비되어 가고 있는 것이 현대사회의 한 단면이라고 할 수 있다. 그러나 이러한 비인간화의 윤리 부재현상 속에서도 우리는 윤리를 인간의 역사 가운데 형성되는 삶의 새로운 지혜로 보아야 한다.

윤리란 사회생활에 있어서 하나의 이정표가 되는 것이며, 바람직한 인간상을 탄생시키는 기본바탕으로서 각계각층의 국민이 적극적으로 참여함으로써 건전한 기풍을 조성할 수 있고, 각자가 자기를 반성하고 올바른 윤리의식에 부합되는 생활태도를 기르는데 노력하여야 할 것이다.

다. 군대윤리

복잡한 현대사회에 있어서 일반 국민에게 요구되는 보편타당한 윤리가 있다면 각 분야에도 그 분야에 필요한 윤리가 있다. 말하자면 전문 직업인에게 요구되는 윤리가 있다는 것이다. 예를 들면 기업인에게는 기업인으로서의 윤리가 있으며, 의사에게는 의사로서의 윤리가 있고, 선생님에게는 선생님으로서의 윤리가 있다.

우리 군인에게도 군인 또는 군대에 요구되는 윤리가 있다. 특히 군인은 일반 국민들보다 예측할 수 없는 상황 속에서 일반 법규와 규정으로만 해결할 수 없는 복잡한 문제에 직면하게 되는 경우가 많고, 이러한 상황은 군대윤리 범위내에서 해결해야 하는 경우들이 많은 것이다.

그렇다면 군대윤리의 개념은 무엇인가?

군대윤리란 "군 임무수행과 관련하여 군 또는 군인이 지녀야 할 가치, 태도, 행동의 규범체계"이다. 또한 군대윤리 교육이란 "군 임무수행과 관련하여 군 또는 군인이 지녀야 할 가치, 태도, 행동의 규범체계에 대한 이해 증진과 이의 실천능력을 함양시키기 위한 교육"이라고 정의할 수 있다.

이 정의가 내포하고 있는 개념을 두 가지 면에서 볼 수 있다.

하나는 군대윤리란 군사 전문직업 수행과 관련하여 군인들의 옳고 그른 행동이 무잇인가 하는 규범적 측면을 다룬다는 것이고, 다른 또 하나는 군인들의 행위의 선택에 관련하여 도덕적(이성적) 분별작용을 다룬다는 것이다.

여기서 옳고 그릇된 것을 분별하며 선택한다는 것은 단순히 어떤 정해진 규범을 추종한다는 것이 아니라, 행동하는 행위자의 이성적 분별이 작용하여 옳은 것을 선택한다는 의미이다.

인간은 의식주에서부터 일상생활에 이르기까지 각종 문제에 봉착하고 해결하면서 살아간다. 군대사회도 마찬가지다. 그런데 군인이 어떠한 문제를 해결하는 데에는 기준이 있어야 한다. 그 기준이 무엇인가 하는 것이 바로 규범이다. 군대윤리는 이러한 규범을 다룬다는 것이다. 특히 군대사회의 특수성으로 인하여 어떤 정해진 법규나 규정에만 의존할 수 없는 상황이 빈발하게 되는데, 바로 여기에 군인들의 도덕적(이성적) 분별능력이 필요하다는 사실이다. 예를 들면 지금 여러분은 소대장으로서 중대장으로부터 소대인원을 파악, 보고하라는 지시를 받았다고 하자. 그런데 여러분은 가장 친한 병사가 무단이탈하여 잠깐 밖에 나가 지금 없음을 알고 있다. 정직과 충성은 둘 다 군대에서 높은 가치를 지니고 있다. 여러분은 그러한 사실을 정직하게 보고하여 전우의 의리를 저버릴 것인가? 이러한 상황들을 어떻게 처리할 것인가? 군대윤리는 법규나 규정으로만 해결할 수 없는 상황속에서 군인의 행동을 가장 최선의 방향으로 이끌 수 있도록 하자는 것이다.

군대윤리는 세 가지 분야에서 살펴보아야 한다.

첫째, 군인 또는 군대의 윤리적 규범이 무엇이냐?

둘째, 윤리적 갈등상황은 어떻게 해결할 것이냐?

셋째, 윤리의식을 어떻게 향상시킬 것이냐? 하는 것으로서, 첫째는 윤리교육을 통해서 군인들에게 군인 또는 군대에 요구되는 윤리규범이 무엇인가를 알게 하고, 둘째는 사례연구를 통해서 윤리적 갈등상황을 분별하여 해결할 수 있는 능력을 함양하며, 이로 인한 결과로서 윤리의식을 증진시킬 수 있는 것이다.

이처럼 군대윤리는 단순히 군인 또는 군대의 규범에 관심을 갖는 것이 아니고, 이러한 규범을 어떻게 가장 바람직한 방향으로 적용할 것인가에 관심을 갖게 함으로써 궁극적으로 국가와 사회가 지향하는 방향으로 군인의 윤리의식을 고양시키는데 있는 것이다.

라. 윤리교육의 효과

군대윤리 교육은 군대의 규범만을 논하는 것이 아니라 군인들의 윤리적 분별능력을 증진시키는데 그 목적이 있다고 하겠다. 군대윤리 교육을 실시한 후 다음과 같은 효과를 거둘 수 있다.

- 군인 각자의 역할과 책임 그리고 군대의 국가와 국민에 대한 의무를 이해하게 된다.
- 군인들 자신이 윤리적 문제의 실체를 깨닫게 됨으로써 자신의 윤리적 책임을 이해하게 된다. 또한 전시뿐만 아니라 평시에도 윤리적 행동의 중요성을 인식하게 된다.
- 군인들 각자의 윤리적 문제를 다루고 처리하는 능력이 개선된다. 즉 가장 중요한 윤리적 결심능력이 증진된다.
- 군인 각자에게 윤리지식이 제공됨으로써 윤리적 환경이 조성되고 윤리적 상황에 직면해서 머리 속의 관념상의 윤리가 실제로 손발에 적용되어 올바르게 행동하도록 한다.
- 이와 같은 결과로서 군대의 권위와 신뢰를 증진시킨다.

제2절 군대사회의 특징

개인의 자유와 평등을 기본가치로 삼고 있는 민주국가에서도 군대는 계급적 질서와 엄격한 통제를 구성원들에게 강요한다. 이는 군대가 일반사회의 여타 직업집단과는 그 임무와 업무의 성질이 근본적으로 다른데 그 원인이 있는 것이다. 군대는 외부의 침략으로부터 나라를 지키기 위해 조직화된 폭력을 사용한다. 그리고 이런 폭력적 공권력이 효과적으로 사용될 수 있도록 계급적 질서로 조직되고 엄격한 규율로 통제가 되는 것이 군대인 것이다.

군대사회와 일반 시민사회 간에는 차이점 못지않게 공통점도 있으며, 오늘날 군대사회 권위패턴도 과거 권위주의적 지휘통솔로부터 설

등과 집단동조라는 민주적인 스타일로 바뀌고 있고, 병영 내에서 개인의 자율과 인권의 비중이 점차 증가하고 있다.

군대가 이처럼 변화한다고 하더라도 군대사회의 기본적 특성이 바뀌는 것은 아니다. 고객인 국가와 국민에 서비스를 충실히 제공하려면 특수조직으로서의 군대사회에 맞는 고유한 문화가 요구되는 것이다.

가. 군대조직의 특수성

(1) 임무의 특수성

모든 직업에는 그 직업이 제공하는 봉사의 목적과 내용 그리고 그 봉사를 제공받는 대상이 존재한다. 의사는 사회의 보건과 건강을 목적으로 고객인 환자에게 진료라는 서비스를 제공한다. 변호사는 정의를 실현하기 위해 고객인 소송의뢰인에게 소송업무를 제공한다. 그렇다면 군대가 봉사해야 할 대상은 누구이며 군대의 임무와 군대가 제공하는 봉사는 무엇인가?

군대의 제1차적 임무는 외부의 침략으로부터 국가의 사활(死活)이 걸린 국가이익을 방어하기 위하여, 조직화된 폭력을 사용하는 것이다. 이로부터 우리는 군대의 일차적 임무는 국가방위이며, 대상은 국가이고 제공하는 봉사는 국가이익을 위한 정당하고도 합법적인 폭력을 사용하는 것이다 라는 명제를 도출해 낼 수 있을 것이다. 이는 군인 개개인이 국가의 이익에 전적으로 연루되어 있음을 의미한다.

그는 국가의 이익을 위해 때로는 군사력을 사용해야 하며, 필요하다면 자신의 생명까지도 희생시켜야 한다. 물론, 전투가 없는 평화의 기간들이 존재한다. 그리고 전시에도 군대의 일부만이 실제로 전투에 종사하게 된다. 그렇지만 평시 상황하에서도 군대조직은 적의 도발을 억제함으로써 전쟁을 예방하고, 전시·평시를 막론하고 전쟁수행에 대비하기 위해 고도의 전투대비태세를 유지해야만 한다.

그리고 군대의 많은 비전투적인 과업들도 군사력의 유지와 효율성에 필수불가결한 것들이며, 따라서 전투 자체에 못지않게 군대의 제1차적인 임무수행을 위하여 절대적인 중요성을 가진다. 그러나 비록 군대의 활동에는 전투와 직접적으로 상관이 없는 다양한 분야가 존재한다 하더라도 전투(전투준비와 실제 전투를 포함하는 개념)는 여전히 군대의 핵심적 가치인 것이다. 국가로부터 위임받은 전투행위는 군대의 존재이유이다.

(2) 정부통제의 국가기관

군대란 위임받은 조직화된 폭력을 사용한다고 말할 때, '국가로부터 위임'이라는 말은 군인들에게 헌신과 노력을 요구하는 자가 국가라는 의미이다. 따라서 군대란 국가가 자신이 합법적으로 독점하고 있는 폭력사용권을 행사함에 있어 이용되는 국가기관인 것이다.

'국가로부터 위임'이라는 말은 또한 군대는 정부의 통제를 따라야 한다는 의미를 내포하고 있다. 따라서 정부는 군대의 활동에 대해서 정치적으로 책임을 진다. 이는 적어도 군대를 사용하는 분야에 있어서만큼은 군대가 정부의 통제를 받도록 위계질서가 수립되어 있어야 함을 의미한다. 그렇게 함으로써 군대의 전부 혹은 일부의 사용은 비록 언제나 직접적으로 그런 것은 아닐 수도 있지만, 항상 정부의 통제에 따르게 되어 있는 것이다.

군대는 정부기관 가운데서도 국가의 군사안보를 책임 맡고 있는 기관이다. 따라서 국가의 군사안보문제에 관한 한 이를 대표해서 제기하고, 국방에 필요한 자원의 배분을 국가의 관계부처에 요구하며, 또한 군사관련정보를 국가의 여타 기관에 제공하는 기능을 수행한다.

(3) 조직의 복잡성

군대가 전투임무를 수행하는 데는 그 내부의 각기 상이한 기능과 특기를 가진 작업집단들이 지휘에 효과적으로 따를 수 있도록 조직되고 편성되어야 한다. 그리고 이런 작업집단들과 부대편성은 무기의 발달과 전쟁양상의 변화에 따라 변한다. 우선 군대 작업집단 가운데 대표적인 것으로 병과(兵科)를 들 수 있는데, 병과의 탄생과 발전의 역사를 보면 오늘날 군대가 얼마나 복잡해졌는지 알 수 있을 것이다.

고대 그리스·로마시대의 전투부대는 창이나 칼 또는 활로 무장한 보병과 기병으로 구성되었으며, 이들은 밀집 전투대형을 이루어 운영되기에 용이한 부대단위로 편성되었는데, 그 대표적인 예로 로마의 군단(legion)을 들 수 있다. 소수의 기병을 포함하여 약 3천명 내지 6천명의 보병으로 편성된 레기온은 초급 지휘관이 지휘하는 전술단위인 코르테스(cohortes, 레기온을 10등분한 부대로 3백명 내지 6백명으로 구성된 보병부대)와 마니풀리(mamoipuli, 60명 내지 1백명으로 구성된 보병부대)로 구성되었던 것이다(오늘날 같으면 보병부대의 연대, 대대, 중대에 해당하는 부대들인 것이다). 지휘관은 휘하에 정보참모와 병참참모를 거느리고 있었을 뿐이다.

17세기 이전까지도 포병과 공병은 독립 병과가 아니었으며, 17세기 기병과 보병의 중대급 부대에 '야전이발사'가 1명씩 배치된 것이 군의병과(軍醫兵科)의 효시라 할 수 있다. 오늘날 적색 또는 청홍색 나선형 줄무늬로 된 이발소 간판도 이때부터 비롯된 것인데, 적색은 동맥을 의미하는 것으로 이것은 당시의 이발사가 조발만 한 것이 아니라 외과수술도 담당했음을 말해주는 것이다.

이런 과정을 거쳐 오늘날 군대에는 보병, 포병, 기갑, 공병, 통신, 병참, 의무, 정보, 병기, 화학, 수송, 경리, 법무, 정훈, 군종, 헌병, 부관 등의 병과와 수많은 직능, 특기가 출현한 것이다.

현대군대가 이처럼 병과, 직능, 특기 등에 있어서만 다양해진 것이 아니라 그 조직구조 또한 매우 복잡해졌다. 과거 일직선형(一直線型)의 위계적 조직패턴은 참모제도의 출현과 정보통신 수단을 비롯한 과학기술 무기와 장비 등의 발달로 말미암아 매우 복잡해졌다. 따라서 상이한 구성요소들이 복잡하게 얽혀 있는 조직 속에서 상호 협조관계에 있는 수많은 집단 및 개인들로 구성된 복합적 조립체인 오늘날과 같은 군대에 있어서 구성원들의 행위가 협조를 이루기 위한 관련자들 간에 다양한 수단을 통한 의사전달 패턴 또한 과거에 비해 무척 복잡해졌다. 이런 복잡한 구조와 의사전달 패턴을 가지고 있는 조직이 그 목표를 효과적으로 달성하기 위해서는 구성원들 간의 일사불란한 팀워크가 가능하도록 하는 정교한 장치가 필요한 것이다. 이런 장치가 군대사회의 특징을 결정하는 중요한 요소가 되는 것이다.

(4) 무한한 헌신의 요구

끝으로, 군대사회의 또 하나의 뚜렷한 특징은 복무에 대한 개인의 거의 무한한 헌신을 요구한다는 것이다. 군에 입대한다는 것은 엄청난 자유의 상실을 의미한다. 복무는 하루 24시간 동안 계속되며, 집에 가는 것도 '허락'을 받아야 한다. 최근 일부 국가에서는, 그리고 특히 평화시에 있어서는 그와 같은 군대의 요구사항들이 일부 특정한 측면에서는 약화되었다. 일과시간 이후에는 야근근무자를 제외하고 외출과 외박이 허용됨으로써 일반사회와 접할 수 있는 기회가 보다 많아졌고, 휴가 기회가 보다 많이 부여되고 있으며, 복무기간도 점차 단축되고 있다. 그러나 이런 변화들이 여기에 기술된 군대의 기본적 성격을 바꿀 정도로까지 진행되지는 않았다.

또 개인의 안전이 침해받을 위험성은 군복무가 지닌 일상적이고도 본질적인 요소가 되기도 한다. 이와 같은 광범위한 헌신은 엄격한 통제를 통하여서만 확보될 수 있다. 군대조직이 지니고 있는 이와 같은 대략적 특징들은 군대사회를 일반사회와 구별시켜 주는 근거가 된다.

나. 군대사회의 특징

(1) 위계질서 사회

군대는 국가에 봉사하기 위한 기관이다. 따라서 국가에 가능한 최대의 봉사를 하기 위해서 군사력과 군사적 직무는 국가정책의 효과적인 수단이 되어야 한다. 정책적 지시는 하향식(下向式)으로 내려오는 것이므로, 이것은 군대가 계급 구조로 조직되어야만 한다는 것을 의미한다. 다시 말해서, 군대가 그 기능을 성공적으로 수행하기 위해서는 그 내부의 각 제대(梯隊)가 그 하위제대의 즉각적이고도 충실한 복종을 명령할 수 있어야 한다. 그래서 아무리 민주주의가 발달한 나라일지라도 군대만은 엄격한 상명하복(上命下服)의 위계조직으로 구성되어 있으며, 직책과 계급으로 대표되는 위계적 권위가 군의 내부질서를 유지시키는 주된 기능을 하고 있는 것이다.

그래서 군대는 전체주의적(全體主義的)이지는 아니지만 불가피하게 권위적이 된다. 여기서 말하는 권위적이란 상하의 인간관계와 명령과 복종의 규범을 강조하는 성향을 의미한다. 이는 인간은 평등하고 누구도 자신의 의사에 반하여 행동을 강제받지 않는다는 민주주의의 요소를 조직구조의 원리로 삼고 있는 것이다.

이와 같은 비민주적 요소가 민주국가에서 정당화 될 수 있는 근거로 바로 이러한 요소로 말미암아 군대가 민주주의의 수호와 국토방위의 임무를 가장 효과적으로 수행할 수 있기 때문이다. 군대사회의 권위적 위계질서가 가지는 성격을 한마디로 "군대는 계급이다"라고 표현할 수 있을 것이다. 결국 군대는 계급사회인 것이다.

(2) 규율과 통제사회

어떤 일을 일방적으로 강요하거나 못하도록 통제하면 '군대식'이라고 말한다. 이때 '군대식'이라는 말이 함축하고 있는 바는 아마도 군대사회란 일반사회와 달라서 엄격한 규율로 그 구성원들의 행동을 통제하는 곳이라는 뜻일 것이다. 입영과 동시에 머리를 일률적으로 짧게 깎는 것처럼 군대생활은 통제와 규율 속에서 이루어진다. 기상, 식사, 휴식, 취침 등 거의 모든 생활이 정해진 시간과 규율 속에서 이루어지며 옷을 입거나 외출을 하는 것도 개인이 자유롭게 하지 못하게 규정해 놓고 있다. 따라서 자유분방한 사회생활을 하다가 군에 입대한 초기에 이런 통제는 참기 어려운 것 또한 사실이다. 그렇다면 왜 이토록 군대에서는 규율과 통제가 강조되는가?

군대와 같은 거대한 조직이 유기체와 같이 일사불란(一絲不亂)하게 살아 움직이려면 각 구성원들의 자발적인 참여와 협조도 필요하지만 그에 못지않게 조직이 요구하는 질서와 통제를 어기는 일탈행위를 하지 못하도록 하는 강제성을 띤 규율도 필요한 것이다. 특히 군 직무란 이를 통해 개인에게 직접적으로 어떤 소득이 돌아오는 것도 아니고 이를 수행함에 있어서 때로는 신체적 위험과 심신의 고통을 수반하기 때문에 자발성만으로 군의 질서가 유지되기를 기대하기는 현실적으로 한계가 없지 않다. 따라서 강력한 처벌이 뒷받침되는 통제가 필요한 것이다.

위반시 강력한 처벌이 따르는 군기만이 군의 질서를 확립할 수 있는 유일한 방법은 아니다. 오늘날과 같이 국민교육 수준이 향상되고 민주적인 의식구조를 지닌 젊은이들이 군에 복무하는 상황에서는 강압적 통제에 의한 군기 확립보다 개개장병들의 자발성에 호소함으로써 더욱 효과적으로 군기와 질서를 확립할 수 있는 것이다. 군기의 본질적인 요소가 규칙이나 규정 또는 명령의 엄격한 준수와 복종을 의미한다면, 이를 이행하지 않는 자에 대한 엄한 처벌을 강조하는 권위주의적 지배는 군기확립을 위한 소극적인 방법밖에 되지 못한다.

이에 반하여 군기를 확립하기 위한 적극적 방법은 부하에 대한 배려와 상급자의 훌륭한 리더십 그리고 부하들의 군복무에 대한 사명감과 보람 및 자신감을 심어주어 자발적・자율적으로 부여된 임무와 역할을 다하도록 하는 내면적 군기(임무고수정신)가 더욱 중요함을 알아야 한다. 현대 군대의 일반적 경향이 군기와 권위가 권위주의적 지배에서 설득과 동조의 중요성에 보다 관심을 경향이 군기와 권위가 권위주의적 지배에서 설득과 동조의 중요성에 보다 관심을 기울이게 된 것도 바로 이 때문이라 할 수 있다. 적극적 방법은 사기를 진작시킬 수 있으며, 반대로 사기가 왕성한 군인이나 부대는 군기가 그만큼 잘 서 있게 된다.

(3) 단체성이 강조되는 조직사회

군인은 항상 조직의 일원으로 그 직무를 수행한다. 따라서 군인 개개인에게는 단결심과 협동심이 요구되며, 군의 상급자들에게는 부하들을 단결시키고 협동시켜야 할 책임이 있는 것이다. 동서고금을 막론하고 훌륭한 지휘관은 부대를 단결시키는 리더십을 발휘했음이 전사(戰史)에 잘 나타나 있는 것이다. 그러면 왜 군대사회는 단체성이 강조되는가? 그것은 군의 직무성격과 관계가 있다.

혼자서 이리 뛰고 저리 뛰면서 전쟁을 하는 람보 영화는 어디까지나 오락물이지 전쟁과 전투의 실상이 아니다. 이런 1인 전쟁은 아주 옛날 말을 탄 장수끼리 싸워서 이기는 편이 전쟁에 승리하던 때나 가능했을 것이다. 조직의 규모가 방대하고 복잡해지고, 무기나 장비가 정교해짐으로써 이의 운영과 관리에 있어서 각 분야에 많은 전문가가 있어야 하며, 직무가 말단에까지 분업을 이루고 있는 현대군대에 있어서 조직구성원들 간의 단결과 협동은 군의 직무수행과 전투력 발휘에 있어서 매우 중요한 요소가 되고 있는 것이다. 기관총을 쏘는 데도 사수, 부사수, 탄약수는 물론 관측병과 계산병 등 여러 사람이 조를 이루어 일을 해야 하는 것이다. 한척의 구축함을 기동시키는 데는 이보다 훨씬 복잡하다. 수백명의 승무원들이 팀을 이루고 그 팀 속에서 각자 맡은 직능을 차질 없이 수행함으로써 그 배는 함장이 의도하는 대로 움직이게 된다. 이와 같은 팀워크가 이루어지려면 조직의 구성원들 간에 협동, 단결하는 기풍이 평소부터 길러져야 한다.

(4) 조직의 임무완수 우선주의

군이 존재하는 목적은 나라를 지키기 위해 전쟁을 억제하고 전쟁이 일어나면 적을 분쇄하고 반드시 승리를 하는데 있다. 전쟁의 승리는 지휘관이나 한 개인의 책임완수에 의해 이룩되는 것이 아니라 부대원 전원의 종합적인 힘의 결과로서 이룩된다. 따라서 조직의 힘을 최대로 발현하여 주어진 소명을 다하는데 있어 단 한 사람이라도 임무를 소홀히 한다면 조직이 추구하는 소기의 목표를 달성하지 못할 것이다. 군인의 삶은 기본적으로 나라를 위한 삶이기 때문에, 개인의 이해관계나 사정에 의해 소속부대가 임무를 다하지 못한다거나 지장을 받게 하는 행위가 있어서는 안된다.

다. 군대사회와 시민사회

(1) 군대사회와 시민사회의 공통점

앞에서 우리가 군대사회의 특징으로 열거한 것들은 일반사회에도 적용될 수 있을 것이다. 군대가 일반사회나 사람이 모여 살고 있는 인간집단이라는 데는 차이가 없다. 따라서 사람들이 함께 살아가는 데는 규율과 질서가 있어야 하며, 구성원들은 각종의 사회적 통제에 따라야 한다. 그리고 단체생활에 필요한 협동도 요구되며 정당한 권위가 존중되어야 한다. 이와 같은 관점에서 군대사회와 시민사회의 공통점을 생각해 보자.

자유민주주의 사회라고 해서 모든 사람들이 제멋대로 행동하는 것이 허용되는 사회는 아니다. 모든 사람들이 자기의 자유를 마음껏 누리고자 하면 어떤 사람의 자유도 보장될 수 없기 때문이다. 그래서 어떤 사회에나 모든 구성원들이 반드시 지켜야 할 사회적 규범, 즉 법과 도덕 그리고 관습이 있다. 훌륭한 시민이란 바로 이와 같은 사회적 규범을 충실히 준수하는 사람인 것이다. 이런 규범을 우리는 단체생활에 필요한 규율이라고 부르며, 이런 규율을 감수하는 사람만이 진정한 시민으로서의 자격을 갖추었다고 말할 수 있다.

결국 '규율'이란 군대사회에만 존재한다거나 엄격하고 부당하게 개인의 자유를 제한하며 개인의 행동을 불필요하게 규제한다는 생각은 옳지 못한 생각이다. 규율은 시민사회가 사람들 간에 갈등과 마찰의 소지를 없애고 사회적 질서를 유지하는데 없어서는 안 될 요소이기 때문이다.

구성원에 대한 통제도 이와 같은 이유에서 군대와 일반사회가 본질적인 차이는 없다. 두 사람 이상이 함께 생활하게 되면 개인들 간에 욕구충돌이 일어난다. 예를 들면, 한 사람은 피곤해 잠을 자고 싶은데 한 사람은 큰 소리로 노래를 부르고 싶어 하는 경우가 발생할 것이다. 이런 경우, 한 개인(노래를 부르고자 하는 사람)의 욕구와 자유는 자제되어야 하며, 인간사회에는 이를 보장하기 위해 일정한 규칙 또는 규율이 존재한다. 이러한 규칙과 규율은 개인의 행동을 통제하는 기능을 가진다. 다만, 군대는 구성원들의 행동과 자유를 통제하는 범위가 일반사회에 비해 넓다는 점과 통제에 따르지 않았을 때 처벌이 강하다는 점에서 일반사회의 그것과 구별되는 것뿐이다.

그렇지만 오늘날 군대는 많이 변하고 있다. 개인의 자유와 자율 그리고 창의성을 확대해 가고 있으며, 엄격했던 지휘통솔 형태에 변화가 오고 있다.

(2) 군대사회의 변화

오늘날 일반사회가 옛날과 다르게 변화된 것처럼 군대도 과거에 비해 많이 달라지고 있음은 부인할 수 없는 현실이다. 일부 학자들은 군대가 겪고 있는 변화 가운데 가장 대표적인 것으로 권위의 약화를 들고 있다. 조금 과장된 표현이기는 하지만 이런 현상을 '고전적 권위의 상실'로 보는 사람도 있다.

특히, 지난 수십년간 과학기술의 급속한 진보는 군사조직에 있어서의 권위의 유형 및 분배에 막대한 충격을 주었다. 첫째, 종래의 선형작전(線型作戰)이 이제는 독자적으로 행동하는 소집단들에 의한 작전으로 점차로 대치되었는데, 소대, 분대, 항공기 승무원 등과 같은 소집단들은 먼 거리에 위치한 그들의 지휘관들보다 최전방에서 전개되고 있는 상황에 대해서는 더 잘 알고 있다. 따라서 지휘계통의 말단에 있는 군인들에게는 그들 앞에서 전개되고 있는 상황에 능동적으로 대처하기 위해서 이런 상황을 모르는 지휘관의 지시와 명령에 따르는 소극적이고 피동적인 복종이 아니라 자발성이 매우 중요한 가치가 된다.

더욱이 무기 및 장비의 기술적 복잡성이 엄청나게 증대하자 이들을 배치하고 사용해야 할 책임이 있는 지휘관들이 이들 무기 및 장비의 조직과 정비에 관한 모든 기술과 지식을 숙지한다는 것이 불가능하게 됨으로써 기술상의 문제에 관한한, 지휘관의 결심이 전문가들에게 의존하는 정도가 점점 더 커지게 되었다.

자기 부대의 레이더가 수리되기를 원하는 지휘관은 레이더에 “어떤 작업이 행해지고 있다”는 것 이외에는 자신의 지식으로는 어떤 것도 확인할 수 없다.

그 결과, 권위의 근거로서의 계급은 그 역할이 줄어들고 그 대신 전문기술, 지식, 직무수행 능력의 역할이 증가했다. 기술전문가는 이렇게 해서 일정한 ‘직무상의 자율성’을 향유하게 된다. 기술전문가에 대하여는 그의 기술을 어떻게 사용할 것인지에 관해서가 아니라 언제, 어디에서 사용할 것인지에 관해서만 명령이 내려지게 된다. 이렇게 해서 상관과의 관계가 기술이 발달하지 못했던 군대에서 통용되었던 관계와는 다르게 되었다. 또 과학기술의 진보는 매일 반복되는 평범한 과업 대신에 기술적 과업의 증가를 초래했는데, 이런 과업은 상관의 명령에 피동적으로 따르기보다는 창의성과 판단을 요한다.

과거처럼 반복훈련을 통해 미리 정해진 행위를 맹목적으로 수행되도록 억지로 주입하는 방식은, 레이더 고장의 원인을 발견하고, 그 고

장을 고치며 재발방지를 위한 방법을 강구하는 데는 적합한 방법이 되지 못한다. 그와 같은 고도의 전문기술적 업무들은 상당한 재량권이 요구되며, 이러한 업무에서 요망되는 전문기능인으로서의 조언은 명령에 대한 무조건적인 복종보다는 상호 긴밀한 의사소통과 전문적인 분야의 보좌라는 특징을 가지고 있다. 전문기술자의 행동은 상관의 명령이나 지시에 의해서보다는 그 자신의 기술적 또는 과학적 전문성이라는 기준에 의해서 보다 더 큰 영향을 받는 경향이 있다. 기술특기자는 '나의' 장비의 정상적 기능발휘를 위한 책임감을 느껴야 하며, 적시적절한 지휘결심을 할 수 있도록 지휘조언이 필요하다. 입대장정들의 학력이 높아질수록 이런 현상은 더 심화된다.

이런 현상은 유독 군대에만 국한된 것이 아니며, 오늘날 공조직(公組織) 일반이 안고 있는 공통사항인 것이다. 관료조직들 내에서 전문직업인의 작업이 점차 중대되고 관료조직의 운용이 점점 전문직업화되어가고 있기 때문이다. 이러한 조직내에서는 규율과 전문기술이 서로 보완적인 기능을 한다. 관료적 규율은 불확실성의 범위를 축소시켜 주는(지시된 대로 행하기만 하면 된다는 의미) 반면, 전문직업적 기술은 개인들로 하여금 불확실한 상황에서도 적극적으로 대처할 수 있게 하고, 따라서 보다 큰 책임을 떠맡도록 한다.

군사조직의 모든 수준에서의 기술의 출현은 전문기술과 지식의 수준에 있어서 장교들에게 다양한 학문분야의 습득과 전문기술인으로서의 병사들의 조언과 건의를 폭넓게 받아들일 수 있는 지식과 지휘기법의 습득이 요구되고 있다. 오늘날 장교와 병이라는 두 그룹은 동일한 사회적 계층으로부터 충원되고 있다. 병사들의 학력이 높아지고 전문기술 수준이 향상됨에 따라 병사들은 간부의 행위와 명령에 대하여 전문기술 분야에 합리성을 결여했을 때는 많은 갈등이 발생하고 있다. 그리고 보다 일반적인 현상으로서는 부하들이 자신들과 관련된 방침을 상관이 결정함에 있어서 자신들과 격의 없는 상의를 해주기를 기대하는 분위기가 조성되고 있다는 것이다.

(3) 변화의 한계와 군대문화의 요청

그렇지만 이상과 같은 변화를 너무 과대평가해서는 안된다. 첫째, 앞서 언급한 바와 같이 군대란 국가가 장악하고 있는 폭력수단이다. 이는 군대의 사용은 언제나 정부의 통제에 종속되어야 하고, 따라서 이런 통제를 가능하게 하는 위계적 조직구조를 군대가 갖추지 않을 수 없기 때문이다. 따라서 군대 내부에서는 명령-복종 관계가 적어도 작전분야에 있어서만큼은 고유의 영역으로 존속되지 않을 수 없다. 그러나 앞에서 언급했던 경향들이 주로 영향을 끼치고 있는 전투준비 및 전투력 유지 분야에 있어서는 부하가 보다 넓은 재량의 폭을 지니고 있고, 행위조정 수단으로서는 상호 긴밀한 의사소통이 부분적으로는 명령보다 중요시되고 있다고는 하여도, 이러한 사실 자체만으로는 관련된 과업에 대한 책임의 위계적 배분에 영향을 미치지 못한다. 비록 기술적인 문제에 대한 해결책을 찾아야 할 방법은 주로 그 전문기술자에게 위임되어 있다고 하더라도, 그는 '반드시'그 문제를 해결해야 하며, 따라서 그는 그러한 과제를 자신에게 부여한 상관에 대해서 여전히 책임을 지니고 있는 것이다.

둘째, 전투중이건 훈련중이건 작전중에는 일반적으로 명령의 신속한 수행이 효과적인 직무수행을 위한, 때로는 생존을 위한 전제조건이다. 정상적인 평시 상황(가령 함정의 항해 및 기동 등)하에서도 그러한 경우는 얼마든지 있다. 또 비록 자발성 또는 광범위한 재량하에서의 작전이 현대전의 일반적 특성이긴 하지만, 현대통신장비 발달은 전투행위에 대한 지휘관이 통제를 강화시켜 줌으로써 현대전의 일반적 특성과는 정반대 방향의 새로운 경향을 낳게 하였다. 월남전 당시 보병작전에 헬리콥터에 탑승하여 밑에서 전개되는 상황에 개입할 수 있었던 지휘관들에 의해서 공중으로부터 통제되었던 것은 잘 알려진 사실이다. 그리고 전투기 조종사들은 그들이 비행중일 때에는 빠른 속도로 인하여 전자지휘 장비에 주로 의존해야 하기 때문에 그들의 재량범위가 최소한으로 줄어든다.

이밖에도 불확실한 상황하에서는 권위적 방향제시가 고립무원(孤立無援)의 감정을 극복하기 위하여 요구된다. 예를 들어, 전투의 혼란 속에서 가능한 많은 안정성을 줄 수 있는 제도가 위계적 조직이다. 위계적 조직은 누가 통솔을 맡아야 할 사람인지를 지적하고 있기 때문이다.

군대내에서 자발성과 임기응변 그리고 개인적인 판단이 점차 중요시됨에 따라 군기라는 용어도 이제는 적극적이고 창의적인 정신을 내포하는 개념으로 변화되었다. 물론 그렇다고 해서 과거 거의 맹목적 복종을 의미했던 군기의 요소로서의 기계적 훈련이 그 기능을 모두 상실했음을 뜻하는 것은 아니다. 복잡한 현대무기 및 장비의 사용은 무수한 행동들에 대한 일상적인 연습이 수시로 행해지지 않고는 효과적일 수 없다. 예를 들면, 불충분한 안전훈련 때문에 배가 침몰할 수도 있다. 특정한 행동들을 끊임없이 연습하여 둠으로써 위기시를 포함하여 필요할 때에는 자동적으로 그 행위가 수행되도록 하는 것은 여전히 중요한 일이다.

오늘날의 군대가 과거의 군대와 다르게 변해가고 있다 할지라도 군이 수행해야 하는 임무와 기능의 특수성으로 인해 그 변화에는 한계가 있는 것이며, 군인을 '민간인화'하거나 군대사회를 '민간사회화'할 수는 없는 것이다. 군대 나름의 고유한 가치관과 규범 및 행동양식이 필요한 것이다. 다시 말하면 군대문화가 있어야 하는 것이다.

따라서 우리의 다음 과제는 군대문화란 무엇이고, 군대문화는 왜 군대에 없어서는 안되는지 그리고 우리 군의 군대문화는 어떻게 발전되어야 하는지를 검토하는 일이 될 것이다.

제3절 군대문화와 시민문화

몇 년전 '청산해야 할 군사문화'라는 제하(題下)의 한 월간지에 실려 있는 칼럼이 군내외에서 군사문화 또는 군사문화에 대한 격렬한 시비를 불러일으키게 한 요인이 된 적이 있었다.

이 칼럼은 "최근 사회 이곳저곳에서 이런 저런 소리가 나는 것도 따지고 보면 상당부분은 민주화가 되지 않은 데서 비롯된 것이요, 군사문화가 청산되지 않았거나 군사문화가 씨뿌려 놓은 반목과 불신 등에서 연유한 것들이다. 왜 군사문화를 '되돌아보고 또 돌아보고' 하는가? 총학장실을 점거, 파괴하고 교수에게 발길질을 하기에 이른 충격적인 대학사태도 우리는 군사문화의 후유증으로 해석한다"고 주장하면서, "지난날 군사문화란 거대한 괴물 앞에서는 합리적 대화로 문제가 해결되지 않았다. 그래서 호소가 절규로 바뀌고 각목과 화염병과 습격이 등장했다..…군사문화는 그렇게 학생들에게 그 같은 행동양식을 길들여 놓았다고 보는 사람이 많다"는 사실을 그 근거로 제시하고 있다.

이 칼럼은 이밖에도, 정부가 일단 결정한 사항은 '국민의 뜻과는 관계없이' 또는 '각계각층의 빗발치는 반대에도 불구하고', '밀어붙이려는 태도', '일사불란한 능률만을 추구하며', '국민의 기본권을 침해하는' 사례 등을 '군사문화의 시각' 또는 '군사문화적인 발상'이라고 비판했던 것이다.

이 글의 주장에 따르며, 군사문화는 곧 비민주적인 사고방식과 행동양식의 상징이며, 학원의 폭력사태 또는 학생들의 폭력시위도 따지고 보면 군사문화가 씨뿌려 놓은 것의 후유증으로 보아야 한다는 것이다.

이와 같이, 이 칼럼에서는 군사문화를 민주화의 걸림돌 내지는 우리 사회의 모든 비리와 병폐의 원인인 것으로 평가했다. 이에 관하여 당시 군 일각에서는 "이는 군을 일방적으로 격하하고, 민군(民軍)을 이간시킨 것"으로 매우 잘못된 인식임을 지적하였다.

이와 같은 논쟁은 우리 사회에서 민주화가 진행되는 과정 속에서 표출된 군사문화 또는 군대문화에 대한 논란의 일단을 보여주는 대표적인 사례라고 할 수 있을 것이다.

가. 군대문화와 시민문화

(1) 오용(誤用)되고 있는 군사문화

인간은 사회적 동물이라고 말한다. 인간이 생을 영위해 나가는 데는 반드시 문화가 있고 문화가 있는 곳에는 인간이 존재한다. 사람들이 살아가는데 여러 가지 생활의 틀을 제공하는 것이 곧 문화이기 때문에 문화라는 말처럼 중요하고 포괄적인 의미를 가지는 개념은 아마 없을 것이다. 그러나 문화라는 말이 너무 광범위하게 사용되고 있기 때문에 자칫 혼동을 일으킬 때도 있다.

일상생활에서 우리는 문화행사, 문화생활, 문화인 등과 같은 말을 자주 듣게 되는데, 이는 예술, 편안함, 교양 등과 같은 의미로 쓰여지는 것이고, 학술적인 전문분야에서는 지식, 신앙, 예술, 관습 및 사회의 한 성원으로서의 인간에 의하여 획득한 모든 능력과 습관을 포함하는 복합된 총체로서 한 사회집단의 생활양식 그 자체를 지칭하는 것이다.

군사문화가 있으면 그와 비교되는 문민문화가 있을 법한데, 문민문화란 말은 어디에서도 쓰여지는 것을 거의 보지 못했다. 그렇다면 군사문화와 문민정치라는 말 사이에는 어떤 상관관계가 있음이 분명한 것 같다.

따라서 우리사회에서 통칭되고 있는 군사문화라는 말은 앞에서 언급한 문화의 개념 속에서 파악한 것이 아닌 하나의 정치적인 용어나 구호로 나온 용어라 할 수 있다. 물론 이같은 연유는 과거 한국의 정치형태가 군사적 성격의 정치(또는 통치)체제로 문민정치에 대칭되는 모든 행동양식을 군사문화라고 단정한 데서 비롯되었다고 생각된다.

따라서 군사문화라는 말은 좋은 의미로 쓰여지는 것보다 오히려 부정적 측면에서 많이 사용되고 있고 국민들로부터 부정적 시각으로 인식되고 있음도 부인할 수 없는 현실이다.

군사문화란 분명 과거 일부 정치에 뜻을 둔 군인들이 정치일선에 나서게 됨으로써 비롯되었음은 주지의 사실이다. 하지만 허용되어지고 있는 군사문화는 군사회에 있을 수 있고 또한 있어야 하는 일사불란, 경직성, 획일성 등이 국가 정치상황에까지 파급됨으로써 과거 우리 한국의 정치문화를 대변하는 개념으로 일반화되었을 뿐 진정한 의미의 군사문화 그 자체를 정치적 의미의 용어로 남발해서는 안된다. 왜냐하면, 군사문화는 신성한 국방의 대임을 담당하는 군 사회만이 가지는 고유문화요, 특수문화이기 때문이다.

한국사회에는 한국문화가 있고, 기업체는 기업체대로, 학교는 학교

대로의 문화가 있으며, 시장에 가면 시장문화가 있다. 그리고 군대에는 특유한 군사문화가 있는 것이다. 군사문화라는 말 자체는 부정적으로 쓰일 성질의 것이 아니며, 동시에 정치구호로 통용되는 군사문화는 본래 의미의 군사문화와는 마땅히 구별되어야 한다.

여기서 진정한 의미의 군사문화의 개념은 무엇일까? 군은 국가안보와 국민의 생명과 재산을 보위한다는 지고한 가치목표 아래 군집단의 규범인 용기, 희생, 충성, 정직, 봉사 등에 그 본질을 두고 주어진 환경(병영)에서 생활해 가고 있다.

이처럼 군의 주어진 환경에서 비로소 군사문화가 생성될 수 있으며, 이러한 군집단의 총체적 생활의식을 곧 군사문화라고 할 수 있다.

문화는 한 사회성원들을 위해 고안된 생활계획인 것이며, 개인은 그 사회의 성원으로서 그 사회의 문화를 학습하고 영향받으며 생활을 영위하게 되는 것이다. 이렇듯 군사문화는 군인생활의 본질이며, 군사문화를 통하지 않고 군 사회나 군인의 행동을 이해하려고 하는 것은 불가능한 일이다.

(2) 민주주의와 군대문화

군사문화와 시민문화간의 갈등은 비단 우리나라에만 존재하는 것이 아니다. 민주국가에서는 이 두 문화간의 마찰이 발생할 소지를 항상 안고 있기 때문이다.

제2차 세계대전 영웅 패튼 장군이 전투지휘중 한 후송병원을 시찰하다가 전쟁 공포증으로 떨고 있는 병사를 구타한 일로 그가 겪었던 곤욕은 유명한 일화로 전해 내려오고 있다. 이 구타사건은 곧 의회와 언론의 분노와 비난을 불러 일으켰고, 그가 세운 혁혁한 전공에도 불구하고 군기위반으로 처벌을 받아야 할 지경에까지 이르렀으나, 그를 잘 이해하고 있던 아이젠하워 장군의 도움으로 사과 성명으로 사건이 일단락된 적이 있었다. 또다른 예로 6・25전쟁 당시 낙동강 방어선을 사수하기 위해, "부산으로의 후퇴는 안된다. 우리는 최후까지 싸워야 한다. 포로가 된다는 것은 죽는 것보다 더 나쁘다"는 요지로 행한 워커 장군의 훈시가 "지키느냐, 아니면 죽느냐"는 양자택일을 명령한 것으로 보도하자, 미국사회의 언론은 이같은 훈시는 태평양전쟁에서 일본군 지휘관들이 흔히 내렸던 '옥쇄(玉碎)'라는 이름의 비인간적인 명령과 하등 다를 바 없는 "비민주적이고 광신적인"처사라고 비판했던 적이 있는데, 이런 것들은 민주사회에서 시민문화와 군대문화간의 갈등이 표출된 대표적인 사례들이라고 할 수 있다.

만일 패튼 장군이나 워커 장군이 봉건시대의 군 지휘관이나 전체주의국가 군대의 군인이었다면 이런 비난을 받지 않았을 것이다. 이들의 행위는 오직 민주국가의 군대에서만 문제되는 것이다. 민주국가에서는 누구도 비록 그가 군의 지휘관이라고 하더라도 타인을 구타하거나 타인에게 죽음을 강요할 수 있는 권한을 가지고 있기 때문이다. 그렇다면 민주국가에서는 임무수행을 최우선적 가치로 보는 군의 성격상 또는 위기시에는 하나밖에 없는 생명까지도 희생을 강요받는 특성 등으로 군대문화와 시민문화는 서로 상충되는 경우가 많을 수밖에 없지 않겠는가?

(3) 자유주의적 성향과 반자유주의적 성향

프랑스의 유명한 정치평론가였던 토크빌(Alexis de Tocqeville, 1805~1859)이, "민주국가들은 군대를 필요로 하지만, 군대는 '골칫거리'라는 사실을 알게 될 것이다"고 말한 바 있다. 왜냐하면 "정치적 민주주의와 군대는 민주사회를 커다란 위험에 빠뜨릴, 서로 상반된 성향을 가지고 있기" 때문이라는 것이다. 정치적 민주주의와 군대규범(또는 군대문화) 간에 상반된 성향이 있음을 분명하다. 전자는 개인의 자유를 강조함으로써 개인에 초점을 두고 있다. 따라서 이런 정치적 민주주의는 문제를 해결하는데 시간이 걸리며 다소 비능률적이고 상충하는 이익들 간에 타협을 시도하는 토론과 협상으로 특징지어진다. 반대로, 군대는 엄격한 규율과 복종을 강조함으로써 필연적으로 집단에 초점을 두고 있다. 그래서 군대는 전체주의적은 아니지만 불가피하게 일사불란한 지휘체계를 갖춰야 하며, 간단명료하고 통일성을 중요시하는 조직이 될 수밖에 없다. 이는 인간은 누구나 평등하며 자신의 의사에 반하여 행동을 강제받지 않는다는 민주주의 기본원칙에 정면으로 배치된다.

군대는 비록 그것이 민주군대일지라도 이런 비민주적·통일적 성격의 문화를 지닐 수밖에 없다.

민주국가의 군대에 이런 비민주적인 요소가 용납되는 것은 바로 민주국가체제 또는 시민들의 자유를 외부의 위협으로부터 보호하기 위해서는 바로 이와 같은 비민주적인 규범도 필요한 것이기 때문이라고 할 수 있을 것이다. 시민들로 하여금 편히 잠을 잘 수 있도록 하기 위해 경찰 자신은 잠을 잘 자유를 스스로 박탈당하고 있는 것과 같은 이치일 것이다. 따라서 민주국가가 군대를 필요로 하는 한, 또한 강력한 군대를 필요로 하는 한 시민문화의 자유주의적 성향과 군대문화의 반자유주의적(反自由主義的) 성향을 불가피하게 서로 충돌할 가능성을 애초부터 안고 있는 것이다.

나. 군대문화의 필요성과 특징

(1) "군대에 민주주의는 없다"

"현진지 고수냐, 아니면 죽음이냐"라는, 양자택일하라는 워커장군의 명령이 '비민주주적'인 명령이라는 미국 언론의 비난을 받자, 맥아더 원수는 즉시 "군대에 민주주의는 없다"고 당당하게 응수했던 일화는 유명하다. 맥아더 원수가 이런 말을 한 데에는 아마도 군인으로서 맡은 바 임무를 다하기 위해서는 민주주의가 가장 소중한 가치로 여기는 인간의 생명까지도 바칠 수 있어야 한다는 뜻에서가 아닐까 생각된다. 패튼 장군도 할 말이 없지 않았을 것이다. 전선에서는 동료들이 죽어가고 있는데, 군인으로서 임무를 다해야 할 병사가 '꾀병'을 앓고, 이런 병사들로 인하여 전쟁에 패배한다면 그 피해는 일개 병사의 인권이 문제가 아니라 수백, 수천만 자유민의 인권이 위협받는 결과로 나타날 것이라고 그는 항변했을 것이다.

이와 같은 사고의 저변에는 군대가 그 맡은 바 임무를 성공적으로 수행하기 위해서는 군대 나름의 고유한 사고방식과 행동양식이 요구되며, 이런 사고방식과 행동양식이 민주적인 가치관 및 행동방식과 상반될 수 있다는 가정이 깔려 있다고 할 수 있다. 시민사회의 가치척도로 군대문화를 평가해서는 안된다는 생각은 바로 여기에 근거를 둔 것이다.

이렇게 볼 때, 군인에게는 자기에게 부여된 임무를 성공적으로 완수하며, 나아가 국민으로부터 신뢰받는 군인이 되기 위해서는 군인 특유의 가치관과 태도 및 언행이 요구된다. 군대는 일반사회와 다르며, 그 임무가 특수하기 때문에 군대문화의 특수성이 무조건 옹호되어야 한다는 뜻은 아니다. 임무수행에 반드시 필요한 한도 내에서 그 특수성이 용인되는 것이며, 이 경우에도 민주사회의 기본가치를 부당하게 침해해서는 안되는 것이다. 예를 들면, 군대에 민주주의가 없다고 해서 무조건 인권을 침해해도 정당화된다는 뜻은 아니다. 비록 국토방위의 신성한 사명을 다하기 위해서 자기의 생명을 바쳐야만 하는 경우가 있다 하더라도 병영 내에서 그의 인권이 유린되고 인격이 무시되어도 좋다는 뜻은 결코 아닐 것이다. 민주국가의 군대문화는 비민주적인 군대문화와 이런 점에서 근본적인 차이가 있는 것이다.

(2) 군대의 민간화 한계

과거에는 군대를 일반사회로부터 고립된 사회로 보고, 군직업을 사회의 여타 직업에 비해 신성시했으며, 엄격한 위계조직하에서 상명하복의 규범이 준수되고 있는 것을 군대사회의 대표적인 특징으로 들었다. 그러나 오늘날 상황은 변하고 있다.

이전의 군대가 용기, 충성, 명예, 복종 등 군의 전통적 가치들을 존중하고 숭배했다면 오늘날에 와서는 전문지식, 과학적 관리와 민주적 지휘통솔을 보다 중히 여기고 있으며 정신적으로는 명예, 정의, 합리, 창의, 사랑 등을 강조하면서 군대와 사회가 서로 유기적인 협조체제를 유지하기 위해 가까워지려 노력하고 있다. 또 군인이 하는 일 가운데는 민간인들이 하는 일과 일치하는 영역이 차츰 많아지고 있어 군 간부들은 민간기업의 경영자나 관리자가 가지고 있는 기술이나 성향을 갖추어야 한다는 필요성에 직면해 있다.

이는 곧 군대의 민간기업화(民間企業化)를 추진하려는 발상을 자극했다고 할 수 있다. 이른바 신군직업주의(新軍職業主義 : 즉 직장주의 occupationalism)의 출현을 예고한 것이다. 신군직업주의가 태동하게 된 근저에는 이처럼 현대 군대는 과거의 군대에 비해 분명히 권위주의적 지배가 매우 약화되었고, 그 대신 설득과 집단동조(group consensus)라는 민주적 통솔방식이 크게 환영을 받고 있다는 점과 이러한 군대의 변화는 현대사회에서 볼 수 있는 설득, 설명 및 전문기술적 지도라는 조직혁명이 군에 도입되었다는 점 그리고 현대전에 있어서 과학기술 무기의 중요성은 날로 증가하고 있으며, 군대에 컴퓨터를 비롯한 많은 민간분야의 기술과 장비가 점점 더 많이 그리고 깊숙이 도입됨으로써 군대 내에 전문기술직에 근무하는 군인들의 수가 증가되는 등으로 인한 군대의 조직변화는 필연적으로 다음과 같은 의문들, 즉 전쟁이 컴퓨터로 자동화된 시대에 있어서 어떻게 군인정신과 엄격한 명령-복종이라는 권위체제가 유지될 수 있겠는가? 그렇다면 일반기업을 경영하는 방식으로 군대를 지휘할 수는 없는가? 하는 의문들이 도사리고 있다고 할 수 있을 것이다.

이런 의문과 이에 따라 기업경영 방식을 군에 도입하려고 했던 시도가 있었으나, 그 결과는 실패로 끝났던 사례가 실제로 있었다. 월남전이 한창인 1960년대 초 미행정부는 대기업(자동차회사) 경영을 성공한 기업인 맥나마라를 국방부장관에 기용했으며, 그는 취임 후 기업조직상의 기술과 가치들 가운데 많은 요소들을 군대에 적용시켜 나갔다. 말하자면 군대의 기업화를 추진한 것이다. 민간기업 경영의 '비용 대 효과'라는 계량경제적(計量經濟的) 모델은 군인들의 급여, 유급휴가, 작업조건 등과 같은 하드 데이터(hard data)에 관심을 집중함으로써 군대라고 해서 특별한 사명감이 필요 없고 사회의 여타 직업과 크게 다르지 않다는 가정을 스스로 받아들인 결과가 되었던 것이다.

그러나 이러한 계량주의적 공식으로는 의무 복무 군인들의 군복무동기를 합리적으로 설명할 도리가 없으며, 직업군인들이 왜 엄청난 위험을 감수해야 하는 군대생활을 자진해서 하는지, 그리고 왜 군인은 국가와 국민에 봉사하기 위해서 자신의 생명을 바칠 각오를 해야 하는지 그 이유를 설명할 수 없게 되었다. 군복무가 일단 경제적인 요인에 의해 정의되고 직업군인의 복무동기가 경제적 이득에만 국한되어 버리면 개인의 이익을 초월한 복무개념은 사라지게 되는데, 과연 이런 결과가 군 전투력에 기여할 것인지 의문이 생길 수 있다. 결국, 맥나마라의 기업화 시도는 월남전에서 실패한 것으로 입증되었다.

또 현대 군대에서 비록 설득과 설명 그리고 전문기술에 의한 관리가 효율적이라 할지라도 명령과 복종의 의의와 중요성은 특히 전투상황에서는 조금도 줄어들지 않고 있다는 점 등을 고려할 때, 군대 고유의 가치관과 사고방식 그리고 생활양식, 즉 군대문화가 존재해야 한다는 결론을 이끌어낼 수 있겠다.

(3) 군대문화의 특징

군대가 아무리 일반 기업의 기술과 관리방식을 도입하더라도, 군인들에게 요구되는 가치관과 의식구조의 측면에 국한시켜 볼 때 다음과 같은 점들에 있어서는 일반 직업과 뚜렷한 차이가 존재한다.

첫째, 군대는 민간직업보다도 높은 의무감, 복종심 그리고 규율을 요구한다. 이들 덕목이 군대에서 요구되는 이유는 간단하다. 원활한 팀워크를 이루기 위해서이다.

팀워크는 전투에서 뿐만 아니라 보급품을 분배하거나 교량을 가설하거나 항공기나 선박을 정비하는 일에 이르기까지 군에서 수행되고 있는 대부분의 직무에 필수 불가결한 것이다.

둘째, 군대는 보다 높은 수준의 명예심과 정직을 요구한다. 일상생활이나 위기상황을 막론하고 군인들은 상호 밀접한 의존관계에 있기 때문에 상하 및 동료들과 접촉하는데 있어서 서로 상대방을 신뢰해야 하는데, 이를 위해서는 무엇보다도 정직이 요구된다. 상관을 믿지 못하고 명령에 의심을 품으며, 부하의 보고내용을 신뢰하지 못한다면 군의 직무는 성공적으로 수행될 수 없을 것이기 때문이다. 군인은 직업의 어려움과 개인의 안전에 대한 위험에 비해 보수가 낮은 편이다. 특히 의무병의 보수는 보수라고 보기 어려울 정도로 낮다. 그럼에도 불구하고 군에 복무하려면 군복무를 가장 명예로운 공익을 위한 봉사로 생각하고 이에 대한 긍지와 명예를 가지지 않으면 안된다.

셋째, 국가와 국민에 대한 고도의 충성심이 필수적이다. 우리는 군인이 되기 이전에도 국가에 대한 충성과 국민에 대한 헌신적인 봉사를 맹세해 왔다. 군인은 이런 결의와 맹세를 실제로 실행에 옮기는 사람인 것이다. 애국애족의 정신이야말로 군인의 행동을 지배하는 동기가 되어야 한다. 이런 마음이 없는 훈련, 직무수행 그리고 희생은 아무 의미도 없다.

넷째, 정신적이고 육체적인 용기와 높은 정의감이 특별히 더 요구된다. 역사를 통해서 볼 때 훌륭한 군인은 용기 있는 사람들임을 알 수 있다. 용기가 없는 사람, 즉 비겁한 사람은 위험한 상황 속에서 그 직무를 성공적으로 수행할 수 없기 때문이다.

따라서 정의로운 생각과 행동이 기초를 이룬 명령, 지시가 군 조직의 단합을 이루는 가장 기본적인 요소이다.

다섯째, 일반적으로 고도의 예절과 청결 그리고 정돈 등 개인적 습성이 군인에게 요구된다. 군인은 사생활이나 동료들과의 단체생활을 막론하고 자기 자신을 절제하고 상대방에게 예절을 지키는 습성을 길러야 한다. 상호존중의 기풍속에서만 진정한 단결과 전우애가 기대되기 때문이다.

여섯째, 합리와 창의성을 바탕으로 하는 병영생활이 되어야 한다. 특히 전시에는 가장 불합리한 명령을 하달할 경우가 왕왕 발생하게 된다. 그러므로 평시에는 더욱 상·하 합리적인 사고와 행동이 요구된다. 또, 무미건조한 병영속에서 즐거움과 보람을 찾기 위해 그리고 반복되는 과업으로 인한 무료함에 변화를 주기 위한 각자의 창의적인노력이 필요한 것이다.

일곱째, 사랑의 실천이다. 성장과정, 성격, 출신지역, 학벌, 가정환경 등 모든 것이 다른 구성 요원들이, 특히 거친 남자들만의 단체생활이 자칫 거칠어지기 쉽다, 또, 전투는 혼자서 하지 않고 팀워크를 이루어 하는 극한 상황이 대부분으로 평소부터 형제애와 같은 전우애를 길러야 한다. 그것이 바로 나눔의 삶, 베풂의 삶으로 사랑의 실천만이 터득할 수 있는 길이다.

다. 군대문화의 조형방향

(1) 부정적 군대문화의 척결

건전한 군대문화를 조형하기 위해서는 그동안 우리 군대문화에 쌓인 부정적인 요소들을 척결하는 작업부터 선행되어야 할 것이다. 우리 군에서 척결되어야 할 군대문화에 부정적 요소들로는 첫째, 구타 등 인권침해 행위와 선임병 횡포 그리고 내무생활 부조리 등으로 대표되는 일제의 잔재라고 할 수 있는 것들이다.

이 가운데서도 특히 구타행위는 "인간의 신체는 물론 자존심을 손상케 하는 비인격적이고도 비합리적인 가혹행위로서 구타를 가하는 자에 대한 증오심을 유발시켜 자살 또는 강력 대형사고를 초래케 하는 주요원인이 되고 있을 뿐만 아니라 군대생활에 대한 혐오감을 가지게 하는 것은 물론, 자식을 군에 보낸 부모님을 불안케 하는 등 대군 불신풍조를 자아내어 군민 화합을 저해하고, 나아가 군의 전투력을 약화시키는 요인이 된다"는 판단에 따라 구타행위자에 대한 강력한 처벌을 군의 확고한 방침으로 세우는 등 다각적인 노력으로 그동안 현저히 감소되기는 했지만, 아직도 근절되지 않고 있는 현실은 우리 군의 수치인 것이다.

구타 등 인권침해 행위를 군내에서 추방하기 위해서는 무엇보다도, 구타는 민주국가에 있어서 엄연한 범죄행위라는 사실과 구타나 가혹행위에 의한 지휘기법이 더 이상 우리 군에서 통용될 수 없다는 인식을 모든 장병들로 하여금 가지도록 하는 의식전환이 이루어져야 할 것이다.

둘째, 그동안 의식적 · 무의식적으로 군에 유입된 일반사회의 전도된 가치관과 풍조를 들 수 있다. 이해타산적 개인주의, 향락적 퇴폐주의, 물질주의 및 소비풍조, 정신적 · 신체적인 나약성, 더럽고 힘들며 위험한 일은 하지 않으려고 하는 '3D 기피증', 법과 권위를 경시하는 분위기 등이 그 대표적인 예라 하겠다. 이런 풍조는 군의 전투력은 물론 국가발전에 장애가 되는 요소들인 것이다.

셋째, 그동안 군내에서 간부들의 잘못된 의식구조를 들 수 있다. 병사들 사이에 통용되고 있는 저질스러운 관행이나 간부들의 권위의식 등을 예로 들 수 있다. 그리고 모든 잘못된 습관, 행동, 언어 즉 흡연, 술, 여자경험, 폭력 등은 모두 군에서 습득했다고 생각하는 것이다.

(2) 긍정적 군대문화의 부각

건전한 군대문화 조형을 위해서는 군대문화의 긍정적 요소들이 더욱 재평가되고 부각되어야 한다. 그렇다면 군대문화 가운데 내놓을 수 있는 긍정적 요소들에는 어떤 것들이 있는가?

첫째, 질서와 통일인 것이다. 질서와 통일은 지나친 통제와 획일화라는 비난을 받기도 하지만, 협동적인 사회생활에 필수적인 요소인 것이다. 질서와 통일은 때로는 아름답게 보이기도 한다. 대규모의 메스게임이나 군대의 질서정연한 행진모습에 박수갈채를 보내는 것도 이 때문인 것이다. 질서와 통일은 군대의 멋이라고 해도 과언이 아닐 것이다. 따라서 이런 멋을 잃으면 군대의 특성 또한 잃게 된다.

둘째, 간단하고 소박한 태도인 것이다. 간단명료한 태도는 군대문화의 특징이면서 군인의 매력이라 할 수 있을 것이다. 군대의 행정문서 서식과 브리핑 차트가 우리나라의 근대화과정에 있어서 뿐만 아니라 오늘날에 이르기까지 일반 관공서나 기업체에서 활용되고 있는 것이다. 또, 소박하다는 것은 가식(假飾)과 꾸밈이 없고 솔직담백하다는 것이다. 일반 사회인들에 비해 군인들의 행동이 솔직하며 우유부단하지 않고 '예', '아니오'가 비교적 분명한 점 등은 군대문화의 특징 내지는 군인의 매력으로 생각되는 것 등이 이를 입증해 주고 있다.

셋째, 금욕주의적 가치관인 것이다. 군대생활은 그 자체가 개개인의 욕구의 자제와 인내를 요구한다. 병영생활은 내핍과 절약을 요구하고, 군복무는 육체적·정신적 고통을 수반하는 각종 근무와 교육훈련으로 이루어지고 있다. 특히 전투시에는 이런 상황들이 극대화되어 나타나는데, 군인은 이를 능히 극복할 수 있어야 훌륭한 전투원이 될 수 있다. 따라서 군대는 금욕주의적 가치관과 그 생활태도를 선호한다.

넷째, 비이기주의적 사고방식인 것이다. 군인은 일반 사회인에 비해 아직도 이해타산에 밝지 않은 편이다. 이는 군인의 행위동기가 개인의 이익에 있지 않음을 의미한다. 국가와 국민에 대한 충성은 바로 자신의 개인적 행동을 초월할 때 가능하기 때문이다. 군인들 간의 전우애는 바로 이와 같은 비이기적인 태도를 바탕으로 한 것이기 때문에 생명력이 있고 가치 있는 것이며, 전역 후에도 군생활을 함께 했던 동료들을 만나면 반갑고 친밀감이 느껴지는 것이다.

(3) 청산과 계승

바람직한 군대문화를 창출하기 위해서는 우리 군에 남아 있는 부정적 군대문화를 청산하는 한편, 우리 민족의 전통 가운데 바람직한 군대문화를 계승하며, 외래의 군대문화 가운데 긍정적인 요소, 부정적인 요소를 구분하여 취사선택하는 세 가지 작업들이 동시에 이루어져야 할 것이다.

우리 군이 계승해야 할 전통적 군대문화로서는 주로 정신적 가치들을 들 수 있는데, 그 가운데서도 대표적인 것들로는 투철한 충성심을 첫째로 꼽을 수 있을 것이다. 화랑도의 호국정신과 의병, 독립군, 광복군의 멸사보국(滅私報國)정신, 또한 6·25전쟁에서 장렬하게 산화한 선배전우의 희생정신으로부터 우리는 국가와 민족에 대한 무한한 충성심을 이어받아야 한다.

둘째, 공동체의식을 계승해야 한다. 미국 군대가 법과 규정, 임무와 책임이라는 합리적 규범에 의해 단결을 이룬다면 한국 군대는 공동체의식을 바탕으로 굳은 단결을 이루어 왔다. 한국군의 공동체의식은 군대를 가정에 비유하고 그 성원들 간에 깊은 정으로 서로 사랑하고 아껴주며 감싸주고 충고해주는 전통을 형성했으며, 이는 '인화단결'이니 '상경하애'라는 지휘관들이 지휘방침에 잘 나타나 있다 하겠다.

셋째, 청렴결백정신을 계승해야 한다. 신라의 화랑 사다함(斯多含)이 가락국을 친공을 치하하여 왕이 3백명의 종과 기름진 토지를 하사했지만 그는 이를 사양하였다. 화랑들이 미덕으로 삼았던 검소한 생활태도는 또는 역대 명장들의 청렴결백정신은 우리 군의 정신적 전통이라 할 수 있다. 군대의 부패 문제에 대해서는 추호도 용서하려 하지 않는 우리 사회의 전반적인 분위기 그리고 능력의 부족보다는 부정부패한 군인에 대해 훨씬 강한 비난을 가하는 풍토는 군인은 모름지기 청렴결백해야 한다는 전통적 가치관을 반영한 것이라 할 수 있다.

외래의 군대문화 가운데 우리가 본받아야 할 것들로는 자율과 책임의식, 합리적이고 과학적인 사고방식, 개인의 인권과 창의성 존중, 준법정신, 공정한 상벌, 공사의 명확한 구분 등을 들 수 있을 것이다.

군인에게는 군인 고유의 가치관, 외모, 행동성향, 성격 특질들이 요구되며 이를 넓은 의미로 군대문화라고 할 수 있는데, 군대문화도 여타 문화와 마찬가지로 긍정적인 면과 부정적인 면이 존재한다는 사실을 부인할 수는 없을 것이다. 그리고 부정적인 면도 따지고 보면 긍정적인 면이 변질되고 혹은 그 본뜻과는 다르게 왜곡되어 표출된 것이다.

가령, '무에서 유를 창조한다'는 정신이 '밀어붙이기'로 변질될 수 있으며, 국가에 대한 충성을 앞세워 개인의 권리를 유린하고 '목적이 수단을 정당화 한다'는 비민주적인 가치관을 파생시켰을 것이다. 공동체의식이 지나치면 개인은 집단 속에 매몰되어 개성과 주체성을 잃게 되며, 일의 성과가 강조되는 곳에서는 전시효과와 한건주의가 자연히 등장하는 것도 다 이 때문인 것이다. 경쟁에서의 승리와 성공에 지나치게 매달릴 때 서로 협동해야 할 동료를 경쟁대상자로 또는 심한 경우 '적'으로 간주하게 될 것이다. '청산해야 할 군대문화'가 있다면 이는 바로 군대문화 가운데 이런 부정적인 요소를 지칭한 것일 것이다.

제4절 전쟁과 윤리

군대윤리가 직업군인의 군사적인 기능 수행과 관련된 규범을 내포한다고 할 때 군사적 기능이 가장 특징적으로 발휘되는 곳은 무엇보다도 전쟁이라고 할 수 있다. 그런데 이 전쟁이란 다름 아닌 국가의 안전을 지키고자 하는 노력이라는 특성을 갖는다.

따라서 전통적으로 군대의 방어적인 역할만이 도덕적으로 건전한 것으로 간주되어 왔다. 이제 전쟁 자체에 대하여 고찰해 볼 때 우리는 즉각 다음과 같은 사실을 주목하게 된다. 즉, 국가의 정책을 수행하기 위한 수단으로 수행하는 전쟁의 도덕적 정당화를 찾는 사람들은 정당한 전쟁의 카테고리를 엄격히 방어적인 전쟁에 국한시켜 버리고 이에 만족한다. 이들은 이렇게 하여 전쟁의 도덕적 기반을 마련함으로써 전쟁과 도덕을 연결시키고 있다.

전쟁에 관한 도덕적 반성이라 할 수 있는 전쟁도덕은 전쟁의 도덕성(morality of war)과 전쟁에 있어서의 도덕(morality in war)으로 나뉘어진다.

전쟁의 도덕성에 관해서 물을 때 우리는 전쟁을 하는 것이 도덕적으로 용인되거나 정당화되는지 그렇지 못한지를 알고자 원한다. 만일 국가들이 자국의 정책수단으로 합법적으로 전쟁을 일으킨다면 우리는 전쟁수행이 허용될 수 있는 도덕적인 이유를 제공할 시기와 조건을 알고자 원한다. 그러나 일단 전쟁이 발발하면 전쟁을 수행하는 방법에 어떤 도덕적인 제한이 있는지의 여부를 물어야 한다. 전쟁에 있어서는 어떤 수단도 정당한가, 준수되어야 할 규칙들이 있는가, 만일 있다면 그것은 무엇인가?

혹자는 "전쟁을 하고 있는 중에 법은 침묵을 지킨다"는 격언을 인용하면서 생명을 걸고 자기와 자기가 속한 사회를 건져야 하는 전쟁에서는 도덕과 법률이 있을 수 없다고 주장한다. 그리고 이런 침묵은 인간의 다른 경쟁적 활동에도 확장시켜 "사랑과 전쟁에서는 무엇이든 공정하다"(All is fair in love and war)는 서양의 속담을 연상시킨다. 이 속담이 뜻하는 바는 사랑을 할 때에는 어떤 거짓말도 괜찮으며 전쟁을 할 때에는 어떤 종류의 폭력도 괜찮다는 것이다. 다시 말하면 사랑할 때 하는 거짓말과 전쟁할 때 쓰는 어떤 잔악한 폭력에 대해서 우리는 칭찬도 비난도 할 수 없게 된다.

그럼에도 불구하고 우리는 침묵을 지킬 수 없다. 사랑과 전쟁에 관해 얘기할 때 우리가 사용하는 언어는 도덕적인 색조를 너무나도 많이 띠고 있기 때문이다. "성실" "헌신" "순결" "간음" "유혹" "배신" 등 사랑에 관한 판단을 내릴 때 쓰는 낱말들이며, "침략" "자기방어" "잔인" "무자비" "가혹행위" "학살" 등은 전쟁행위를 판단할 때 쓰는 낱말들이다.

언어 현상을 떠나서 보더라도 무력의 행사 또는 전쟁은 도덕과 불가분의 관계에 있게 된다. 가령 경비원을 쏘아 죽인 은행강도는 살인자가 되지만, 방어하고 있는 적군을 쏘아 죽인 군인은 살인죄를 범한 것이 아니다. 방어하고 있는 군인이 공격해 오는 적군을 쏘아 죽인 경우도 마찬가지다. 그러나 그 군인이 선량한 민간인이나 부상당한 또는 무기를 버린 적군을 쏘아 죽였을 때나 혹은 투항해 오는 적군이나 점령지의 주민들을 쏘았다면 우리는 주저하지 않고 그를 살인자라고 비난할 것이다.

대한항공 여객기를 격추시켜 다수의 무고한 민간인 탑승객들과 승무원들의 생명을 앗아간 구소련의 학살만행과 북한에 의해 자행된 버마 아웅산 묘소 테러 만행을 우리는 물론 공산권을 포함한 세계의 거의 모든 나라가 규탄한 것은 무엇보다도 그들이 이러한 살인을 저질렀기 때문이다. 이때 우리는 바로 그들의 부도덕한 폭력의 사용을 비난하고 있는 것이다.

가. 전쟁의 도덕성

비록 폭력과 살인에 호소하는 것이 일반적으로 악으로 간주된다 할지라도 만일 우리가 모든 경우에 있어서 폭력과 살인을 방치한다면 보다 큰 악이 발생할 것이라는 주장이야말로 전쟁을 정당화시키는 논거라 할 수 있다. 전쟁에 관한 이런 논의를 서양에서 최초로 시도한 사람은 아마 어거스틴(St. Augustine)일 것이다.

어떤 사람이 당신의 친구를 죽이려는 상황에서 그 친구가 부당하게 죽는 것을 서서 바라보고만 있을 수 없다. 당신은 당신의 친구를 죽이려고 하는 정당하지 못하고 까닭 없는 공격을 저지하는데 필요한 일이면 폭력이라도 사용해야 한다는 근거에서 어거스틴은 전쟁 즉 폭력행사의 정당성을 주장하고 있다.

이런 주장으로부터 우리는 군인들에게 기대되는 서비스의 핵심 즉 부당한 공격에 대항하여 자국의 시민들을 무력의 형태로 보호하는 것에 접근하고 있다. 동양의 병서에도, "전쟁은 난폭한 자를 살육하거나 불의를 막기 위해 일으키는 것이다"라고 하여 전쟁이 정당화되는 경우를 밝히고 있다. 어거스틴과 동양의 병서에서 우리는 전쟁이 일정한 조건들을 만족시키느냐 혹은 그렇지 못하느냐에 따라서 그것이 정당한 전쟁인지 혹은 부당한 전쟁인지에 관한 이론을 도출해 낼 수 있다.

서구의 전통은, 만일 전쟁이 ① 국가의 통치권을 위임받고 있는 합법적인 권위에 의해서 선언하고, ② 정당한 원인(대의명분)에서 시작되고, ③ 올바른 의도로 수행되고, ④ 정당한 수단이 사용된다면, 그 전쟁은 도덕적으로 정당화된다. 이를 보다 구체적으로 살펴보자.

①에 따르면 어떤 사사로운 개인이나 사회내의 집단들이 분쟁을 해결하기 위해서 전쟁에 호소하는 것은 정당화할 수 없다. 우리나라의 헌법에는 대통령만이 선전포고권을 가지며, 국회는 이에 대한 동의권을 가진다. 이는 군대지휘관이 멋대로 전쟁을 일으킬 수 없음을 뜻한다. ②의 문제는 많은 관심을 불러일으켰다. 만일 원인이 정당하다면, 국가는 이전의 어떤 잘못을 시정할 의도에서 대응할 것이며, 폭력의 사용은 그 잘못을 시정하고자 하는 모든 비폭력적(즉 외교적) 수단이 시도되었으나 실패한 후의 마지막 호소가 되어야 한다.

이는 곧 전쟁이란 커다란 재난을 초래할 것이므로 최후의 대안이 되어야 함을 뜻한다. 전쟁에 있어서 힘의 사용은 성공의 확률이 상당히 높을 때 정당화된다. 즉, 이길 수 있는 가능성이 전혀 없음에도 불구하고 전쟁을 일으키는 것을 비이성적이라고 할 수 있다. 전쟁을 하는 것이 안하는 것보다 적은 악을 결과해야 한다. 전쟁의 수단은 전쟁이 추구하는 목적과 결코 상충되어서는 안된다.

20세기에 들어와서 전쟁의 정당한 원인은 오직 "침략의 저지"(Response to Aggression)로 축소되었다. 뉴렘베르크(Nuremberg) 전범 재판에서는 "침략"을 "전쟁을 먼저 일으키는 것"과 동일시했다. 그래서 "독일군들의 지휘관들이 기소된 혐의는 그들이 전쟁에 졌기 때문이 아니라 전쟁을 먼저 일으켰기 때문이다." 이런 맥락에서 보면 북한의 6·25남침은 도저히 정당화될 수 없는 것이다. 그렇지만 전쟁을 먼저 일으키는 것이 모든 경우에 있어서 반드시 정당화될 수 없다고 단정하기는 어려울 것 같다.

왜냐하면 도저히 묵과할 수 없는 도덕적인 악을 저지하기 위해서 일으킨 전쟁은 도덕적으로 정당화될 수 있기 때문이다. 가령 동족이 그 인권을 유린당하며 노예생활을 하고 있는 비극을 종식시키기 위하여 일으킨 전쟁을 침략이라고 할 수 있겠는가? 부당하게 분단된 국토를 통일하기 위한 공격도 침략인가? 국경선에 병력을 전진 배치시키거나 자기 영토 내에서 병력을 기동시키고 선제공격만을 하지 않는다면 침략이 아닌가?와 같은 어려운 문제들이 발생한다.

잘못을 바로잡고 정당한 평화를 확보하고 정의를 실현하기 위해서 싸우는 것은 도덕적으로 승인될 수 있는 의도라 할 수 있다. 그러나 보복이나 세력 확장을 꾀하고 종족이나 주민을 모두 살육하려고 꾀하는 것은 도덕적으로 받아들일 수 있는 의도가 결코 될 수 없다.

의도를 분명하게 밝혀낸다는 것은 매우 어렵지만 이것은 전쟁 수행에 있어서 수단의 선택과 밀접히 관계되어 있다. 만일 한 국가의 전쟁 목적이 영토의 보존을 꾀하고자 하는 것이거나 정치적 주권의 침해를 제거하기 위한 것이라면 이런 목적은 사용되어야 할 수단과 전쟁 지속기간을 결정할 것이다.

나. 전쟁에 있어서의 도덕

정당한 전쟁의 조건들을 현대전에 적용할 때 도덕적인 문제가 발생한다. 현대전에 사용될 무기의 강력한 파괴력은 선량한 비전투원을 죽이지 않을 수 없게 만들었고, 따라서 전쟁은 그 이상 도덕적으로 정당화 될 수 없다. 이런 견해에 따르면 어떤 형태의 핵전쟁도 올바른 의도와 정당한 비율의 원리를 위반하게 된다. 어떤 학자들은 "선량한 사람"에 대한 논의로부터 모든 전쟁은 따라서 정당하지 못한 것으로 선언되어야 한다는 결론을 내리지 않고 있다.

전시에 선량한 사람은 누구냐 하는 문제 자체도 생각보다는 복잡하다. 만일에 우리가 "현대전"을 "총력전"이라고 정의한다면, 이런 전쟁에서는 전투원과 비전투원간의 구분이 없게 된다.

그러나 만일 우리가 고전적인 정당한 전쟁이론에 관한 평가를 전쟁에 관련된 국제법에 관한 고찰과 결합한다면, 우리는 전쟁으로 인한 인간의 고통을 줄이고 전투에 가담되어 있지 않는 사람들은 보호하자는 공통적인 목적을 발견할 수 있을 것이다. 현대의 총력전이나 전면전은 인류를 전멸시킬 가능성이 있으므로 이런 전쟁은 이성적인 정책의 목적이 결코 될 수 없을 것이다. 만일 정당하지 못한 침략에 대항해서 전쟁을 하는 것이 도덕적으로 허용된다면 이때 사용되는 수단들은 이런 침략을 저지할 목적에 합당한 최저의 수준에서 사려 깊게 선택되어야 한다. 그렇지 않을 때 전면전을 치루고 나서 갖게 되는 평화의 상태들은 이런 전쟁이 일어나기 전보다 어떤 의미에서건 더 나아질 것으로 생각될 수 없을 것이다.

전쟁에서는 어떤 것도 괜찮다는 것을 우리는 더 이상 믿을 수 없다. 그리고 전쟁의 규칙을 규정한 국제법 특히 육전법(The Law of Land Warfare)을 우리는 지켜야 한다. 이것은 우리나라 헌법의 "일반적으로 승인된 국제법규는 국내법과 같은 효력을 가진다"는 정신에도 합치한다. 우리의 이와 같은 정신은 한편으로는 세계평화에 기여하기 위함이며, 다른 한편으로는 과거 북한 공산주의자들에 의해서 자행된 각종의 크고 작은 도발과 구소련의 대한 항공기 격추사건을 비난할 수 있는 근거가 되는 것이다.

전쟁의 다양한 "규칙들"은 포로의 대우, 일정한 무기의 불법화, 환자와 부상자의 치료, 사유재산과 병원의 보호 등을 다루고 있다. 세계 제2차 세계대전 후 일본군의 도마유키 야마시타 장군에 대한 사형선고에 서명하면서 맥아더 장군은 “군인은 그가 우군이건 적군이건간에 약하고 무장하지 않은 사람을 보호할 책임이 있다. 이것은 그의 존재의 본질이며 이유이다. 이런 성스러운 신임을 그가 위반할 때 그의 모든 신성함이 더럽혀질 뿐만 아니라 국제사회의 구조를 위협한다”고 말했다. 야마시타에 대한 사형선고는 그가 그의 휘하에 있는 장병들이 민간인들과 포로들을 악랄하게 학살하는 것을 통제하지 못했다는데 근거를 두고 있다. 그가 그 학살을 명령했다는 사실이 증명되지 않았음에도 불구하고 그는 사형을 선고받았다.

현대전과 긴밀한 관계에 있는 도덕적인 문제들은 가용한 무기체계의 대량 파괴력에 대한 관심에만 국한되어 있지 않다. 게릴라전의 수행과 반란은 누가 선량한 사람인지를 구별해냄에 있어서 유사한 어려움을 제기한다. 테러행위(통상적 범죄)와 전쟁행위를 어떻게 구분할 수 있는가? 민간인과 구분되는 제복을 입지 않았을 때 합법적 전투원을 식별할 수 있는 방법은 무엇인가?

이런 문제들 앞에서 어떤 사람들은 도덕적 허무주의자가 되어 “전쟁에 있어서 도덕적 규칙을 적용하는 것은 불가능하다. 그래서 어떤 것도 정당하다”고 말하고, 어떤 사람은 극단적 평화주의자가 되어 “무력을 사용하는 것은 어떤 경우에 있어서나 모두 도덕적으로 금지되어야 한다”고 말한다. 우리는 이 양극단의 어느 쪽에도 찬성할 수 없다. 지금 이 순간에도 세계의 도처에서 전쟁을 하고 있거나 전쟁의 위협이 도사리고 있다. 인간성의 진보와 완전성을 믿는 사람들은 미래의 언젠가는 이성이 지배하고 모든 국제적인 분쟁이 비폭력적인 수단들에 의해서 해결될 것이라는 희망을 계속 갖고 있다. 이런 일이 일어날 때까지 그래도 우리는 전쟁에 관련된 도덕적인 문제들을 계속 탐구해야 한다.

제3장

바람직한 간부 윤리 규범

Military Ethics

軍隊倫理 Chapter 3

바람직한 간부 윤리규범

제1절 개인적 생활윤리규범

간부는 조직사회의 기둥이자 심장이다. 군대의 강약이 간부의 전문직업 수행능력, 도덕적 품성에 좌우된다 함은 간부가 차지하는 비중을 두고 한 말이다.

"강장 밑에 약졸 없다"는 말은 군 간부가 항상 명심해야 할 금언이다. 이렇게 중요한 위치에 있는 군 간부에게 요구되는 윤리규범은 무엇인가? 개인적 생활윤리규범과 직업적 윤리규범을 구분해서 살펴보기로 한다.

가. 신 의

신의(信義)란 신(信)과 의(義)의 복합어로써 곧 "믿음성과 의리"를 의미한다. 의리란 "사람이 지켜야 할 바른 도리"를 말한다. 따라서 신의라는 말은 믿음성과 의리라는 두 측면에서 살펴보아야 그 어의(語意)가 더 확실해질 것이다.

인간은 홀로 고립해서 살 수 없기에 사회적 동물이라고 흔히 말한다. 서로 돕고 의지하며 이해와 헌신으로써 이웃을 돕고 사는 것이 인간사회 생활이며 인간은 공동생활체 속에서 살아가는 존재이다. 이 같은 공동생활을 영위하는 데는 무엇보다 질서와 융화가 필요하다. 질서와 융화를 이루는 데는 신의가 그 바탕을 이루고 있어야 한다. 신의 없는 사람이 많을수록 그 사회는 어지럽고 융화는 깨뜨려져 살벌해지기 마련이기 때문이다.

역대의 우리 선열들 가운데는 신의를 지키기 위해 고귀한 삶을 마친 분들이 많았다. 그 가운데 특히 화랑 사다함은 16세의 어린 나이로 가야국 정벌에 큰 공을 세우고도 그에게 주어진 영광과 부를 버리고 일찍이 전쟁터에서 같이 죽기로 맹서한 친구 무관랑이 병들어 죽자 친구와의 맹서를 지키기 위해 스스로 친구의 무덤 앞에서 목숨을 끊었다. 나이 어린 몸으로 일국 정벌의 선봉에서 공을 세우기도 어렵지만 친구와의 한날한시에 함께 죽기로 맹세한 신의를 저버리지 않기 위해 스스로 목숨을 끊었던 것이다. 막 피어날 꽃다운 나이에 스스로의 삶을 마치게 한 것은 두말할 나위도 없이 신의의 삶에 대한 그의 태도였을 것이다.

이와 같이 신의는 인간의 상호관계에 있어서 상대방의 태도여하에 불구하고, 미리 믿고 결정적 태도를 취하는 믿음과 인간이 당연히 지켜야 할 도리로서 상하간 및 상호간의 신뢰와 성실을 그 전제로 한다.

군의 존재가치는 적과 싸워서 나라를 지키는데 있다. 군이 나라를 지킨다는 것은 국가와 국민에 대한 약속이며, 이 약속을 실현하는 것이 군이 지켜야 할 국가와 국민에 대한 신의라 할 것이다.

군대는 사회의 어떤 조직체보다도 신의를 중시한다. 상관과 부하, 동료 상호간에 신의가 있을 때 비로소 단결된 가운데 지휘관을 핵심으로 생사를 같이할 수 있는 것이다.

군의 간부가 지켜야 할 신의는 상관과 하급자간, 동료 전우간, 부모 형제간 그리고 친구간 어느 하나도 빼놓을 수 없지만, 가장 분명한 것은 국가와 국민으로부터 부여받은 국가방위의 의무를 성실히 수행하는 일이다.

나. 성실(誠實)

공자는 뿌리가 바로 서면 가지와 잎새는 저절로 생긴다고 했다. 집을 지을 때 기초가 튼튼하면 나중에라도 고층빌딩을 올릴 수 있으나 기초가 허술하면 집은 서기도 전에 무너진다.

예수는 인생을 집짓는 일에 비유하면서, 홍수나 태풍이 와도 무너지지 않으려면 반석위에 확실한 기초를 세워야 한다고 강조했다. 그러면 반석과 같은 인생의 기초는 무엇일까? 그것은 바로 성실이라 할 수 있을 것이다.

성실이란 무엇인가? 성실을 영어로는 Sincere라고 한다. 그 말은 라틴어 Sinearea에서 왔는데, 그 뜻은 "밀초로 때우지 않을 것"을 의미한다.

옛날에 값비싼 대리석 조각품에 흠이 생기면 제값을 받을 수 없으므로 그 흠을 밀초로 감쪽같이 때운 후 팔아서 넘기면, 그때는 몰랐으나 세월이 흘러 밀초로 때운 것이 햇빛에 녹아 버리고, 비바람에 씻겨 그 흠집이 드러나게 되었다는 데서 유래된 말이다. 따라서 성실 즉 Sincere는 "밀초로 때우지 않는 것"이란 뜻으로 신용할 수 있는 보증품이란 뜻이 포함되어 있다. 세월이 지나도 비바람에 스쳐도 변함이 없는 진품이라는 뜻이기도 하다.

한문의 성실(誠實)은 성과 실이다. 성(誠)은 말씀 언(言)과 이룰 성(成)자가 합쳐진 글자다. 그것은 곧 말이 이뤄진 것, 말의 성취(成就), 말의 완성(完成)을 뜻한다. 즉 자기 자신과 남에게 이러 이러한 일을 하겠다고 약속한 것을 그대로 실천하는 것이라고 하겠다. 하나님 앞에 어떻게 하겠다고 서약(誓約)한 것을 그대로 이루는 것이 성(誠)이고, 그 열매가 실(實)이다. 반대로 말만 하고 실천이 따르지 않든가, 약속한 것을 제대로 이행하지 않든가, 서약한 것을 제대로 지키지 않는 것은 불성실(不誠實)이고 그것은 곧 거짓말이 되는 것이다.

따라서 성실은 곧 진실이고, 거짓 없는 진실무망(眞實無妄)이다. 그것은 자기 자신이나 남을 속이지 않는 것이다.

미국의 16대 링컨대통령은 "성실은 영원하나 거짓은 잠깐이다. 많은 사람을 잠깐 속이거나 몇 사람을 얼마간 속일 수는 있으나, 모든 사람을 항상 속일 수는 없다"고 말하였다.

성실은 자기가 말한 대로 실천하는 언행일치(言行一致), 자기 아는 것을 실행에 옮기는 지행일치(知行一致), 자기 믿는 바를 생활화하는 신행일치(信行一致)를 의미한다. 성실을 의미하는 영어 단어는 Faithful인데 그 말은 믿음이 충만하다는 뜻이다. 믿음이 가득 찬 것, 믿음이 넘치는 상태, 그것이 성실이다.

인간을 보통 그릇에 비유한다. 작은 그릇은 소기(小器), 큰 그릇은 대기(大器)라 하는데, 작은 그릇은 빨리 차고, 큰 그릇은 가득 차려면 시간이 걸린다. 따라서 소기속성(小器速成)이요, 대기만성(大器晩成)이라 한다.

한문에 도이불신 하자성로(挑李不信 下自聖路)라는 말이 있다. 이는 복숭아나무 밑 오얏나무는 말이 없어도 그들 나무 아래는 저절로 길이 난다는 말이다. 이는 자기선전의 나팔을 불지 않아도 찾아오는 사람들이 많으므로 자연히 길이 생긴다는 뜻이다. 그 이유는 실(實) 열매가 있기 때문이다.

성실인은 항상 실(實)을 추구하며 실(實)을 채워간다. 동서고금의 위대한 사상가와 철인들은 성실의 중요성을 강조했다.

한비자(韓非子)는 모든 일에 능숙하고 불성실한 사람보다 좀 서툴러도 성실한 사람이 낫다고 했다. 비스마르크는 그의 묘비에 "무슨 일을 하든지 눈가림을 하지 말고 하나님께 하듯 성실로 하라"는 말을 남겼으며, 성서에는 성실을 음식물로 삼으라고 했다. 음식은 한끼 배부르게 먹었다고 다음날 굶을 수는 없는 것이다. 그처럼 성실은 어느 한때만으로 되는 것이 아니라 음식처럼 날마다 거듭 먹어야 되는 것이다.

인간은 일속에서 살아간다. 언제 어디서 무슨 일을 하듯 정성껏, 성심껏 하는 것이 성실이다. 인간이 인간을 감동시킬 수 있는 것은 성실이고, 큰 성실을 가지면 하나님까지도 감동시킬 수 있는 것이다.

그래서 지성감천(至誠感天)이라는 말도 생겼다. 공적인 일이건 사적인 일이건 남이 보든지, 안보든지, 자기하는 일에 정성을 다해야 할 것이다.

또한 성실은 전력투구하는 것이다. 성실한 군인은 내무생활을 할 때나, 훈련을 받거나 어떤 작업을 할 때에도 전력을 기울인다.

한자숙어에 불성무물(不誠無物)이 있다. 즉 성(誠)이 없으면 물(物)이 없다. 바꾸어 말하면 성실이 없으면 존재가 없다는 말과 동일하며, 이는 성실이 없으면 되는 일이 없다는 말과 같다. 인생은 자업자득(自業自得)이다. 이 말은 적게 심는 자는 적게 거두고, 많이 심는 자는 많이 거두며, 심지 않는 자는 아무것도 거둘 것이 없다는 말이다.

사람들은 심지 않고 거두려 하며, 적게 심고도 많이 거두려고 하고 있다. 이 모든 것은 성실의 결여에서 오는 인간의 어리석음 바로 그것 때문이다.

성실은 곧 합리정신이다. 그것은 심는 대로 거둔다는 철칙과 통한다. 사랑은 감미의 정도에 의해 그 진가가 결정되고, 소금은 염분의 다과에 의해서 그 존재 가치가 좌우된다는 것과 같다고 할 수 있다.

군은 철저한 조직사회, 위계사회이기 때문에, 필연적으로 통솔자로 하여금 정직하고 성실한 자세를 요구한다. 만일 통솔자가 정직, 성실하지 못하면 부하들로부터 신뢰받을 수 없으며, 주어진 임무도 제대로 수행할 수 없을 것이다.

군인복무규율 7조에는 성실의 의무를 다음과 같이 두고 있다. ① 군인은 직무에 태만하여서는 아니되며 직무수행에 있어서 어떠한 위험이나 어려움이 따르더라도 이를 회피함이 없이 성실하게 그 직무를 수행하여야 한다. ② 군인은 직책과 계급에 따라 업무의 범위나 내용이 다를지라도 지향하는 목표는 같으므로 서로 도와서 업무를 유기적으로 수행하여야 하며 항상 창의력과 진취성을 발휘하여야 한다.

군 복무를 성실히 한다는 것은 곧 국가에 충성한다는 의미와 상통하는 것이다.

다. 정 직

정직하지 못한 상인은 그의 고객에게 금전적 손해를 끼치는데 그치지만 정직하지 못한 군인은 무수한 인명과 재산의 손실은 물론 자칫 국가를 위태롭게 할 수 있다. 이는 조직사회에서 흔히 있을 수 있는 허위 보고에서 그 폐해가 극명하게 드러난다. 만일 허위로 보고된 사실에 근거해서 지휘관이 부대운용을 판단하고 결심한다면 그 폐해는 부대 전체에 심각한 악영향을 끼칠 것이며, 더구나 전시에 이런 일이 벌어진다면 전투의 승패와 나아가서는 국가의 안위에까지 심각한 영향을 미칠 것이다.

그러기에 군인복무규율 제8조에서는 정직의 의무를 두고 "군인은 근무시에 정직하여야 하며, 명령의 하달이나 전달, 보고 및 통보에는 허위, 왜곡, 과장 또는 은폐가 있어서는 아니된다고 규정하고 있다. 군인은 솔직하고 정직한 것이 특징이 되어야 한다. 거짓말에 능한 사람은 군인의 자격이 없을 뿐만 아니라 사회생활을 하는데 있어서도 자격이 없는 사람이다. 이는 개인적 사생활에서 뿐만 아니라 직업에 따른 직무를 수행하는데 있어서도 동일하게 적용된다. 특히 정직은 올바른 사회인이 갖추어야 할 가장 중요한 의무중의 하나이다.

이 세상에는 세 가지 부류의 사람들이 있다. 꼭 필요한 사람, 있으나마나 한 사람, 차라리 없는 것이 나은 사람이 그것이다. 이 중에서 정직하지 못한 사람, 남을 속이고 많은 사람들에게 폐해를 주는 부정직한 사람은 차라리 없는 것이 나은 사람이 될 것이다. 최근 우리 사회에 만연하고 있는 불신풍조는 부정직한 사람들이 저지른 온갖 나쁜 행위에서 비롯된 것이다. 우리 사회에서 존경할 만한 사람이 적은 것은 그만큼 정직하지 못한 사람이 많다는 증거이다.

존경할 만한 스승이 적다는 것은 그만큼 사표가 될 만한 사람이 적다는 것이고, 믿고 살 만한 물건이 적다면 그만큼 우리 기업에서 만들어낸 제품을 많은 사람들이 믿지 못한다는 것이다. 마찬가지로 군에서 상급자가 존경을 받지 못하는 것은 다른 무엇보다도 그 상급자에게 존경할 만한 구석이 없기 때문일 것이다. 존경받지 못하는 상관이 지휘하는 부대가 어떻게 막중한 임무를 수행할 수 있을 것인가?

우리 군에서 흔히 국가에 대한 충성을 말하지만 무엇보다도 우선하는 것이 직속상관에 대한 충성이다. 상관이 존경받지 못하면 부하의 충성은 거짓 충성이며 거짓 충성이 판치는 부대는 올바로 임무를 수행하지 못할 것이다. 이 모든 것이 정직하지 못한 상급자의 태도에서 비롯된다고 하면 우리는 부정직이 미치는 폐해가 얼마나 큰가를 새삼 실감할 것이다.

라. 품위유지

품위란 한 사람의 인격과 성품에 대한 존경의 평가라 할 수 있다. 사람의 인격이나 성품의 외모나 언행 등으로 표출되기 때문에 우리는 통상 그 사람의 언행과 몸가짐을 보고 사람을 평가한다. 품위유지는 성인으로 사회생활을 하는 모든 사람들에게 다 요구되는 것이지만, 그러나 특정한 직업이나 직무에 종사하는 사람에게는 그것이 더욱 크게 요구된다.

예를 들어 교사나 의사, 혹은 성직자가 품위를 잃게 되면 학생이나 환자, 신도들로부터 신뢰를 상실하게 됨은 물론 사회적으로도 비난의 대상이 된다. 군인도 마찬가지다. 군 간부가 품위 없는 행동을 하면 국민으로부터 신뢰를 상실하고 부하로부터도 불신을 받게 되어 직무를 효율적으로 수행할 수 없게 된다.

모든 군인 특히 군간부는 항상 군을 대표한다는 생각을 가지고 용모와 복장을 단정히 해야 함은 물론 언행을 조심해야 한다. 군인은 제복을 입은 사람이기 때문에 용모와 복장·언행이 군인의 품위를 결정한다. 외모가 단정하고 언행이 바른 군인으로부터는 군인다운 위풍을 느낄 수 있으나 용모가 단정치 못하고 언행이 불량한 군인으로부터는 신뢰감을 느낄 수 없다.

우리는 흔히 직업에 따라서 그 직무수행에 적합한 사람다워야 한다는 얘기를 많이 듣는다. 정치가는 정치가다워야 하고, 기업가는 기업가다워야 하고, 공무원은 공무원다워야 하고, 성직자는 성직자다워야 한다는 등이 그것이다. 군인은 군인다워야 한다. 군인다움을 외양으로 표정하는 것이 단정한 용모와 언행임을 두말할 필요가 없으며 이것이 바로 군인다운 품위 유지의 본질이다.

마. 준 법

준법(遵法)은 사회와 국가가 마련한 각종 법률과 규범을 지키는 것을 말한다. 넓은 의미로는 법규뿐만 아니라 가정, 학교, 직장, 군대에서의 모든 규칙을 존중하는 것을 포함한다. 준법정신은 질서를 유지하기 위하여 가장 기초가 되는 것이다. 사람들이 법과 규범을 지키지 않고 각자가 제 마음대로 행동한다면 사회는 무질서와 혼란에 빠져 "만인에 의한 만인의 투쟁상태"로 되어 버릴 것이다.

군인은 군법의 피적용자이지만 군인이기 이전에 국민이기 때문에 모든 일반 법규도 준수할 의무가 있다. 군법을 비롯하여 모든 법령, 규정, 훈령, 명령, 지시 등을 잘 지키는 데서 군기와 전력은 강화된다.

부대의 모든 기능이 활발히 작동하여 군 고유의 목적을 달성하기 위해서는 군 구성원 모두가 법규를 준수하는 것이 무엇보다 중요하다.

사람이 살아가는 데는 반드시 지켜야 할 두 가지 규범이 있다. 도덕과 법규가 그것이다. 도덕은 개인의 양심에 따라 그 실천을 맡기고 있지만, 법규는 국가나 사회집단이 강제에 의해서 그 구성원들에게 반드시 지키도록 요구하고 있다.

사람은 제각기 개성과 욕구가 다르기 때문에 사회집단이 공동목표에 대해 자기 희생적으로 나아가기보다 개인의 이익을 추구하기에 급급하는 것이 인지상정이다. 그럼에도 이것만은 지켜줘야 한 사회가 유지되고 서로가 평화롭게 살 수 있다 하여 제정한 것이 바로 법규요, 규정이다.

법규는 많은 사람에게 유익한 생활지표이며 사회질서를 유지하는 바탕이 되는 것이다. 따라서 준법정신 없이는 건실한 국가의 발전이 이룩될 수 없으며, 준법정신이야말로 사회 또는 조직의 질서를 유지하는 생명인 것이다.

우리 군인은 국가의 제반 법규 준수에 앞장 서야 한다. 군법과 군대의 제반 규정·명령 및 지시들도 꼭 지켜야 한다. 한 사람이라도 법규를 준수하지 않는 사람이 있다면 군의 기강은 금이 가게 마련이고 그만큼 전력의 약화를 초래할 것이 자명하다.

최근 우리 사회는 민주화와 더불어 준법정신이 갈수록 희박해져 가고 있는데, 이는 자유에 따르는 책임을 인식하지 못하는 그릇된 풍조와, 이기주의 그리고 법규에 대한 경중(輕重)의 심리 따위가 몸에 배어 있기 때문인 것이다. 법규에는 가볍고 무거운 것이 있을 수 없다. 그럼에도 불구하고 이를 저울질해서 “이 정도는 괜찮겠지” “전에도 그래왔는데 뭘”하는 식으로 사소한 것을 경시하고 위반하는 사례가 허다하다.

도시에서 가끔 특수차량이나 군용차량이 속도나 신호를 무시하고 질주하는 것을 볼 수 있는 것도 “나야 군인인데 경찰관이 단속할 수 있으냐?”하는 교만한 특권의식이 마음속에 자리 잡고 있기 때문이다.

병영내에서도 “나는 계급이 높으니까, 나는 부사관이니까, 나는 장교니까”하는 식의 특권의식을 떨쳐 버리지 못하기에 규정을 위반하는 사례가 많은 것이다.

법규위반이 쌓이고 쌓이면 결국 부조리의 원칙이 된다는 것을 알아야 한다. 우리는 평소에 법규를 준수하는 정신을 기르고 공덕심을 앙양해서 어떠한 법규이든 크고 작고에 관계없이 지키는 태도를 생활화해야 한다.

전천후 준법정신의 발휘는 곧 우리 모두를 위하는 일임을 명심해야 한다. 우리의 준법수준은 아직 요원하다. 평상시 여러 규정 이행의 체질화, 내면화, 생활화가 돼 있지 않는데다, 법질서를 어겨도 무사할 수 있다는 요행주의 그리고 규정이나 법을 어김으로써 어깨가 으쓱해지는 쾌감 또는 특권층임을 착각하는 도착된 가치관 등이 아직도 뿌리깊이 잔존해 있기 때문이다.

모든 장병은 자기의 권리를 주장하기에 앞서 자기의 의무를 다하고 여러 법규와 질서를 목숨처럼 아끼고 준수하는 습관을 길러야 하며, 이것이 제2천성화돼야 한다. 특히 현존하는 법규가 비록 자기에게 불리하거나 부당한 악법이라고 개정되거나 폐기되지 않는 한 지킨다는 높은 수준의 법의식을 견지하지 않으면 안된다.

바. 솔선수범

동물들이 떼를 지어 산하를 누비는 양태를 보면 강호를 헤칠 때는 노련하고 강력한 리더가 앞서며 무리중의 약한 자를 보호하는 태세를 갖추는 습성이 있음을 쉬 간파할 수 있을 것이다.

사람이 사람을 지휘하고 보살피는 것도 매일반이라서 몸소 선두에 서서 모범을 보임으로써 많은 사람들로 하여금 그를 우러러 보면서 그의 뒤를 따르게 할 수 있는 것이다. 남으로부터의 존경을 받을 수 있는 인격, 남을 감화시켜 움직일 수 있는 능력, 지도자가 될 수 있는 자질 등은 바로 솔선수범하는 데서부터 나오는 것이다.

솔선수범은 어렵다. 말보다 행동으로 옮겨야 하는 것이기 때문이다. 어려운 일일수록, 하기 싫은 일일수록, 위험한 상황일수록, 내가 먼저 해야겠다는 자세, 이것이 바로 솔선수범이요, 군인윤리의 초석이며 건전한 생활철학이다.

솔선수범은 꼭 지위가 높은 사람에게만 해당되는 것은 아니다. 나이가 한 살이라도 많은 사람, 계급과 직위가 하나라도 높은 사람은 아래 사람에게 직접 나서서 실천하는 기풍을 가져야 한다.

무엇이든 부하들이 힘겨워하는 일을 말로만 할 것이 아니라 지휘관 자신이 솔직해서 행하면 대부분의 병사들은 움직이게 마련이다. 간부들은 언제나 부하라는 거울에 비추어지고 있는 자신을 잊어서는 안된다.

사. 청 렴

군인은 검소하고 근면한 생활태도와 청렴결백한 품성을 자랑으로 삼아야 한다. 사치와 허례허식 그리고 태만은 군인정신을 좀 먹는다.

바람직하고 이상적인 정신은 욕망과 욕정을 그리고 물질적 쾌락을 절제하는 데서 완성될 수 있다. 더욱이 투철한 사명감과 조국애로써 자신을 바쳐 국가를 보위해야 하는 군인의 경우 과다한 물질적 부를 탐한다는 것은 있을 수 없는 일이며 또한 가능하지도 않다. 그러기에 우리 군인들은 자신의 분수를 자각하고 그에 맞는 검소한 생활태도를 유지해야 한다.

우리나라는 물질적 풍요속에 안락한 생활을 추구하는 자본주의 산업사회를 지향해 오면서 외래의 문물을 수입하게 됨을 따라 생활방식도 많은 면에서 서구화되었지만, 동시에 그릇된 사치와 낭비의 풍조를 조장하여 많은 폐단을 야기시킨 것도 사실이며, 이러한 사회적 환경의 영향을 군인들도 받고 있다.

그러나 서구 선진국이 오늘이 있기까지 기독교 사상에 입각한 근검절약 정신과 생활태도가 그 밑거름이었다는 점을 감안 할 때, 우리 사회에도 그러한 의식의 저변화(底邊化)가 절실하다.

프랑스의 루이 에네스트 모피장군(1857~1921)은 48년 동안 한번도 극장, 카바레, 영화관 등 오락장에는 발을 들여놓지 않았다. 그는 프랑스의 장군들을 40명이나 낸 무문(武門)의 명가에서 태어났고 소년시절에 세운 명세를 철저히 지켜 변화한 프랑스의 수도 한복판에 살면서도 매우 엄숙한 생활을 보냈다.

1870년 그가 열세살 때에 고향인 메스가 독일에 점령당했다. 적국의 압제하의 삶을 참지 못한 루이소년은 남몰래 탈출하여 프랑스의 웨스트포인트라고 불리는 육군사관학교에 입학하였다. 소년은 그가 고향 메스시를 떠날 때 고향이 다시금 프랑스의 지배로 돌아올 때까지는 절대로 모든 환락장소에는 드나들지 않겠다고 맹세하여 40년이란 긴 세월동안 그 날이 올 때까지 지켜나갔다.

그동안 그는 육군에서 입신양명(立身揚名)하여 군사령관이라는 최고의 지위에 올랐다. 그에게는 두 아들이 있었는데 모두가 군적(軍籍)에 있었고 그의 스파르타식 맹세를 지키게 했다. 모피장군은 제1차 세계대전 때 프랑스 10군단을 지휘하여 조국에 공헌한 바 컸다. 독일의 패배로 인하여 메스시가 다시 프랑스 영토로 돌아왔을 때 장군의 눈물겨운 헌신은 프랑스국민에 의한 초대 매스지사 임명으로 보답되었다.

모피지사는 그의 평생 목표가 달성되었을 때 처음으로 극장에 구경하러 갔다. 로렌지방의 수도 메스시의 주민들은 장군이 극장에 가는 것을 무슨 축하일의 행사처럼 마음으로부터 환영하여 길 양쪽에 남녀노소의 시민들이 줄을 이었고 눈물을 흘리면서 이 최후의 기사(騎士)라고도 할 만한 용감한 군인의 영광된 날을 환호성을 올리며 축하하였다.

제2절 직업적 윤리규범

가. 충성

‘忠誠’(loyalty)의 사전적 의미는 참마음에서 우러나는 정신이다. 이는 주자(朱子)의 “자기의 진심을 다하는 것을 충이라 한다”(盡己之謂忠)에서 유래된 것 같다.

이와 같은 의미는 충(忠)은 거짓이 없는 진실된 마음으로서의 성(誠)과 결합함으로써 그 뜻이 보다 뚜렷해질 수 있다. 그러나 우리에게 보다 익숙한 ‘충성’이라는 낱말은 군주제하에서 신하가 임금을 받드는 도리로서의 충절(忠節)의 개념으로부터 나온 것 같다. 그래서 화랑들의 세속오계에도 사군이충(事君以忠)이라 했다. 오늘날 ‘충성’이라는 말인 ‘나라에 대한 충성’ ‘겨레에 대한 충성’ ‘상관에 대한 충성’ ‘직무에 대한 충성’ 등으로 사용되는 것은 충성의 본래적인 뜻에 가깝다고 할 수 있다. 충성은 그 대상에 관계없이 일정한 정신자세를 가르치기 때문에 그것은 조국, 민족, 복무, 부대, 지휘관, 동료, 부하(심지어 자기 자신)에 대해서 헌신을 맹세하고 이를 지키려는 태도로 이해된다.

그래서 “장교는 자기의 직속상관, 부대, 대통령, 군대라는 단체, 그리고 전체로서의 국가에 헌신을 맹세한다. 충성은 진실성, 정의, 진실, 그리고 다른 고차적인 목적들을 확보하기 위한 수단이다. 충성은 그 자체가 목적이 아니다. 충성을 이루는 요소들은 신뢰, 진실성, 헌신 그리고 복종을 내포한다.

장교의 충성은 본원적으로 그의 임관선서로부터 나온다. "나는 대한민국의 장교로서 국가와 민족을 위하여 충성을 다하고 헌법과 법규를 준수하며 부여된 직책과 임무를 성실히 수행할 것을 엄숙히 선서합니다"라는 임관선서는 장교들에게 그가 서약한 바를 성실하게 수행할 도덕적인 의무를 불과하기 때문에 충성은 군인의 직업적 행위의 규범으로 간주되는 것이다.

충성이 국가에 대한 헌신을 의미할 때 이미 바로 애국심으로 연결될 수 있다. 애국심이란 "이해관계를 떠나서(즉 희생적으로) 조국의 복리를 증진시키기 위해 노력하거나 또는 조국의 자유와 권리를 지키고 유지하려는 마음"이라고 할 수 있다면, 군대생활은 돌아올 혜택보다는 자기희생을 전제로 하고 있다. 그래서 군 직업에 종사하는 사람들의 희생적인 국가에의 봉사야말로 국가에 대한 깊은 애정에서만 가능하기 때문에 군인에게는 진정한 애국심이 요구되는 것이다. 애국심에 바탕을 둔 충성은 위국헌신(爲國獻身)으로 표현되며 이것은 바로 군인본분(軍人本分)인 것이다.

군인의 충성심은 직속상관에 대하여 진실된 마음으로 절대 복종하고 맡은 바 임무를 최선을 다해 완수하려는 자발적인 노력에서 이루어진다. 이런 충성은 부하들의 진실성을 필요로 한다. 그런데 한 사람은 충성을 바치고 한 사람은 충성을 받는다는 측면에서 볼 때, 충성은 쌍방관계에서 이루어진다.

다시 말하면 지휘관이 부하로부터 충성을 받기를 원한다면 그는 부하들의 마음속에 자기에 대한 충성심이 우러나오게 해야 한다. 부하들로부터 지휘관에 대한 충성심이 우러나오게 하는 것은 바로 지휘관에 대한 부하들의 신뢰다. 그래서 만일 지휘관이 부하들로부터 신뢰를 얻을 수 있다면 그에 대한 부하들의 충성도 역시 고취될 수 있다. 신뢰가 없이도 명령에 대한 강압적인 준수는 이루어질지는 모르지만, 신뢰가 없는 단순한 준수는 결코 충성과 같을 수는 없다. 충성이란 강요되는 것이 아니라 우러나오는 것이다.

"충은 믿음을 근본으로 삼고, 믿음은 충을 불러일으킨다"(忠是信之本信是忠之發)는 주자의 말은 충성과 신뢰간의 이러한 관계를 간결하게 나타내 주고 있다. 부하의 상관에 대한 신뢰는 상관의 부하에 대한 진정한 사랑과 고난을 함께 하며 길러진 상하간의 골육지정에서 형성된다. 그래서 손자병법에는 "장수가 졸병을 보기를 부모가 갓난아기를 보는 것처럼 하여야 한다. 그런 까닭에 장수와 졸병은 더불어 위험한 깊은 계곡에라도 들어갈 수 있는 것이다." 상관의 부하에 대한 신뢰감을 증진시키고 이 신뢰심은 상관에 대한 충정심의 바탕이 된다. 부하에 대한 상관의 진정한 사랑은 상관의 인격적 진실성에 기초를 두어야 한다. 그렇지 못한 사랑은 오래 지속되지 못하며 그 가식이 드러남으로써 오히려 불신감만 조성하게 된다. 부대에 대한 충성은 단결을 의미한다. 단결은 전투에 있어서나 전투준비에 있어서 소부대의 성공에 절대적으로 필요한 가치이다. 단결은 소집단에 대한 개인의 강력한 충성과 함수관계에 있으며 집단의 모든 구성원들이 똑같은 고난과 위험 그리고 공포를 겪고 있다는 느낌과 그들의 지도자도 동일한 어려움을 견디고 있다는 이해에 의해 발전되고 유지된다.

단결을 위해서는 집단 일체감을 형성한 공통적 경험을 함께 갖도록 해야 한다. 그리고 빈번한 도전과 이에 대한 성취나 성공을 체험해야 한다. 간부는 병사들을 유대감이 강한 집단으로 만들어야 할 특별한 역할을 갖고 있다. 그는 행위의 기준을 세우고, 모범을 보이고, 집단으로 하여금 보다 큰 목표와 일치되도록 부하의 행동을 지도한다. 윤리적 신념이 약하고 인간성이 야비하거나 비정하며 자기 중심적이고 단결을 해치는 간부가 되어서는 안된다.

민주주의 국가에 있어서 대통령에 대한 충성은 합법적 권위(즉, 군의 통수권자)에 대한 충성이라는 의미 이외에 문민통제를 가능하게 한다. 민주국가에 있어서 대통령이란 군인이 아닌 정치가이기 때문에 군이 지도자의 통제를 받아들일 것을 서약하는 것을 의미한다.

충성은 보다 높은 충성을 흐리게 할 수 있는 상관에 대한 개인적 충성 또는 맹종과 혼동되어서는 안된다. 군대라는 직업과 군인들의 관점에서 보면 상관에 대한 충성이 국가와 국민, 헌법, 문민통제 그리고 군 전문직업 자체에 대한 보다 큰 합법적인 충성을 저해하는 것으로 해석되어서는 안된다.

중요한 것은 덕성으로서의 충성은 자신이 한 약속이나 서약을 굳게 지키는 것에 달려 있다는 것이다. 군대윤리의 측면에서 보면 이것은 군대라는 직업의 한 구성원으로서 받들고자 서약했던 의무들을 성실하게 수행하는 것으로 확대됨을 의미한다. 충성은 군대윤리의 규범이 군인의 직업적 행위의 기초로 준수될 것을 요구한다.

결론적으로 군인의 충성은 다음과 같이 요약될 수 있을 것 같다.

첫째, 가장 중요한 것은 국가에 대한 충성이다. 장교는 누구나 국가에 충성할 것을 다짐하고 임관된 것이다. 이 다짐은 장교생활을 일관해서 준수되어야 한다.

둘째, 상관에 대한 충성이 있다. 이것은 마음으로부터 우러나와 자기에게 부여된 임무를 능률적이고 성공적으로 수행함으로써 상관을 받들며, 혹 자신의 언행 때문에 상관의 권위와 위신이 실추되지 않도록 함을 의미한다.

초급간부에 있어서 상관에 대한 충성의 결정적인 테스트는, 자신도 찬성하지 않고 부하들도 싫어 할 상급 지휘관 또는 부대로부터 내려온 명령이나 지시를 부하들에게 전달하는 능력이다. 만일 초급 간부가 부하들의 환심을 사기 위해서 상부 명령이나 지시를 부하들에게 마지못해 내리거나 은근히 불평이 섞인 태도로 전달하는 것은 상관에 대한 불충을 저지르는 것이다.

이런 간부는 부하들의 존경마저도 잃게 되는 것이다. 상관의 명령을 자기 나름으로 해석을 내려 평가하는 것도 좋지 못한 일이다. 명령이 자신의 생각과 일치하면 충실히 그 명령을 이행하지만, 그렇지 못할 때에는 마지못해서 명령을 받는다면, 결국 상관의 의도가 부하 자신의 생각과 일치할 때에 한하여, 그 사람의 충성심이 참된 소리를 내며 그렇지 못할 경우도 허다하다. 그러나 이런 부하를 거느리고 있는 상관은 매우 불행한 사람이라고 하지 않을 수 없다. 상관은 이런 부하에 대해서 일종의 불안을 느끼고, 믿지 못하게 된다.

셋째, 부하에 대한 충성이 있다. 이것은 본질적으로 부하의 복지에 대한 배려와 그의 합법적인 권익을 보호해 주려는 의사 또는 부하가 어려울 때 도와줄 용의가 있음을 의미한다. 상관의 부하에 대한 충성심은 부하의 상관에 대한 충성심을 낳는다. 그래서 자신에 대한 부하의 불충을 발견한 상관은 먼저 원인을 찾아보도록 해야 한다. 자기 부하들을 쓸모없는 사람이라고 부르면서 부하로부터 충성을 기대한다는 것은 불합리하다. 부하를 업신여기는 상관이 부하로부터 업신여김을 당하는 일은 흔히 있다.

넷째, 직업적 규범에 대한 충성이 있다. 이는 자신이 옳다고 믿는 바를 굳게 지키며, 자신이 속해 있는 집단이 요구하는 법규나 관행 또는 윤리를 성실히 준수할 마음가짐을 일컫는다.

이때 신념을 독단이 되지 않고, 신념을 굳게 지키는 것이 고집을 부리는 것이 되지 않도록 하는 각별한 주의가 필요하다. 자기의 신념이 보편성을 갖고 있는가. 남의 주장에 내가 귀를 기울이고 있는가를 점검해 봄으로써 우를 범하지 말아야 한다.

나. 복 종

어느 나라를 막론하고 군대는 국가의 안전보장과 국토방위의 임무를 수행함을 사명으로 한다.

이러한 사명에 부응하기 위하여 군대는 그에 상응하는 특수한 조직과 고도의 규율을 필요로 하고 이를 위한 제도적(制度的) 장치로서 엄격한 계층 구조가 확립되어 있는 것이다.

이러한 군대조직의 특징은 그 내부의 상위제대가 그 하위제대에 즉각적이고도 충실한 복종을 명령할 수 있어야 한다는 점에 있다.

군대조직은 상하관계에 임무수행이 거의 완전에 가깝게 규제되어 있어서 개인의 능력보다는 직위, 개별적 존경과 신뢰보다는 주어진 계급이 선행한다.

물론 특정 직위에 앉은 사람이 어떤 능력을 가지고 있느냐 하는 점과 순전한 계급관계가 아닌 개인의 능력에 의한 지휘력의 발휘가 중요하지 않는 것은 아니다.

그러나 군대는 각 개인이 다양하고 차등 있는 능력에 최소한으로 의존하도록 조직되어 있는 조직체이다.

그러므로 군대조직 내부에 있어서 고도의 사기(士氣) 및 규율(規律)을 유지하기 위해서는 명령에 따라서 즉각적인 반응(反應)이 요구되지 않을 수 없다. 이러한 관계가 없다면 군대조직은 유지될 수가 없을 것이다.

이런 이유로 복종은 충성과 함께 군대규범의 최고 덕목(德目)들로 분류된다. 군대 내에서 복종의 요구는 군기(軍紀)로서 정형화된다. 군기는 군대의 규율과 질서이며 생명(生命)과 같은 것이다. 지휘계통을 확립하고 상관을 존경하며 부하를 신애하여 상하스스로 합심동체가 되어 일정한 방침에 따라 일사불란하게 움직이는 것이 군기다.

군기의 확립은 명령에 대한 복종으로부터 이루어진다. 이는 군대가 군대답게 존립하기 위한 토대이다. 명령이 이행되도록 하는 것이 군기의 기초이며 군대의 군기는 이런 원칙위에 서 있다. 만일 군기가 없다면 어떤 군대도 효율적으로 임무를 수행하지 못한다. 따라서 군인은 권한이 부여되어 있는 상관으로부터 적법한 명령을 받았을 때 그 명령을 따지거나 그 명령수행을 지체할 수 없고 자신의 견해를 바꿀 수 없으며 즉각 그 명령에 복종하여야 한다.

개정된 군인 복무규율 제23조는 복종 및 실행에 대하여

① 부하는 상관의 명령에 복종하여야 하며 명령받은 사항을 신속 정확하게 실행하여야 한다.

② 부하는 명령의 실행에 관하여 적시에 보고하여야 한다고 규정하고 있다.

어느 나라 군대를 막론하고 상관의 명령에 복종하지 않는 군인에게는 형사처벌을 가하도록 실정법에 규정하고 있으며, 그 형량도 무겁게 규정되어 있다. 우리나라를 비롯하여 미국, 영국, 프랑스 등과 같은 선진 민주국가에서도 불복종죄에 대해서는 최고 사형(死刑)에 처하도록 되어 있다. 다만, 이들 나라에 있어서 그 명령은 "정당한" 또는 "합법적"인 명령이어야 한다고 명시되어 있다.

상관의 명령에 대해 그 이유를 따지거나 이의를 제기하고, 이유 없이 그 실행을 기피하거나 지연시킴으로써 불복종할 때 군 직무수행을 불가능하게 되고 군대조직 자체가 와해될 우려가 있다. 그래서 특

히 전투에 있어서 복종은 "군사적 능력의 본질"이라고 할 수 있다. 정당한 명령을 충실히 복종해야 한다. 충실히 복종해야 한다는 것은 최선을 다해 완벽하고 성실하게 그리고 즉시 따라야 함을 의미한다. 이런 복종이야말로 거의 절대적이라 할 수 있다.

따라서 개정된 군인 복무규율에 "절대로"를 삭제했다고 해서 상관의 명령에 대한 부하의 복종의 의무가 경감되는 것이 아니다. 또한 명령받은 사항은 신속 · 정확하게 실행되어야 한다. 부하는 상관의 명령에 대해서 이의를 제기하거나 명령의 원인과 이유를 따지거나 명령의 내용에 대해서 논란하거나 자신의 견해로 대치하거나 그 실행을 지체하여서는 안되며, 명령 받은 바대로 신속하고도 정확하게 실행하여야 한다.

명령실행의 신속성은 정확성에 못지않게 중요하다. "정확하게 실행한다" 함은 명령받은 바 그대로 또는 명령 받은 바를 완벽하게 실행함을 의미한다. 여기에서도 신속성과 정확성이 동시에 충족될 것을 요구한다. 그러나 상관의 명령은 어디까지나 적법해야 한다. 적법한 명령이란 법규에 위배되지 않는 명령으로서 내용상 적법해야 하며, 내용이 특정되어 복종이 요구되는 것이어야 하고 그 내용이 부하의 직무 범위내의 것으로써 수행이 가능한 것이어야 한다. 그 요건을 세부적으로 설명해 보면 다음과 같다.

첫째, 권한 내의 명령일 것이 요구된다. 즉 특정한 명령이 상관에게 부여된 명령권의 범위내의 것이어야 한다. 명령권의 범위는 상하간 명령복종관계에 따라 차이가 있으나, 군의 편제상 지휘계통에 연속된 명령복종 관계하에서의 지휘권자는 그 지휘에 속하는 자에 대하여 신분상 · 직무상의 포괄적인 명령권을 가진다. 그러한 명령권자로부터 권한의 일부를 위임받은 자는, 위임받은 범위 내에서 명령권을 가진다.

그리고 특정의 명령이 권한 내의 것인가를 결정함에 있어서는 그

권한이 인정된 법규상의 근거뿐만 아니라 사명, 조리, 관례에 비추어 보아야 할 것이며, 또한 전시 국가적 긴급사태 또는 평시 상황이나 그밖의 부대 상황들을 고려하여야 할 것이다.

둘째, 군사에 관한 의무를 부과하는 명령일 것이 요구된다.

군사상 의무와 무관한 일상적 개인 잡사에 관한 명령이나 개인적 이익을 취하기 위한 명령은 적법한 명령이 아니다.

그러나 어떤 명령이 군사상의 의무에 관한 것인가를 구별하기란 어려운 문제이며, 그 구별은 명령의 군사적 필요성, 명령의 목적, 내용 및 당시의 상황 등을 종합적으로 고려하여 판단하여야 한다.

셋째, 법규에 위배되지 않는 명령일 것을 요구한다.

특정의 명령이 적법한 것이 되기 위해서는 그 내용이 헌법이나 법률에 위배 되어서는 안된다. 그러므로 불법행위를 내용으로 하는 명령이나 헌법상 보장된 개인의 불가침적인 권리를 침해하는 명령이나 헌법상 보장된 개인의 불가침적인 권리를 침해하는 명령을 적법한 명령이 될 수 없다. 다만, 어떤 명령은 개인의 자유를 어느 정도 제한하는 경우가 있을 수 있다. 그러한 명령이 합리적이고 공평하다면 군사적 필요성이 적법성을 보장한다.

그러나 자의적이고 지나치게 자유를 제한하는 명령이라면 군사적 필요성만으로 그 명령을 정당화될 수 없다.

예컨대 기간과 장소를 불문하고 무제한으로 개인활동을 금지하는 명령은 헌법상 개인에게 보장된 기본권을 과도하게 제한하는 것이므로 적법한 명령으로 생각되기 어렵다.

그러나 예컨대 특정 장소에서 한정된 기간동안 개인활동을 금지하는 명령은 합리적인 필요성이 있다면 적법한 명령으로 인정될 것이다.

넷째, 명령의 내용은 수령자의 직무범위내의 것으로서 그 수행이 가능한 것이어야 한다.

객관적으로 보아 수령자의 직무범위 밖의 것을 지시하는 것은 수령자에게 불법을 강요하는 것에 불과한 것이며, 또 발령자가 수령자에게 수령 불가능한 지시를 내렸을 경우에는 수령자의 인권을 침해하는 경우가 될 것이다. 또한 불복종하리라고 예상되는 내용을 일부러 명령함으로써 처벌의 근거를 마련하기 위한 명령이라든지, 주된 목적이 벌을 주기 위한 명령 등은 적법한 명령이 될 수가 없다.

이상에서 복종에 대해 살펴보았거니와 복종에 대한 직업적 윤리규범의 확립이야말로 군인을 군인답게 하는 가장 중요한 덕목이 아닐 수 없다.

다. 명 예

명예의 사전적 의미는 "남의 존경과 인정을 받으면서 이름과 평판이 높은 것"을 의미한다. 바꾸어 말하면 자기가 현재 가지고 있는 지위나 자기가 수행한 일의 업적에 대해서 사회로부터 얻을 수 있는 존경의 도(度)라고 할 수 있다.

그런가 하면 내면적으로는 자기가 수행한 일에 대하여 스스로 만족하고 보람을 얻을 수 있는 심리상태를 말하기도 한다. 따라서 명예는 인간이 살아가는 삶의 과정에 있어서 가장 가치 있는 덕목 중의 하나이다. 왜냐하면 주위의 사람이 자기의 지위를 높게 평가해주고 자기 스스로도 값지고 보람된 일을 했다고 자부하고 또 거기서 행복을 느낄 수 있다면 사회적으로나 개인적으로 삶의 가치를 발견할 수 있기 때문이다.

그리고 명예는 개인뿐만 아니라 단체나 국가가 가지는 명예도 있다. 개인의 명예가 단체나 국가의 명예가 되고, 단체나 국가의 명예가 소속된 개인의 명예가 되기도 한다. 동서고금을 막론하고 위대한 정치가나 장군이나 학자들은 명예를 생명보다 아끼고 존중하였다. 이처럼 명예가 소중한 만큼 명예를 차지한다는 것은 매우 어려우며 일단 차지한 명예라도 의롭지 못한 행동을 하였을 때에는 자연히 사라지고 만다.

그리고 개인의 불미스러운 행동은 단체나 국가의 명예를 손상시키기도 하는 것이다. 군인에게 있어 명예는 돈이나 명성, 혹은 생명 등 세속적인 가치들보다 우선하는 것이다. 그래서 명예와 세속적 가치 가운데 하나를 선택해야 할 경우에 군인은 단연코 세속적 가치를 버리고 명예를 추구해야 한다. 그렇지 않고 세속적 가치를 추구할 때 그는 이미 군인다운 생명력을 상실한다.

이러한 숭고한 명예는 공명심과 구별된다. 명예욕을 탐한 나머지 공명심으로 바뀌게 되면 외적인 명성이나 탐하는 이기적인 행위로 떨어진다. 특히 군의 간부는 명예욕이나 공명심에 치우쳐서는 안된다. 그것은 진정한 명예가 아니라 자기 자신과 부대를 망치는 악덕이기 때문이다. 명예심의 구성요소는 무엇인가 그 첫째가 정의감이다.

동양인의 성인 맹자(孟子)는 삶과 죽음의 선택기준을 "살고자 하는 것도 나의 욕망이며 의로운 것을 하고자 하는 것도 나의 욕망이지만, 두 가지 일을 다 하지 못하고 한 가지밖에 할 수 없을 때에는 삶을 버리고 의를 택하겠다"라고 말하여 생명보다 의로운 것을 더욱 중요시하고 있다. 이 주장은 단적으로 의(義)의 가치를 존중한 것이다.

둘째는 단결심이다.

목숨을 걸고 투쟁하는 전쟁터에서 가장 중요한 것은 부대원의 단결이다. 분대, 소대, 중대가 중대장의 지휘하에 일사분란하게 단결된 힘을 발휘할 때 승리를 쟁취할 수 있다. 임진왜란 당시 3대첩의 하나인 행주산성 싸움도 민 · 관 · 군이 한덩어리가 되어 싸웠기 때문에 지상전에서 가장 빛나는 대첩을 획득하였다. 그리고 우리에게 잘 알려진

6일 전쟁의 승리도 이스라엘 민족의 단결이 가져온 영광이라는 것은 잘 알려진 사실이다. 이처럼 단결은 승리의 원동력이며 명예의 원천이 되는 것임을 명심해야 한다.

셋째는 희생정신이다.

군인으로서의 최고의 명예는 소속된 부대와 조국을 위해 자신을 희생하는 정신속에 내포되어 있다. 멸사 보국의 정신으로 싸우다가 장렬히 산화하신 호국의 용사들은 군인으로서의 명예를 지켰기 때문에 온 겨레가 존경을 보내는 것이다. 소크라테스는 "명예로운 죽음은 불명예스럽게 사는 것 보다 낫다"고 하였다.

군대는 명예에 살고 명예에 죽는 것을 생명처럼 생각하는 집단인 것이다. 비굴한 삶을 구하는 것이 아니라 고귀한 생명을 희생하여 값진 명예를 추구하는 것이 군인인 것이다. 군인의 길 6개 요소중 "명예"를 첫째로 꼽고 있는 것은 군인의 제일 가치가 명예임을 말하고 있는 것이다. 사람은 옳은 일을 위하여 최후를 장식할 때 불멸의 명예를 얻는다.

넷째는 올바른 사생관을 확립해야 한다.

우리는 사람이기 때문에 죽음을 두려워한다. 철학자 니이체는 "삶의 이유를 가지고 있는 자는 어떤 환경에서도 견디어 낼수 있다"라고 했다. 군인이 확실한 사생관을 갖지 못하면 비겁한 행동이 나오기가 쉽다. 이순신 장군은 "필생즉사필사즉생(筆生卽死必死卽生)이라 했다. 죽기를 각오하고 전력을 다하여 싸우면 살 것이요, 살려고 비겁하게 위험을 피하려하면 반드시 죽게 된다는 것이다.

이상으로 우리는 명예의 중요성과 구성요소는 무엇인가 살펴보았다. 명예심은 군인정신의 으뜸가는 요소로서 군인의 생명과 같은 것이다.

라. 책 임

책임이란 “각자의 맡은바 임무”를 말한다. 그리고 “맡은바 임무를 완전하고 가장 훌륭하게 해 내고야 말겠다는 마음가짐”이 책임감이다. 군인의 책임은 다음과 같은 특징이 있다.

첫째, 군인에게는 계급과 직책에 따라 명확한 책임이 부여되어 있다는 점이다. 병사들은 각기 그 직책에 따라 책임이 부여되고, 선임하사나 소대장, 중대장 등 간부는 간부로서 해야 할 책임이 부여된다.

둘째, 연대책임을 들 수 있다.

함정이 정상적으로 운항하려면 위로는 함장으로부터 아래로는 말단 수병에 이르기까지 그 책무가 서로 다른 사람들이 한 팀을 이루어 각자가 맡은 일을 차질 없이 수행해야 하는 것이다. 이때 어느 한 사람이 자기 책임을 다하지 못했을 때 그 배는 자기 역할을 다 할 수 없을 뿐만 아니라, 한 사람의 잘못으로 배에 타고 있는 전체가 같은 운명에 처하게 된다.

셋째, 군인은 자기의 책임을 다하기 위해서라면 하나뿐인 자기의 생명까지도 바쳐야 한다는 점을 특징으로 들 수 있다. 철도 건널목을 지키는 사람이 달려오는 열차에 치게 된 행인을 보고 자기의 생명이 위태로워 그 행인을 구하지 못했을 때 그에게 법적 책임을 물을 수 없다. 그러나 군인이 공격해오는 적을 보고 생명의 위험을 느껴 자기 진지를 버리고 도망친다면 그는 법적 책임을 면할 수 없게 된다. 따라서 군인은 자기의 책임을 다하기 위해 죽음까지도 무릅써야 하는 것이다. 물론 책임을 다하는데 간부의 역할이 중요함은 두말할 필요도 없을 것이다.

사람은 누구나 세상을 살아가는데 각각 그 형편과 처지에 따라서 일정한 책임이 있다. 이 책임은 타인의 간섭을 받거나 또는 타인에게 미룰 수 없고 자기 자신 스스로의 의지와 판단에 의해서 홀로 도맡아 수행해야 할 의무이다. 사람은 자기가 맡은 책임을 다하지 못하였을 때는 그 결과에 대하여 응분의 제재를 받아야 한다. 그 제재는 일차적으로 양심의 가책이며 임무수행의 잘못이 사회에 미친 결과에 대해서는 도덕적·사회적 비난과 더불어 행정적·법률적으로 구체적인 제재를 받게 되는 것이다. 이것이 바로 책임이다.

책임을 논할 때 사람들은 흔히 잘못된 결과에 대한 문책만으로 생각하기 쉬우나, 책임은 원래 결과적 책임보다는 부여된임무, 자기가 맡은 일을 최선을 다해서 수행해야 되겠다는 의무의식에 더 큰 의의와 비중이 있는 것이다. 왜냐하면 잘못되면 책임을 지고 처벌을 받으면 될 것이 아니냐 하는 생각으로 일을 한다면 일의 성취를 기대하기 어렵기 때문이다. 이러한 책임의식은 소극적이며 피상적인 것이다. 임무수행의 전 과정을 일관하는 책임이야말로 적극적이며 능동적인 책임인 것이다.

그러면 책임감이란 어떻게 해서 생기는 것인가? 보통 책임감이라고 부르는 책임의식은 인간이 자유의지를 가진 도덕적 행위의 전체라는 사실을 바탕으로 자신의 자발적 행위의 결과가 윤리적 또는 사회적으로 타인에게 좋은 영향이나 나쁜 영향을 미치게 된다는 점을 깊이 인식하는 데서 나온다. 그리고 이것은 자신의 행위가 다음에 일어날 어떤 사태를 결정짓거나 조건을 부여하는 원인이 된다는 것에 근거하고 있다.

예를 들어 당직 근무에 임하고 있는 간부가 근무수칙에 따라 빈틈없이 훌륭하게 근무를 수행할 수도 있고 남이 보이지 않으니까 혹은 적당히 근무를 해도 별다른 일이 생길 것 같지 않으니까 편안한 자세로 쉴 수도 있으나, 이러한 자신의 행위가 부대와 장병들에게 미칠 영향을 잘 알고 있기 때문에 책임의식을 갖게 되는 것이다.

결과에 대한 책임을 면하기 위해서라도 올바른 임무수행을 위한 책임 있는 행위를 하게 된다. 책임 있게 임무를 수행한다 함은 예상되는 모든 실수를 방지하기 위한 세심한 주의를 기울여야 할 것을 요구한다.

물론 도덕적으로 위법행위가 고의 또는 과실에 의한 것이었는가, 아니면 혹은 불가피한 사정에 의한 것이었느냐에 따라 문책의 정도가 다르겠지만 책임의무에 있어서는 조금도 다를 바가 없다.

오히려 사람은 고의로 잘못을 저질렀을 때에는 책임의식이 둔화되어 있거나 전혀 책임감을 느끼지 않을 수도 있다. 그러나 과실로 인한 잘못된 결과에 대하여는 법적제재 이상으로 정신적 죄책감을 강력하게 느끼게 되는데, 이것은 인간이 양심을 바탕으로 한 도덕적인 행위의 주체이기 때문이다.

책임은 양심이 명하는 바에 따라 그리고 국가, 사회가 정하는 법규에 명시된 바 또는 자신이 속한 사회조직의 상관이 명하는 바에 따라 각자에게 부여된다. 즉 인간으로서 책임을 지고 수행하도록 맡겨진 도덕적 행위는 잘못되었을 경우 개인의 자책감으로 그 책임은 끝나고 법규에 의한 개개인의 법률적 행위는 법을 위반했을 때 거기에 상응한 처벌을 받는 것으로 책임문제가 국한된다. 그러나 조직체내에서 상관의 명령ㆍ지시를 잘못 이행하는 데서 오는 책임은 자기 자신은 물론이요 명령하달자인 상관에게까지 하급자 감독불충분 등의 연대적 책임을 지도록 만든다.

그러므로 명령계통과 지휘체계를 가장 중요시하고 있는 우리 군에 있어서는 직무수행에 있어 명령에 대한 절대복종이 강력히 요구되는 것이다. 모든 군인은 기본적으로 편제상 직능에 따른 고유의 업무를 수행할 책임이 있지만, 동시에 언제라도 상관이 필요에 의해 발하는 명령과 지시를 올바르게 이행할 의무가 있다.

상관의 명령·지시 내용을 최선을 다해서 성실히 수행하였으나 그 결과 목표달성에 이르지 못하였을 때 그 명령을 내린 상관에게 책임이 있는 것이지만, 제대로 명령·지시를 따르지 않음으로써 일을 그르쳤을 때에는 당연히 행위자가 일차적으로 책임을 지게 되는 것이다.

마. 용 기

용기란 "씩씩하고 굳센 기운" 또는 "이성에 의해 인도되는 심성의 활동적 원기이며 공포를 느낄 대상과 그렇지 않을 대상에 대해 올바른 분별이 있고, 그 분별력에 준거해서 행동하려는 의지"로 정의된다. 따라서 올바른 용기란 스스로 자기 자신을 이길 수 있는 힘을 가지고 불의와 욕망을 누르며 정의감에 따라 신념대로 행동하는 힘이라고 하겠다. 이것은 죽음을 초월할 수 있는 경지에까지 이르기도 한다.

공자는 "지혜 있는 사람은 혹하지 않고, 인자한 사람은 근심과 걱정이 없고, 용기 있는 사람은 두려워하지 않는다"고 했다. 참으로 용기 있는 사람은 불의 앞에 굴복하지 않고 위험을 겁내지 않고 자신의 지성과 냉철한 판단으로 정의에 입각해서 굳건하게 밀고 나가는 진취성과 대담성을 가지고 있다.

이것이야 말로 인간이 지닌 참다운 힘의 표현이며 적극적인 삶의 태도이다. 일반적으로 용기는 참된 용기와 만용으로 구분된다. 참된 용기란 사람이 타인의 반대에 부딪치거나, 혹은 위험과 곤란에 직면

하였을 때 그것을 회피하려는 유혹 등을 극복하여 옳다고 믿는 신념에 따라 전진하는 도덕적인 자기통제력이라면, 만용은 불의의 형태로 나타나는 감정적·육체적 격렬성의 행동으로 나타나는 대담성이다. 만용의 행동은 이성이나 올바른 판단을 기대할 수 없고, 다만 무분별하고 감정에 치우친 포악성을 나타낼 뿐이다.

평소에 까닭 없이 싸우기를 좋아하는 자는 정말 생명을 걸고 싸워야 하는 전장에서는 비겁한 본성을 드러내는 것이 통상이다. 참된 용기의 소유자는 허장성세를 부려 큰 소리를 치거나 까닭 없이 다투는 것을 삼가되, 전투에 임해서는 두려워함이 없이 생사를 초월하여 자기의 임무를 수행한다.

진정한 용기는 정의의 편에 서는 반면 만용은 그렇지가 못하다. 불의와 타협하지 않고 부정의 유혹을 이겨내는 것은 바로 진정한 용기가 발휘된 때문이요, 만용은 이와 반대로 불의의 편에 서서 용기를 발휘한 때문이다.

약자와 하급자에게는 필요이상으로 권위주의적이고 강압적이면서 강자와 상급자 앞에서는 자신의 소신을 밝히지 못하는 예스 맨(Yes man)이 있다면 이는 용기 있는 간부라고 할 수 없을 것이다.

생명의 위협과 모질고 억센 강요에도 불구하고 "지구는 그래도 돌고 있다"고 진리를 밝힌 갈릴레오나 코페르니쿠스, "스스로를 돌이켜 보고 마음에 거리낌이 없을 때에는 천만인이 반대하여도 나는 나의 길을 가겠다"고 말한 맹자 같은 사람은 참용기의 표본이라고 하겠다. 따라서 용기 있는 간부는 자기가 옳다고 믿는 바는 많은 사람들이 반대하더라도 소신을 굽혀서는 안되며, 자기가 잘못했을 때에는 책임을 질수 있는 자세를 견지해야 할 것이다.

근본적으로 용기는 체력적 조건과 정신적 조건으로부터 나온다고 볼 수 있다. 체력적인 조건은 상대방에 비해 체력적으로 자신감이 있느냐 없느냐 하는 것이다. 체력 면에서 상대방보다 약하다고 생각하면 자신이 없어지기 마련이다.

정신적 조건은 우선 심리적인 면에서 자신을 갖느냐 갖지 못하는냐 하는 것인데, 우리는 흔히 위험이나 곤란한 상황에 처하게 될 때 그것으로부터 회피하려는 마음과 그것을 뚫고 나가려는 마음이 서로 갈등을 일으킨다. 이런 경우, 결단력과 인내력 그리고 확고한 신념에 근거하지 않고서는 진정한 용기있는 행위를 기대할 수 없는 것이다.

군인의 참된 용기는 전장에서 나타난다.

"국민의 국민에 의한 국민을 위한 정부"라는 유명한 링컨 대통령의 연설을 낳게 한 게티스버그전투는 남북전쟁 당시 북군지역을 공격하려는 7만5천명의 리(Robert E. Lee)장군휘하 남군과 이를 저지하려는 미드(Meed)장군이 이끄는 9만의 북군 사이에 태양이 작열하는 무더위 속에 3일동안 계속된 전투였다. 남북전쟁의 전세를 결정했던 이 게티스버그 전투에서 2만8천의 남군과 2만3천의 북군이 생명을 잃었으며, 북군의 방어선을 뚫지 못한 남군은 이 전투 후 열세를 만회하지 못하고 결국 북군에게 항복하게 된다.

이 게티스버그 전투에서 북군의 제3군단장 시클즈 소장은 그야말로 초인적인 인내와 투지 그리고 군인이 가져야 할 철저한 책임감을 보여 주었다. 사수를 결심한 그가 발휘한 영웅적인 용기는 궤멸(潰滅) 직전의 그의 부대를 희생시켜 끈질기게 공격하는 남군으로부터 진지를 고수해 내고 드디어 불리한 북군의 전세를 역전시켜 승리로 이끄는데 결정적 공헌을 하였던 것이다.……전쟁이 한창일 때 그는 말위에 올라 군도를 휘두르며 부하들에게 "진지를 사수하라"고 외치면서 격려하였다. 이때 부근에서 파열된 파편이 그의 무릎에 박히어 그는 말위에서 떨어지고 말았다.

그 동안에도 북군의 포병은 산등성이를 파도와 같이 밀려오는 남군에 대해 계속 포탄을 퍼부었다. 북군 포병의 강력한 방어 지원 포격에도 불구하고 시클즈 장군의 제3군단은 동요하기 시작하고, 그들의 지휘관 시클즈 장군이 전사했다는 유언비어가 전 부대원에게 퍼져서 그들은 전의를 상실하고 후퇴하기 시작했다.

이때 시클즈 장군은 비록 중상을 입긴 하였지만 죽지는 않았기 때문에 전투상황을 파악한 그는 들것을 가져오게 하고 그 위에 올라 몇 명의 부하들에게 들것을 전투장으로 옮기게 하여 자신의 생존한 강인한 모습을 병사들에게 보였다. 상처의 고통에도 불구하고, 그가 들것 위에서 상체를 일으켜 "우리는 한 치도 물러설 수 없다"고 외치며 격려하자, 이에 감동한 병사들은 사기를 되찾고 최후까지 진지를 방어하게 되었다.

시클즈 장군의 제3군단은 거의 괴멸되어 있었지만 그의 영웅적인 전투지휘로써 북군에 대한 남군의 집요한 공격을 격퇴하고 북군의 중앙군으로 하여금 반격케 하는 전기를 마련하였다.

전투후 격전지를 떠나 야전병원에 후송된 시클즈 장군은 중상한 다리를 절단해야만 하였다. 리 장군이 이끄는 남군은 결국 시클즈장군의 불굴의 강인성 때문에 방어선을 뚫지 못하고, 3일째 되는 날 광대한 전선에 대해 대대적인 공격을 시도했으나 거듭 실패하고 말았다. 이렇게 하여 시클즈 장군은 위기에 직면한 북군에게 승리를 안겨주었다. 그리하여 그는 게티스버그 전투에서 영웅적 행동으로 1876년 10월 30일에 명예훈장을 수여받았다.

간부가 지녀야 할 용기는 여러 가지 상황을 종합하여 최선의 것을 과감히 선택하는 결단력 있는 용기, 고통과 피로, 긴장과 압박을 이겨내려는 육체적·정신적인 인내력, 확고한 믿음과 자신감으로 매사를 처리해 나아가는 신념을 견지해야 할 것이다.

바. 공 정

공정성은 공평무사(公平無私)하고, 시종일관(始終一貫)한 지휘권 행사를 말하며 결과에 따라 상벌을 공평히 하는 것을 포함한다. 간부가 일을 처리하는데 있어 분노, 증오 등의 감정이나, 지연, 혈연, 학벌 등의 정실, 그리고 종교, 출신구분 등의 선입관이나 편견에 사로잡히게 되면 공정성을 잃기 쉽다. 특히 통솔자는 부하의 진급이나 상벌을 공정히 처리하여야 한다. 이것은 부하들의 이해와 관심에 직접적으로 관련되기 때문이다.

간부가 내리는 모든 결심은 어느 정도의 공정성을 유지하고 있는가에 대한 시금석(試金石)이 되며, 불공평하거나 편파적인 태도는 부하들의 사기를 저하시키는 중요 요인이 된다. 특히 군기에 저촉되는 일에 있어서는 일괄적이며 획일적인 처벌대신 개별적인 고려를 하여야 한다. 비슷한 상황이 있을 수는 있지만 똑 같을 수는 없듯이 사람, 환경, 상황은 경우에 따라 각각 다르기 때문이다. 물론 때에 따라서는 집단 전체에 대해 벌을 가할 수도 있다.

이런 경우에도 전체적 책임을 묻기 전에 가능한한 개별적 고려의 원칙을 잊어서는 안된다. 공평무사(公平無私)하다는 평을 듣기에는 오랜 시간이 걸린다. 한번 실수로 몇 달 걸려 간신히 만들어 놓은 공평하다는 인식을 망쳐 버리게 될 수도 있다.

공평하기 위해서는 인간행동의 원리를 이해할 수 있어야 한다. 즉 간부는 같은 조건하에서도 사람에 따라 행동방법이 달라질 수도 있다는 것을 알고 이를 규명하는 탐구적 자세로 부하 행동에 관하여 연구해야 한다.

삼국지의 읍참마속(泣斬馬謖)의 예를 보자. 제갈공명이 유비로부터 중임을 맡은 이래 노심초사 한시도 잊지 못했던 것은 중원으로 진출하여 위(魏)를 멸하고 한(漢)을 회복하는 것이었다. 공명은 유비가 죽은 후 처음으로 삼군을 거느리고 복진하여 기산(箕山) 서북족에 있는 위수(渭水)에 진을 치고 위나라 조진(曺眞)의 20만 대군을 격파해 버렸다.

당황한 위주(魏主) 조예가, 삭탈관직시켜 시골로 쫓아 버렸던 사마의(司馬懿)를 다시 기용하여 대도독을 삼자 제갈공명은 첩자를 통해 사마의가 다시 기용됐다는 말을 듣고 여러 장수들을 돌아보며 말을 했다.

“사마의가 나온다면 그는 가정을 취하려 할 것이다. 가정은 우리가 군량을 수송하는 요지이므로 이곳을 빼앗기고 보면 우리 전군이 꼼짝 못하게 될 것이다. 누가 감히 나가 가정을 지킬꼬?” 마속이 말했다. “소인이 나가 가정을 지키겠사옵니다.” 공명은 한동안 마속의 얼굴을 뚫어지게 바라보다 군사 5천을 주어 왕평(王平)과 함께 가정을 지키도록 명했다.

마속은 공명이 아들같이 사랑하는 사람이었다. 그의 형 마량(馬良)과는 같은 남양(南陽)사람이었으므로 공명은 마속을 항상 자기 곁에서 떠나지 못하게 하고 병법과 전략·전술을 가르쳤다. 마속은 가정에서 공명이 가르쳐 준대로 진을 치지 않고 산위에 진을 쳤다.

위군이 산 아래로 빙둘러 포위해 버리자 군사들은 목이 말라 제대로 한번 싸워 보지도 못하고 패하고 말았다. 가정의 패전소식이 공명의 진중에 들리자 대세가 이미 기울어졌음을 안 공명은 비상책을 강구하여 후퇴했다. 이윽고 마속이 제몸을 묶고 계하에서 공명을 보자 공명은 벽력같이 호통을 지르며 형리들을 재촉하여 마속의 목을 베게 했다.

"마속아 나를 용서해라. 진정 잘못은 나의 밝지 못함에 있거늘……" 주위 사람들이 평소 공명이 얼마나 아끼고 사랑했는지를 알고 있는지라 그를 용서해 주라고 간청하자, 공명은 냉엄하게 말했다. "그는 아까운 인재이다. 그러나 그의 죄가 더욱 크다. 지금 사정(私情)을 두어 그를 용서한다면 장차 더 큰 국가의 화를 가져올 것이니 그를 베어 대의(大義)를 밝히려는 것이다." 이윽고 마속의 목을 바치자 공명은 대성통곡을 했다. 공·사란 이런 것이다.

공정성 함양방법에는 다음과 같은 것들이 있다.

① 잘못을 범한 뒤 즉시 처벌하되, 정실에 흐르지 말고 공평성과 일관성을 유지할 것
② 잘못의 정도에 대한 처벌의 득실을 고려하여 처벌할 것
③ 인간적인 이해심을 가지고 위엄성 있게 처벌할 것
④ 편견을 갖고 있지 않은지 자신의 정신상태를 점검해 볼 것, 편견이 있다면 자신의 결심에 영향을 주지 않도록 의식적으로 노력할 것
⑤ 공정한 평판을 듣는 다른 통솔자의 사례를 분석, 연구할 것
⑥ 개인의 잘못에 대해 집단 전체를 처벌하지 말 것
⑦ 자신의 양심을 속이지 말 것
⑧ 벌만 주는 사람이라고 인식되지 말고, 때에 따라서는 칭찬도 주고 추켜올릴 수 있는 아량을 가질 것
⑨ 처벌은 순간적이며 개과천선(改過遷善)을 위해서만 필요한 것이라고 부하에게 인식시킬 것
⑩ 특정 부하만을 편애하지 말 것

이상에서 살펴본 바와 같이 간부의 행위는 물 같이 조용하고 깊어야 하며, 항상 근엄한 태도로 위엄을 유지하면서 필요에 따라 자기의 의사를 단호히 강요할 수 있어야 한다.

제4장

각국의 전통적인 군 간부상

軍隊倫理 Chapter 4

Military Ethics

각국의 전통적인 군 간부상

국민의 군대인 우리 군은 모름지기 국민 속에 그 뿌리를 깊이 내려야만 한다.

제1절 서구의 기사도(騎士道)

"명예란 옳고 그름을 구분하는 지식과 옳은 것을 단호히 지키려는 용기를 지닌 사람에게 적용된다"고 하는 것은 서구와 미국에 있어서 오늘날까지 지켜지고 있는 장교상(將校像)의 핵심이라 할 수 있다. 그리고 이는 곧 서구의 중세 기사도에서부터 유래한다.

우리가 중세의 騎士에 관해서 연상할 수 있는 것은 아마도 그들의 품위 있고 교양 있는 복장과 매너, 깨끗한 승부를 거는 용감한 결투, 그리고 귀부인에 대한 정중한 태도와 로맨틱한 사랑 등이다. 그러나 보다 깊이 살펴보면 기사도의 특징은 국왕에 대한 충성, 기독교적인 겸허와 무사적인 용기, 그리고 공정한 경기를 하고 돈에 욕심이 없는 순수한 경기자의 정신 및 부인에 대한 헌신 등을 들 수 있다.

그렇지만 기사도의 개념에 있어서 가장 핵심이 되는 것은 명예의 관념이라는 것에 우리는 주목하여야 한다. 기사는 그의 명예를 언제나 예민하게 의식하고 있으며, 특히 후기 기사도에 있어서는 명예가 무엇보다도 중요한 요소가 되었다. 이런 기사도의 핵심은 그들의 "결투법"(the code of honor : 직역하면 "명예규칙")이라 할 수 있는 규범이다.

"기사도"가 "신사도"로 호칭된 것은 영국의 전통 때문인 듯하다. 영국의 역사에서 신사란 귀족 다음 가는 계급의 무사를 지칭하고 있다. 사회적 신분이 기본적으로 상류층과 하층민으로 나뉘어진 중세에는 신사는 대략 상류층에 속하는 사람이라 할 수 있다. 그러나 14세기까지는 아직도 "신사"라는 말이 어떤 계급의 명칭으로 사용되지 않고 그저 점잖은 사람을 뜻하고 있었을 뿐이다. 그 후 신사는 하나의 계급으로 분류되다가 16세기에 와서 "젠트리"(gentry)가 공식적으로 무기를 휴대하는 뚜렷한 상류계급으로 인식되었다. "장교는 신사다" 하는 영국은 전통은 여기에서 비롯되는 것 같다.

중세 영국의 귀족주의적 제도로부터 나온 군대명예는 ① 장교는 신사다. ② 상관에 대한 충성은 개인적이다. ③ 장교는 같은 형제들이다. ④ 장교는 전통적 영광의 보존과 선양을 위해 싸운다는 것을 내용으로 한다고 쟈노비츠는 지적하고 있다.

봉건주의 하에서 장교는 귀족출신이었을 뿐만 아니라 기사도의 규칙을 지키고자 했기 때문에 신사였다. 장교는 귀족인 직속상관이나 왕족인 지휘관에게 개인적으로 충성을 했다. 인간적인 요소를 무시하는 관료주의가 형성되지 못한 당시에 충성의 서약은 어떤 직책에 대해서보다는 개인에 대한 것이었음은 당연하다.

장교들은 하나의 자치적인 우애집단에 속해 있는 형제들이고 성원들이라는 느낌이야말로 귀족적인 장교단의 기반이다. 귀족들의 이런 집단 유대감이 유럽 군대의 장교계급을 자율적인 단체로 만들고 장교들로 하여금 그들 자신의 전통과 야심과 명예의 전형에 따르게 하는데 도움을 주었다. 장교는 또한 무사로서 영광을 추구하기 위해 싸웠다. 그는 자기 가문의 무사적 전통을 알고 있었으며 동시에 그의 군복의 아름다움에 긍지와 애착을 갖고 있었다.

이상 살펴본 바와 같이 서구에 있어서 장교상의 뿌리는 기사도라 할 수 있으며, 중세의 기사는 아리스토텔레스가 말한 소위 긍지 있는 사람의 전형처럼 보인다는 점과 기사들이 소중하게 여긴 것은 명예라는 사실은 서구적 전통에서 볼 때 결코 우연이 아니다.

미국식 변형

'미국에 있어서 육군 장교의 이미지'라는 책의 저자인 로버트캠블은, 미국의 장교상이 비록 신사로서의 장교상으로부터 점점 전문직업인으로서의 장교상으로 변화하고 있지만, 기본적으로 신사라는 개념으로부터 출발했다고 주장하고 있다. 귀족을 인정하고 있지 않을 뿐만 아니라 귀족적인 전통도 없는 미국에서는 "장교는 신사다"는 군인의 명예는 성립하기 곤란하다. 그래서 미국은 서구의 전통적인 군대명예를 자신의 환경에 적합하게 변형시켜 적용하고 있으며, 그 내용은 다음과 같다.

(1) 신사적인 행동

미군은 신사라는 개념에 대해서 항상 어색하게 느껴왔다. 그렇지만 신사는 장교에 관한 최초의 공식적인 정의였다. 그리고 군법에도 장교답지 않고 신사답지 않은 행동으로 기소된 장교는 파면된다고 명시함으로써 공식적인 정의를 뒷받침했다. 그러나 신사답지 않은 행동을 정의한다는 것은 매우 곤란할 뿐만 아니라 또한 기사도의 중요성이 쇠퇴됨으로써 신사라는 개념이 흔들리기 시작했다. 이제 장교들 사이에 결투는 결코 용납되지 않고, 현대전의 엄청난 살육과 파괴로 말미암아 더 이상 기사도의 환상은 지탱될 수 없게 되었다. 따라서 미군은 오직 전쟁포로에 대한 인도적인 대우로 기사도의 영웅적인 내용을 대치하고 있을 뿐이다. 신사적인 행동의 귀족적 개념에는 사교상의 예의범절을 고수하는 이외에 돈벌이를 최고의 개인적 가치로 삼아서는 안된다는 생각이 남아 있다. 제2차 세계대전 후까지도 직업군인들은 이런 점에서 매우 자랑스럽게 뽐내고 있었다. 1985년 한 해군 대령은, 해군 장교생활의 보람을 다음과 같이 표현하고 있다. "해군 장교생활에는 결코 돈은 없을 것이다. 그러나 항상 명예와 마음의 평온과 값진 일이 있을 것이다. 그리고 이것들은 행복을 보다 잘 보증해 주는 것들이다."

(2) 개인적 충성

명예의 한 요소로서의 개인적 충성은 관료적인 조직의 성장에 적합하게 바뀌어야 한다. 문민우위를 확보하기 위해 미국의 헌법은 군으로 하여금 "헌법을 지지하고 수호"하는데 충성할 것을 맹세하도록 요구하고 있다. 정부조직법은 개인에 대한 충성을 공식적인 지위 즉 군의 최고통수권자인 대통령에게 충성하도록 해놓고 있다. 군장교의 최고 통수권자에 대한 충성은 개인에 대한 충성뿐만 아니라 하나의 공직에 대한 충성을 의미한다. 이런 개인적 충성은 군대명예가 문민우위와 모순되지 않고 양립될 수 있도록 해준다. 거대한 군대조직에 있어서 개인적 충성은 오직 최고통수권자나 군의 최고직위에 있는 사람에게만 국한되는 것은 아니다. 군인의 명예가 한때 보다 직접적인 개인적 충성을 의미한 것과 같이 현대 장교는 그가 속해 있는 부대의 지휘관에게도 이런 충성을 바치고 있다.

(3) 우애(brotherhood)

우애감과 집단에 대한 강한 충성심은 오늘날 군대명예의 중요한 측면을 이루고 있다. 군의 조직구조가 변했고 군대사회의 폐쇄성이 감퇴됨으로써 군인들 사이에 동료의식이 약화된 것은 사실이나 아직도 군대에는 우애감이 작용하고 있다. 그래서 “대의명분이 사람들로 하여금 서로 충성하게 하는 것이 아니라 사람들이 서로 충성하는 것이 대의명분을 만든다”는 견해는 군에 있어서 우애 또는 중요성을 강조한 것이다. 전문직업적 집단이나 지도적 집단은 모두 구성원간의 연대의식을 필요로 하며, 따라서 그들의 결속이 크면 클수록 어느 한계까지는 그들의 직책수행의 효율성도 높아진다. 그러나 군대에 있어서 우애감은 단순히 수단적인 것 이상으로 그 자체가 목적이 된다. 그러나 집단에 대한 충성심은 불행하게도 각 軍이나 兵科에 대한 의식을 조장함으로써 군대명예는 이들간의 라이벌 의식을 북돋운다. 군대명예는 집단의식을 창출하며 이는 곧 장교로 하여금 운동경기에 있어서 단체정신이라 할 수 있는 단체심을 갖도록 한다. 단체정신이란 개개인의 중요성을 인식하지 않기 때문에 개인의 창의성을 저해할 가능성도 있다. 그렇지만 이 정신은 명예로운 장교는 결코 부과된 전투임무를 거절하지 않는다는 군인의 신조에 기인한다. 부여된 전투임무를 거절한다는 것은 명예의 위반이며 우애감을 깨뜨리는 것일 뿐만 아니라 군법에 회부될 근거가 된다.

제2절 중국의 장수도(將帥道)

가. 병자흉기(兵者凶器)

오늘날 군인 또는 군장교에 대한 우리의 이미지는 여러 갈래로부터 형성되었다. 우선 한국고유의 것이 있기도 하겠지만, 아무래도 크게 보아 중국의 영향을 받은 것도 부인할 수 없다.

군인 또는 무사 그 가운데서도 장교에 관한 동양의 전통적인 상을 알아보기 위해서는 중국의 사상을 빼놓을 수 없다. 우선 중국 병서(兵書)의 고전이라 할 수 있는 무경칠서(武經七書, 孫武子, 子, 司馬法, 李慰公, 尉燎子, 三略, 六韜)에 나타난 군대 또는 전쟁관과 장수관을 살펴보자.

"군대는 흉기요, 전쟁은 덕을 거역하는 것이며, 장수는 수많은 사람의 생사를 관장하는 사람이다. 그러므로 전쟁은 부득이한 경우에만 하는 것이다."

이 말은 군대 또는 전쟁이란 부도덕하게 사용 또는 행사될 가능성이 높다는 우려를 표명한 것으로 부도덕한 전쟁은 살인에 불과한 것임을 뜻하고 있다. 그리고 이런 일을 하는 지휘관은 사람의 죽음을 다스리는 관리(死官)가 된다. 그래서 "무릇 군대는 잘못이 없는 나라의 성을 공격하거나 죄 없는 사람을 살해하지 않는다. 남의 부형을 살해하거나 남의 재산을 탐내 취하거나 남의 자녀를 첩으로 삼는 것 등은 다 도둑질하는 행위다."

인(仁)을 기본적인 가치로 삼고 있는 유교적인 문화권에서 군대, 전쟁 또는 장수의 도덕적인 기반은 그리 튼튼하다고 할 수는 없다. 왜냐하면 힘과 폭력은 인(仁)을 거역하는 것으로 생각되었기 때문이다. 그렇지만 "국민의 생사와 국가의 존망이 달려 있는 전쟁"이야말로 나라의 중대한 일이기 때문에 장수의 존재는 무시할 수 없음을 인식하고 있었다고 할 수 있다. 그래서 "장수는 나라에 대해서 마치 수레바퀴의 덧방나무(輔)와 같은 중대한 기능을 한다. 보좌가 완전하면 국가는 반드시 강하고 보좌가 긴밀하지 못하면 국가는 반드시 약해진다."고 하여 국가가 강해지고 안정을 이루기 위해서는 반드시 유능한 장수의 확보를 강조하고 있다.

나. 지·신·인·용·엄(智信仁勇嚴)

<무경칠서>에는 장수에 관한 많은 논의가 있으며 주장하는 사람에 따라 그 내용에 다소 차이가 있기는 하지만 근본은 손자의 가르침에 따르고 있는 듯하다. 손자는 "장수는 지 · 신 · 인 · 용 · 엄(智信仁勇嚴)을 갖춘 사람이어야 한다."고 말하고 있다.

이는 우리 육군의 통솔법 교범에 열거되어 있는 통솔자의 특성인 지력, 용기, 신의, 인애, 엄정, 강인성(智力, 勇氣, 信義, 仁愛, 嚴正, 强靭性)과 대체로 일치하는 덕목들이다. <통솔법>교범에는 "강인성"을 "통솔자의 모든 특성과 활동을 활성화하여 실천케 하는 막강한 추진력"이라고 한 점에 비추어 볼 때 "강인성"은 다름 아닌 "용기"의 다른 이름에 불과하다. 김홍일 장군도 역시 군인정신의 다섯 가지 요소로 지 · 신 · 인 · 용 · 엄(智信仁勇嚴)을 들고 있다.

<육도>에서는 장수의 자질을 용 · 지 · 인 · 신 · 충(勇智仁信忠)이

라 하여 손자의 그것과 약간 다르게 하고 있다. 여기에서는 덕목의 순서를 약간 달리하고 위엄대신 충성을 강조하고 있다. <육도>의 장수론을 보다 자세히 살펴보면 아래와 같다. 무왕이 태공에게 물었다. "장수를 논하는 길은 어떠합니까?" 태공이 대답하였다. "장수에게는 다섯 가지 재간과 열가지 허물(五材十過)이 있습니다." 이른바 다섯 가지 재간이라 하는 것은 용(勇)과 지(智)와 인(仁)과 신(信)과 충(忠)입니다. 용맹스러우면 적을 두려워하지 않고 나가 싸우며 어려움을 피하지 않습니다. 그러므로 적은 이를 범할 수가 없습니다. 지혜로운 자는 모든 일에 재치 있게 응하여 자기 실력을 충분히 발휘하며, 사리에 분명하여 판단력이 강하므로 적이 감히 손을 쓰지 못하고 따라서 적이 감히 어지럽힐 수가 없는 것입니다. 인덕 있는 사람은 널리 사람을 사랑하며 은혜를 베푸는 까닭에 만백성이 따르게 됩니다. 신의가 있으면 약속을 어기지 않으며 부하들은 그를 믿게 되며 자연히 속이거나 하는 일은 없어집니다. 충성된 자는 언제나 두 마음이 없는 것이며 오로지 한 임금만을 섬기게 됩니다.

이른바 열 가지 허물이란 용감하나 죽음을 가벼이 하는 것, 성급하여 속단하는 것, 어질어 인정에 견디지 못하는 것, 지혜로우나 겁이 있는 것, 신의 있으나 사람을 쉽게 믿는 것, 청렴결백하나 사람을 사랑하지 않는 것, 지능이 있으나 나태한 것, 굳세고 씩씩하나 자기 고집을 쓰는 것, 나약하여 남에게 즐겨 맡기는 것입니다.

열 가지 허물 가운데는 탐욕, 나약 등과 같이 그 자체로 허물이 되는 것도 있지만, 대부분은 어느 한 가지 덕이 여타의 덕을 결여할 때 발생한다고 하겠다. 가령 인애의 정신이 없는 용기는 목숨을 가볍게 보아 사람을 마구 해치기 쉽게 되며, 지혜는 있으나 용기가 없으면 무능한 장수가 된다. 지혜가 없는 신속함은 실책을 범하기 쉽고 인애는 있으나 정의감이 없으면 마땅히 처벌해야 할 자를 처벌하지 못하게 되며 청렴결백하나, 인애가 없으면 부하들이 따르지 않게 된다. 마찬가지로 지혜가 없는 신의는 남에게 속기 쉽다.

손자는 포함시켰으나 육도에는 빠져 있는 엄(嚴)의 덕목에 대해서 알아보자. 위료자(慰燎子)에서 엄의 중요성을 강조하여, "병사들이 장수를 적보다 두려워하면 승리하고, 적을 장수보다 더 두려워하면 패한다"고 말하고 있다. 왜냐하면 장수에게 위엄이 없으면 사졸들이 그의 명령을 따르려 하지 않기 때문에 군대는 오합지졸이 되고 그런 군대는 전쟁에서 패할 것이기 때문이다. 장수의 이런 엄(嚴)은 당연히 신상필벌을 필요로 하게 된다. 그래서 "장수는 높은 사람을 벌줌으로 위엄케 하고 낮은 사람을 상 줌으로써 밝게 하며, 처벌을 철저히 함으로써 금지하고 명령이 행해지도록 합니다. 그러므로 한 사람을 처벌해서 3군(三軍)이 떨 자는 이를 처벌하고 한 사람을 상주어서 만 사람이 기쁠 자는 이를 상 줍니다. 처벌은 큼을 귀히 여기고 상은 작음을 귀히 여깁니다. 처벌이 당국의 요직에 있는 신하에게까지 미치면 이는 형벌이 위로 다하는 것이다. 상이 소치는 아이, 말 씻는 하인, 말을 맡아 기르는 무리에게까지 미치면 이는 상이 아래로 통하는 것입니다. 형벌이 위로 다하고 상이 아래로 통하면 이는 장수의 위엄이 행해지는 것입니다."

장수가 상벌을 내림에 있어서 지켜야 할 준칙은 공평(公平) 즉 공정(公正)이라 할 수 있다. 공정하지 못한 상벌은 도리어 부하들의 사기를 저하시키고 부대의 단결을 해칠 뿐만 아니라 지휘관에 대한 불신을 자초하고 결국 지휘관의 위신이 땅에 떨어지게 된다. 그래서 장수는 공평해야 한다. "장수가 공평할 때 사졸들은 모두 마음으로 복종하게 됩니다."

<무경칠서>에는 이상과 같은 장수가 갖추어야 할 덕성들 이외에도 청렴, 수간(受諫, 충고를 받아들이는 것), 납인(納人, 사람을 받들

어 쓸 것), 채언(採言, 옳은 말을 채택하는 것) 등과 무사(無私)가 강조되기도 하고, “남들이 자기를 위해 목숨을 던지기를 요구하는 마당에서 자기의 존귀함을 내세워서는 안된다”는 말과 같이 겸손이 권장된다. 또한 지휘의 요체로 인화의 중요성을 들어 “天時는 地利만 못하고 地利는 人和만 못하다”는 맹자의 말을 위 자료는 인용하고 있으며, 장수가 부하들과 동고동락할 것을 그는 다음과 같이 주장하고 있다. “부지런하고 노고를 함께 나눈다. 더울 때도 수레에 차양을 달지 않고 추울 때도 옷을 더 껴입지 않으며 험한 길에서는 반드시 수레에 내려 걸어가고 병사들이 먹을 우물을 파고 나서 장수가 물을 마시며 全軍의 식사 준비가 다 되고 나서 음식을 먹고 전군이 야영할 준비가 된 다음에 숙사에 든다. 병사들과 고락을 함께 나눌 수 있는 장수의 부하들만은 출병한지 오랜 시일이 경과할지라도 그 군대는 조금도 약해지거나 사기가 죽지 않는다.” 중국군의 경력을 가진 바 있는 김홍일 장군도 이런 정신을 강조하여, “평소에 고락을 함께 하지 않은 부하는 전장에서 생사를 같이할 수 없다”고 말하고 있다.

다. 지인용(智仁勇)

지인용은 <손자병법>이나 <육도>의 장수의 자질들 가운데 그 핵심적인 것을 골라낸 것처럼 보이나 그렇지 않다. <中庸>에서 지인용은 삼달덕(三達德)으로 지칭되고 있으며, 논어(論語)에는 지(智)와 인(仁)과 용(勇)에 관한 논의가 많은 것을 보면 지인용은 이상적인 인간(혹은 교양인)이라 할 수 있는 군자(君子)가 갖추어야 할 덕성이라고 할 수 있다.

<중용>에 이르기를 “사람이 마땅히 지켜 행하여야 할 도덕이 다

섯 가지가 있는데 그것을 행하게 하는 것은 셋이다. 곧 군신(君臣)과 부자(父子)와 부부(夫婦)와 형제(兄弟)와 친구의 사귀는 것 다섯 가지는 천하의 달도(達道)이고, 지인용 세 가지는 달덕(達德)이나 그것을 행하게 하는 것은 하나이다."

도덕적 행위는 도덕적 인격에서 우러나는 것이다. 그래서 지인용이라는 덕을 갖추고 있는 사람만이 능히 오륜을 행할 수 있는 것이다. 인간은 지인용을 수행의 목표로 삼고 오륜을 행위와 실천의 목표로 삼아야 한다. <논어>에는 "지혜로운 자는 미혹되지 않고, 어진 자는 걱정하지 않고, 용감한 자는 두려워하지 않는다"(知者不惑 仁者不憂 勇者不)라고 하여 지(知)는 정확한 인식과 예리한 판단, 그리고 인생과 우주의 이치를 깨닫고 시비를 따지는 지성적 능력이기 때문에 이를 갖춘 자라면 어찌 우매한 짓을 하겠는가. 무지로 인하여 잘못을 저지름을 생각할 때 지혜 또는 지식은 군자의 필수적인 덕이다. 인(仁)은 인류애, 자애, 또는 만일에 대한 박애다. 인은 사람을 사랑하는 것이다. 세상 사람들에게 사랑을 배품으로써 즐거움을 느끼는 인자는 따라서 사사로운 욕심이 없게 된다. 그래서 그는 항상 무엇을 애써 얻으려고 하거나 구하는 것을 얻지 못할 때 생기는 근심이나 걱정이 없게 된다. 그는 항상 즐거운 마음으로 살아갈 수 있다. 용은 생각하는 바를 행하게 하는 정신적인 힘이다. 그래서 용기 있는 자는 행동을 가로막는 장애에 좌절하지 않고 행동에 따를지 모를 모험에 겁을 먹지 않는다. 용기는 다른 덕과 짝을 해야 한다. 왜냐하면 "군자로서 용맹하기만 하고 정의롭지 못하면 도둑질을 하게 된다." 정의감이 없이 발휘되는 용기는 난폭한 행동을 자초한다. 그런데 이 정의감은 어떻게 가능한가? 정의감이란 시비선악을 가릴 지혜를 필요로 한다. 또한 지혜는 있으나 용기가 없으면 실천력이 없게 된다.

그래서 공자는 "정의를 보고나서 실천하지 않는 것은 용기가 없는 것이다."(見義不爲 無勇也)라고 말하고 있다. 또 <논어>에는 "맨주먹으로 범을 치고 맨발로 강을 건너며 죽어서도 뉘우치지 않는 자와는 같이하지 않겠다. 반드시 일을 앞에 두었을 때 겁낼 줄 알고 충분히 계책을 세우고 신중히 다루어 성취시키는 사람과 같이 하겠다"고 한 것은 과감한 실천을 신중한 사려가 선행해야 함을 강조하고 있다.

<무경칠서>와 <논어>를 통해서 우리는 한 가지 중대한 사실을 발견하게 된다. 그것은 <무경칠서>에서 논하고 있는 이상적인 장수의 상과 <논어>에서 논하고 있는 이상적인 인간의 상이 거의 일치하고 있다는 점이다. <무경칠서>의 장수는 <논어>의 군자에 불과하며 <논어>의 군자는 <무경칠서>의 장수라 할 수 있을 정도로 그들의 인격적 특질은 유사한 점이 많다.

공자는 "군자가 무게가 없으면 위엄이 없다"(君子不則不威)라고 하고, "사람이면서 신의가 없으면 그의 쓸모를 알 수 없다"(人而無信不知可也)라고 하고 "위에 있으면서 관대하지 못한 사람은 쓸모가 없다." "위정자 자신이 올바르지 못하면 미록 호령을 해도 따르지 않는다." "이득을 보면 정의를 생각하고 위태로움을 보면 생명을 바칠 줄 알고 오랜 약속일지라도 전날의 자기 말을 잊지 않고 실천한다면 역시 인간완성이라고 할 수 있다." "군자는 배불리 먹기를 구하지 않고 안락하게 기거할 것을 구하지 않는다." <논어> 이상과 같은 군자의 덕은 <무경칠서>에 나오는 장수의 덕성과 거의 일치한다. 그렇다면 장수가 군자의 덕을 갖추어야 할 이유는 무엇인가? 장수는 왜 문무(文武)를 겸해야 하는가?

<무경칠서>에는 "대개 문과 무를 모두 갖춘 사람은 군의 장수요, 굳셈과 부드러움을 겸하는 것이 전쟁의 일이다"고 하여 장수는 문무를 겸비해야 한다고 주장하고 있으며, 그것은 "문덕(文德)은 사졸들을 가까이 따르게 하고 무위(武威)는 적에게 두려움을 준다"는 이유

때문이다. 그러니까 장수는 부하를 지휘함에 있어서는 지도자적인 인격과 교양을 갖추어야 하고 적과 싸울 때에는 완강하고 굽힐 줄 모르는 위력을 발휘해야 한다. 더욱이 흉기를 관리하는 군의 장수가 도덕적인 결함이 있어서는 안 된다. 그래서 "군대는 흉기다"라는 중국인의 군대관은 장수의 인격적 성숙을 강조하는 가치관으로 균형이 이루어지는 것이다.

장교는 어느 나라 어느 시대에나 그 사회의 지도적 지위에 있다. 그래서 사회는 장교에게 그 사회가 신봉하고 있는 가치관과 이데올로기를 따르고 지킬 것을 요구한다. 동양의 전통적 장수상은 바로 유교적 가치관의 산물이라 할 수 있으며 지 · 인 · 용(智仁勇)은 바로 이런 유교적인 가치관에 바탕을 둔 지도자(군의 지도자든 사회의 지도자든 상관없이)의 기본적인 덕성이라 할 수 있다. 지인용에서 우리는 문무의 만남을 이룰 수 있으며 훌륭한 인간만이 훌륭한 장교가 될 수 있다는 확신을 갖게 해 준다. 이상에서 중국의 장수도를 살펴보았는데, 유교적인 가치관에 바탕을 둔 전통적인 장수상에도 많은 문제점이 있고 우리가 이를 잘못 받아들인 점도 없지 않다. 그 가운데 몇 가지 만을 고찰해 보자.

① 동양의 장수상에서는 위엄이 매우 강조되고 있다. "군자는 무게가 없으면 위엄이 없다"는 말은 "장수는 무게가 없으면 위엄이 없다"는 말로 통할 수 있다. 위신과 엄격함을 뜻하는 장교의 위엄은 자칫 민주군대에서 요구되는 장교와 병사간 또는 상관과 부하간의 친밀한 관계를 유지함에 있어서 방해가 되며 이들 간의 이질성을 심화시키기 쉽다. 그리고 공연한 위엄을 나타내기 위하여 장교들의 권위주의적 태도를 조장하기 쉽다. 중국의 병서에서 위엄과 仁이 동시에 강조되는 이유도 위엄의 폐단을 방지하기 위한 것이라고 할 수 있다. 위엄은 따라서 현대적인 리이

더의 특성에 맞도록 다시 해석되어야 한다.

② "백성들은 좇아 따르게 할 것이로되 알려 줄 것이 아니다"(民可由之 不可使知之)라는 논어의 말은 "부하에게 알려 주어라"라는 현대 통솔법의 기본원칙에 어긋난다. 유교적인 가치관은 대인(大人 즉 군자)과 소인(小人)을 지나치게 구분해 놓고 소인은 어리석고 못난 사람들이기 때문에 무조건 대인을 따라야 한다는 것이다. 이런 사고방식은 자연히 상관이 부하에게 일을 시킴에 있어서 그 일을 해야 하는 이유라던지 그 일에 관련이 있는 여러 가지 사정을 설명해 줌으로써 설득을 통해 지휘하기보다는 일방적 지시와 무조건 복종이라는 지휘의 유형을 낳기 쉽다.

③ 덕장에 대한 잘못된 인식이다. 우리 군에게 "덕장"이라 함은 종종 세밀히 따지지 않고, 부하의 잘못에 대해서도 관대하고, 성품이 온화하여 화를 내지 않고, "무난한" 사람을 가리킨다. 이런 덕장의 개념은 매사에 빈틈없이 따지고 부하의 잘잘못을 분명히 가리고 업무를 일일이 확인하고 열심히 뛰는 지휘관을 "째째하다"느니 "체신이 없다"느니 "인덕이 없다"느니 하여 매도하는 기풍을 낳았다. 이는 중국의 전통적인 덕장의 본래적인 의미에서 많이 이탈된 것 같다.

④ "여자와 소인은 다루기가 곤란하다. 가까이 하면 불손하고 멀리하면 원망한다." 공자의 말은 병사를 소인(졸병)으로 보는 폐습과 "병사들은 귀여워하면 기어오른다"고 하는 기풍을 낳게까지 했다. "국민이 곧 군인"인 현대국가에 있어서 장교와 병사간에는 직무상의 차이는 있으나 봉건제도하에서와 같은 사회적인 신분의 차이는 없다. 그래서 존중되어야 하고 친히 대해져야 한다.

⑤ 文은 약하고 武는 강하다는 고정관념이다. 그래서 "文弱"이라는 말은 군인이 일반학자나 또는 학문에 관심을 두거나 이에 종사

하는 동료군인을 비난할 때 자주 사용되어 오고 있다. "문약하다"는 말로 군인들이 문인을 비난하는 것은 적절하지 못하다. 왜냐하면 "文"이라는 비물리적인 대상을 약(弱)이라는 물리적인 용어로 수식하는 것은 마치 "사랑은 둥글다"는 말과 같이 적절하지 못하기 때문이다. 다만, 어떤 비유적인 의미는 가질지 모른다.

문과 무는 본래가 불가분의 관계에 있을 뿐만 아니라 군사분야에 있어서조차 전문적인 지식이 요구되는 현대사회에 있어서 군인이 학문을 연마하는 것은 너무나도 당연한 일임에도 불구하고 이를 경시하거나 비난하는 풍조는 군의 발전을 위해서 결코 바람직한 것이 아니다.

⑥ 오늘날 우리 군의 장교상을 살펴볼 때 아직도 유교적인 전통에서 벗어나지 못하고 있음을 알 수 있다. 분명히 우리나라가 추구하고 있는 이념은 민주주의다. 따라서 오늘날 우리 장교단은 민주주의적인 가치관을 받아들이고 이를 지휘통솔에서 실천해야 한다. 장교상은 그 사회가 추구하고 있는 가치관과 이데올로기를 반영해야 한다. 조선시대 장수의 충성이 임금에 대한 것이라면 오늘날 장교의 충성은 국가와 민족에 대한 것이 되는 것도 이데올로기 또는 이를 반영하는 정치적 제도의 변화에 따른 필연적인 결과인 것이다. 그래서 우리에게는 유교적 전통에 젖은 전통적인 장수상을 오늘날 우리가 처한 상황에 적합하게 해석하고 적용해야 할 과제가 남은 것이다.

제3절 일본의 무사도(武士道)

가. 사무라이와 무사도

일본인의 모습과 일본의 군인상을 이해하는데 빼놓을 수 없는 것은 “사무라이”다. “무사도”는 사무라이 즉 무사가 지켜야 할 정신적 덕목임과 동시에 오랫동안 일본인들이 지향하던 인간수련의 목표로 여겨졌기 때문이다. 사무라이는 12세기 중반 바쿠후(幕府)의 성립으로부터 19세기까지 지속된 무인정권의 산물이다. 따라서 일본의 무사도는 일본 특유의 역사 속에서 이해되어야 한다. 가령 무사도의 대표적인 덕목이라 할 수 있는 부하의 상관에 대한 헌신적인 충성은 바쿠후의 우두머리인 장군과 무사단의 우두머리격인 가신(家臣)간의 주종관계 속에서 형성된 것이다. 무사들이 자기들의 “오야봉”에 대해서 바치는 서비스는 싸움이었기 때문에 그들은 평시에 있어서의 무예의 수련과 전시에 있어서의 용감성이 중요시된 것이다.

즉 무사도의 핵심은 충성과 무용이었다. 주종관계를 유지할 덕목으로서의 충성의 본질은 王君의 恩과 보호에 대한 대가였는데, 그 관계는 법적 혹은 계약적이 아닌 윤리적인 것이다. 대가를 바라는 이런 충은 개인의 이해관계와 상충할 때 파기되는 경우가 적지 않다.

“생명보다 이름을 중요시하는 것이 무사의 길이다.” 무사들이 자신과 조상의 명예를 보호하는 방법으로 행한 절복(切腹, 셋뿌구, 배가르기)는 일본의 무사단에 자주 나오는데 이는 이미 12세기말에 관습화 되었다.

"약속을 중히 여기고 의(義)를 위해서는 움직일지언정 이(利)를 위해서는 움직이지 않는 것이 무사의 정신이다." "무사의 말 한마디는 돌보다도 무겁다." "의를 보고 행하지 않음을 용감하지 않은 것이다." "무사는 비겁한 행동을 가장 수치스러운 것으로 생각했다. 비록 적이라 할지라도 곤경에 처해 있으면 도와주었으며, 전쟁과 관계없이 적을 괴롭히는 것은 용감하다고 생각하지 않았다." "무사들은 질박을 존중하고 사치를 멸시하도록 되어 있었다." 이런 말들은 다 <논어>와 <무경칠서>를 연상시키기에 족하다.

다만, 무사도의 한가지 특징이 있다면 그것은 무사도 선불교(禪佛教)와 손을 잡고 특유의 사생관과 에토스를 형성한 것이다. 실존주의 철학자인 야스퍼스는 일본의 사무라이와 같이 무사가 영웅적인 죽음을 맞이할 수 있었던 것은 생사에 대한 집착을 끊음으로써 가능하다고 보았는데, 그것은 선불교의 영향이라고 했다. "사무라이들은 마치 행동하지 않는 듯이 적극적으로 행동한다. 그들은 현재에 살면서도 현재에 살지 않았다. 삶과 죽음이 그들을 건드릴 수 없었다. 그들은 삶과 죽음을 무관심으로 맞았다." 도쿠가와 바쿠후 시대에는 주자학이 관학이 되고 그 교설이 보급되면서 무사들의 생활윤리에도 영향을 주어 오륜(五倫)이 강조되었다. 忠은 이제 봉건질서를 관통하고 있는 기본적인 주종관계를 무사와 주군간의 관계뿐만 아니라 본가와 별가, 상점의 주인과 고용인, 농촌의 지주와 소작 사이의 관계까지도 지배하는 규범이 되었다.

무사들의 주군에의 충의 실천은 일종의 의무의 수행이었다. 가족주군 사회에 대한 의무감은 그의 사회적 신분과 특권을 유지하는데 필수적인 것으로 생각되었다. 이러한 의무감을 의리(義理)라고 하는데 그것은 윗사람 또는 (자기의 특권적 존재를 보지 배양해 주는) 사회로부터 받은 은(恩)에 보답하는 것을 포함하고, 자신의 명예를 유지해야 할 의무도 포함한다. 이렇듯 사회는 개인에 대하여 강한 압박을 가하는 존재였다. 이 의무감은 자기훈련을 통해 인위적으로 형성되기 때문에 행동력의 근원으로서 한계가 있다.

그 의무를 다하기 위해 힘을 다하지만 일단 그것이 불가능해지면 스스로의 사회적 의식을 마비시킴으로써 쉽게 그 의무감의 압박으로부터 해방되는 파괴적 결과를 수반하기도 하는 것이다. 도꾸가와 시대의 문학이 즐겨 사용한 테마가 의리와 인정(사랑)의 갈등인데 그 결말은 대체로 정사(情死)나 혹은 자기의 사회적 존재의 완전 포기로 끝나는 경우가 많았던 것이다. 결론적으로 말해서 일본의 무사도는 선불교와 유교적 이데올로기, 그리고 일본 특유의 봉건질서가 혼합되어 형성 또는 보완되었다고 할 수 있다.

나. 명치유신과 신 무사도

도꾸가와 시대까지 무사는 농・공・상(農工商)보다도 월등한 사회적 지위를 누렸으며, 무사의 신분은 세습되었고 姓을 칭하고 칼을 꽂고 다니는 등 특권을 갖는 하나의 계급을 형성할 수 있었다. 그래서 이런 무사들이 지향해야 할 도덕이 바로 무사도라고 할 수 있다. 메이지(明治)유신을 계기로 하여 우선 무사의 특권이 폐지되고 다음으로 징병령이 실시됨으로써 전쟁은 이제 무사의 특권이 아니라 평민의 의무가 되었다. 그러나 이렇게 메이지(明治) 이후 제도상으로는 무사계급이 없어졌을지라도 오랫동안 전승되어온 무사도 정신은 쉽게 사라지지 않았다. 그 결과 "무사도 정신"은 새로 생긴 "군인정신"이라는 이름으로 계승 발전되었다. 무사도에 근본을 둔 군인정신은 1872년(메이지 5년)징병령 제정에 따른 칙어와 10년 후에 육해군에 내린 칙유에 명시되어 있는 바 그 덕목은 다음과 같이 다섯 가지로 되어 있다.

① 군인은 충절을 다함을 본분으로 해야 한다.

② 군인은 예의바른 행동을 해야 한다.

③ 군인은 무용을 숭상해야 한다.

④ 군인은 신의를 지켜야 한다.

⑤ 군인은 검소하여야 한다.

이상과 같이 메이지 이후의 군인정신은 칙유의 가르침을 기초로 하여 발달하였으며, 이는 곧 충성·무용·염치·신실(信實)·예의 등 전통적인 무사도의 여러덕목을 근간으로 하여 이루어졌다고 말할 수 있다.

1889 <장교단 교육훈련>에서는 다시 군인정신을 보다 구체적으로 규정하고 있으며 그 내용은 다음과 같다.

군인정신이란 무엇인가? 충성이며, 무용이며, 신의이며, 의무를 지키는 것이며, 검소를 그 바탕으로 하고, 예의를 바르게 하며, 군기를 엄수하는 것이다. 군인정신을 견지할 때 심신의 피로를 극복할 수 있으며, 적탄에 대해서는 견디어 내는 행동을 할 수 있다. 모든 임무에 임해서는 전력을 다하여 이것을 완수하고 생명을 바치며 의무를 다하게 되는데, 이것 또한 강한 군인정신의 소산이라 할 수 있다. 대체로 그 책임을 다하기 위해서는 어떠한 고통과 고난도 이를 감수하여야 한다. 이와 같은 군인정신은 1941년 전진훈(戰陣訓) 특공대의 정신은 바로 "신의는 산보다도 무겁고 죽음은 기러기 털보다도 가볍게 생각하라"는 군인칙유와 "생사를 초월하여 임무의 완수에 매진해야 한다. 심신 모든 힘을 쏟아 대의에 영원히 사는 것을 즐거움으로 알아야 한다"는 전진훈의 가르침을 따른 것이라고 말하지 않을 수없다.

다. 흔들리는 무사도

제2차 세계대전에서 처절하게 패한 사무라이들의 후예들은 새롭게 전개된 환경에 맞게 군인들의 정신적 자세를 정립하였다. 이들에게는 구 일본군에서 볼 수 있었던 개인과 국가의 일체화, 개인의 천황에 대한 절대복종이라는 정신은 찾아 볼 수 없다. 그 대신 민주주의를 기초로 하는 기본적 인권과 개인의 자유를 존중하는 정신이 고려되고 있다. 1961년 선포된 <자유관의 마음가짐>에 나타난 새로운 일본의 군인상은 다음과 같다.

자위관 정신의 기반이 되는 것은 국민정신이다. 특히 자기 향상을 도모하고 국민을 사랑하며, 민족과 국가를 사랑하는 마음은 올바른 민족애, 조국애로서 자위관정신의 기초를 이루는 것이다. 우리는 자위관의 본분을 생각하여 정치적 활동에 관여하지 않고 자위관으로서의 명예로운 사명에 비추어 높은 자부심을 가지며, 항상 훈련에 힘쓰고 수양을 게을리하지 않으며, 직무에 임해서는 몸을 바쳐 직책을 완수할 각오를 해야 한다.

○ 사명의 자각: 조상으로부터 물려받은 국토를 충실히 발전시켜 다음 세대에 전하며, 외부의 침략으로부터 국민과 국토를 방어하고 자유와 책임 위에 이루어지는 국민생활의 평화와 질서를 유지하는 것이 자위관의 사명이다.

○ 개인의 발전: 적극적이고 편견 없는 훌륭한 사회인으로서 인격의 도야에 힘쓰고 올바른 판단력을 기르며, 지성, 솔선수범, 신뢰성 및 체력 등 모든 요소에 있어서 폭넓게 조화된 개성을 신장시켜야 한다.

○ 책임의 수행: 용기와 인내로써 명 받은 책임을 다하여 임무를 수행하며 동료간에는 서로 사랑으로써 단결하고 봉사하는 마음으로 직무를 수행해야 한다.
○ 규율의 엄수: 규율을 부대의 생명으로 알고 법령의 준수와 명령에 대한 복종을 성실·엄정히 수행해야 하며, 명령은 적절히 내림과 동시에 자각에 의한 적극적인 복종의 습성을 키워야 한다.
○ 단결의 강화: 탁월한 통솔과 인정미 넘치는 결합 속에 고난과 시련에 강한 집단으로서의 확신을 배양함으로써 육·해·공이 마음을 하나로 하여 정강(精强)에 노력하고 조국과 민족의 존립을 위해 전력을 다해 임무에 임해야 한다.

위와 같은 자위관의 마음가짐에는 더 이상 "천황을 위해 죽는 길이 영원히 사는 길이다"라고 하여 옥쇄라는 이름으로 죽어 간 구일본군의 모습이나 "세계지도를 보면서 천황의 방패의 선구가 되어 적을 발견하면 필살의 투혼을 불태우며 싸우는 자신을 더 없는 환희와 영광으로 생각합니다"라는 유서를 남기고 적진에 뛰어든 가미가제의 모습은 찾아보기 힘들 것이다.

"忠君 卽 愛國, 愛國 卽 忠君"은 더 이상 일본군의 이데올로기가 될 수 없다. 국토와 국민을 위한 길이 애국의 길이며, "절대복종"은 "명령의 적절한 하달"과 "자각에 의한 복종"으로 대치되었다. 천황친솔(天皇親率)의 신화는 사라지고 지휘관의 통솔력과 인간적 유대가 강조되고 있으며 집단속의 개인의 중요성과 직책에 대한 충성을 무엇보다도 강조하고 정치적 활동에 관여하는 것을 금지하고 있는 것 등이 특징이라 하겠다. 이렇게 새로 정립된 자위관의 정신은 구 일본군이 이룩한 군인정신의 전통을 계승했다고는 하지만 본질적으로 그 성격을 달리하고 있다 하겠다. 이상에서 일본의 무사도를 살펴보았는데 구 일본군의 통솔방식이 우리 군에도 상당한 영향을 미친 바 있기 때문에 우리는 구일본군의 군인상에 관한 정확한 인식과 객관적인 평가를 해야 할 것이다. 그 긍정적인 면은 생략하고 그 부정적인 측면만을 주로 고찰해 보고자 한다.

첫째, 일본군의 정신력에 대한 과신이다. 정신력을 지나치게 강조하게 되면 그 결과 꼭 필요한 유형전력의 가치를 과소평가하거나 무시하는 과오를 저지르게 된다. 정신력이 군전력의 필수적인 요소임에도 틀림이 없다. 무형전력은 지휘관의 용병술과 지휘통솔력, 사격술 등 전기전술의 숙달 등도 포함해야 하는데 이 가운데 한 요소가 정신력이라 할 수 있다. “정신적 원자탄”이 “물질적 원자탄”을 대신할 수 없다. 가미가제의 특공 정신도 미군의 일본 본토상륙에 전원 옥쇄의 각오로 대비한 전군특공의 정신도 두 발의 원자탄 앞에는 무릎을 꿇고 말았지 않는가? 일본군은 그들의 대화혼(大和魂)만을 생각했을 뿐 미군에게도 그 독자적인 정신력이 있음을 무시한 것도 지적될 수 있다.

둘째, 복종을 그토록 강조한 일본의 무사에도 불구하고 역사상 많은 하극상 사건이 발생했다는 점과 변절을 그토록 증오한 무사도 정신에도 불구하고 적에 포로가 되었을 때 어느 나라 군대 못지않게 적에게 협조하고 동료를 배신하는 행위를 자행했다는 일본군의 이중적 성격을 들 수 있다. “부하의 일시적 실수를 관대하게 대해야 한다”고 하면서도 “사소한 과실에 이를 너그럽게 처리해 주면 안된다”는 그들의 상반된 규범을 우리는 어떻게 이해해야 하는가?

셋째, 복장과 경례 등 외형적인 군기를 지나치게 강조한 점이다. “복장은 병사가 군기를 관습화 하도록 하기 위한 방법 중에서 가장 최선의 수단임을 고려하여 이를 소홀히 하지 말고 병사를 감독하지 않으면 안된다. 그러므로 복장의 단정 여부는 바로 부대의 명성을 평가하는 하나의 기준이 될 수 있는 것이다. 경례 또한 이와 같다"는 훈령(1889)은 일본군의 전통이 되어 왔으며 이는 우리군에도 상당한 영향을 끼쳐왔다고 할 수 있다.

넷째, "군인의 언어는 절도 있고 단정하여야 한다"는 구일본군의 규범은 명확한 의사표시와 고함을 혼동하게 하고 있으며, 딱딱한 동작을 정중한 동작으로 오인시키고 있다. 이는 군의 경직된 분위기를 조성할 뿐만 아니라 불필요한 일에 신경을 쓰게 만들며 일반 국민에게 친근감을 주지 못하게 할 우려가 있다.

다섯째, 복종의 지나친 강조는 "절대복종" 또는 "무조건 복종"으로 인식됨으로써 부하의 자발성과 창의성을 말살하고, 특히 불의의 사태를 당하여 어떻게 행동을 취해야 할지를 모르게 할 우려가 있다. 그래서 구일본군에서도 이런 점을 인식해서 독일의 교리를 활용한 "독단활용"을 채택한 바 있다.

여섯째, 지나친 서열의식과 배타적인 동료의식, 신참자와 고참자간의 지나치게 엄격한 질서의식은 고참자의 신참자에 대한 횡포를 유발한 점이다. 1889년의 <군인훈계>에는 "모든 고참자는 신참자의 교도에 있어서 일일이 해석을 해 주고 공무에 있어서는 엄격하게 해야 하며." "신참자는 매사에 있어 고참자에 따르고 절대로 항변하는 일 등이 있어서는 안된다"고 되어 있다. 이런 분위기 속에서는 서열과 질서가 고려되지 않는 동기 또는 동기생의 유대감이 강하게 형성되며 같은 부대의 선후배보다는 다른 부대의 동기생이 훨씬 더 친근해지는 기현상이 발생된다.

일곱째, 생명과 인격의 경시풍조를 들 수 있다. 죽는 것을 가볍게 여기는 구일본군의 사고방식은 그렇게 자랑으로 여길 것이 못된다. 물론 임무를 완수하기 위해 필요하다면 죽음을 무릅써야 하는 것이 군인이 가져야 할 태도인 것만은 틀림없다. 그렇다고 자신의 생명을 무엇보다도 귀중하게 생각하는 인간의 본성까지도 부정해서는 안된다. 자신의 생명을 소중하게 여기지 않는 태도야말로 인간의 본성을 거역하는 것이다. 자고로 인간성에 정면으로 배반되는 윤리는 그 생명력이 약하다. 미군의 포로가 된 일본군의 비굴한 행동은 그들이 진정으로 생명에 대한 애착을 가지고 있지 않다는 주장이 헛됨을 증명하고 있다. 혹자는 일본군의 할복자살을 군인정신의 귀감인 양 찬양하나 여기에도 문제가 있다. 일본군 특유의 자살 에토스는 예부터 내려오는 하나의 관습으로 맹목적으로 행해질 수도 있고, 앞의 정사(情死)의 예에서와 같이 진퇴양란의 윤리적 딜레마에 빠진 사람이 자포자기에서 택할 수 있을 것이며, 실패에 대한 두려움이나 생포에 대한 공포감 때문일 수도 있다. 또한 죄책감이나 책임감에서 자결할 수도 있다. 그러나 무엇이 진정한 동기인지 죽은 사람 이외에는 아무도 알 수 없는 비밀이다. 끝으로 한 가지 추가해서 우리가 갖고 있는 관념을 수정해야 할 점이 있다. 그것은 바로 일본 사람들은 다 상무적(尙武的)이고 군인이 되는 것을 최고의 자랑으로 여긴다는 인식이다. 명치 10년 징병에 응해 줄 것을 당부하는 천황의 지시는 이렇다.

"병역은 나라의 대사이니 국민은 필히 이에 복종해야 할 의무가 있는 바, 국민은 모두 이를 깊이 인식하고 징모에 응하여야 할 것이며, 타인의 양자라 하여(양자가 되면 군에 가지 않음) 군에 갈 수 없다고 하거나 혹은 가정의 가문을 모독하면서까지 자신의 몸을 상해하는 등 병역을 기피코자 하는 자가 왕왕 있어 이런 자들 때문에 곧 충원의 부족이 생기게 되어 가일층 세심한 주의를 가지고 관하 국민에게 친절하게 설득하는데 열중하여 그들의 기피를 막는데 최선을 다하여야 할 것이다." 이와 같은 조치가 취해지게 된 것을 보면 일본인이 사무적이다는 주장은 일본 군주주의자들이 조작해 낸 한낱 신화에 불과한 것이다.

제4절 한국의 화랑도(花郎道)

가. 충성·효도·신의·용기·정의

세속오계(世俗五戒)는 화랑도의 정신을 대표하고 있는 규범이라 할 수 있다. 세속오계가 추구하고 있는 가치 또는 규범은 충성(事君以忠), 효도(事親以孝), 신의(交友以信), 용기(臨戰無退), 정의(殺生有擇)이라 할 수 있다. 이 가운데 우리가 이해하기 힘든 계율은 “살생유택”일 것 같다. 이 계의 기본정신은 본래 ① 살생에 있어서 그 때를 가려야 하고, ② 대상을 가려 죽이고, ③ 불필요한 살생은 가급적 피하라는 뜻이다. 때와 대상을 가리는 것은 올바른 행위의 조건이 되며, 불필요한 살생의 회피는 힘의 자제와 생명의 존중을 함축하기 때문에 살생유택은 정의(正義) 자제(自制) 인애(仁愛)로 해석될 수 있을 것이다. 화랑들은 바로 이 오계에 따라 살았고 오계를 실천하기 위해 목숨을 바치기도 했다. 무관랑이 죽자 사다함이 따라 죽은 것은 “교우이신(交友以信)”의 계(戒)를 지키기 위한 것이었으며, “내 일찍 법사에게서 용사는 싸움마당에 다다라서 물러서지 않는다는 것을 들었거늘 어찌 감히 도망하여 달아났는가”하고 분전하다가 전사한 귀산과 추항의 행위는 “임전무퇴”의 계를 죽음으로써 지킨 것이라 할 수 있다.

“오직 살육을 즐기고 남을 해쳐 자기의 몸만 기를 뿐이니 이것이 어찌 어진 사람이나 군자가 하는 일이겠습니까? 이는 우리 <화랑>

의 무리가 아닙니다"라고 한 혜숙은 "살생유택"의 계(戒)에 충실했던 것이다. 부모의 뜻에 따른 원술의 이야기는 "사친이효"의 계를 전쟁에서 세운 공으로 왕이 내린 후한 상을 마다한 사다함의 예는 "사군이충(事君以忠)"의 참된 길을 제시하고 있다.

화랑도의 충성·효도·신의·용기·정의는 손자의 "智信仁勇儼"보다는 <육도>의 "勇智仁信忠"에 더 가깝다고 할 수 있으나, 이들 어느 것과 똑같지 않다. 화랑도는 공자·노자·부타의 가르침을 따르고 있기 때문에 공자에 보다 충실한 중국의 장수도와는 차이가 날 수밖에 없다. 화랑도가 삼교(三教)를 융합하고 있음을 <삼국사기>에는 이렇게 표현되고 있다.

최치원의 <난랑비>서문에 이르기를 "우리나라에는 현묘(玄妙)한 도가 있다. 이를 풍류(風流)라 하는데 이 가르침을 설치한 근원은 선사(仙史)에 상세히 실려 있거니와 이는 실로 삼교를 포함한 것으로 모든 사람들과 접촉하여 이를 교화하였다. 이는 또한 집에 들어와서는 부모에게 효도하고 밖에 나가서는 나라에 충성을 다하니 이는 공자의 근본 뜻이며 꾸밈이 없이 일을 하고 처무위사(處無爲事) 말 없이 행동하는 것은 노자의 근본 주장이고 모든 악한 일을 하지 않고 착한 일만을 받들어 행하는 것은 부타의 가르침이다"라고 하였다.

화랑도의 풍류도적인 성격은, "혹은 서로 도의로써 연마하고 혹은 서로 가락으로써 즐기면서 산수를 찾아 유람하는데 먼 곳이라도 다 미치지지 않는 데가 없다"는 그들의 특유한 수행방법에도 잘 나타나 있다. 이처럼 그들은 도덕적 수양을 귀중하게 여겼고 멋과 낭만을 알고 자연과 더불어 심신을 단련했던 것이다.

나. 겸양·겸소·온화

무위(無爲)와 유오산수(遊娛山水)를 노장사상의 표현으로 볼 때 화랑도가 갖고 있는 또다른 사상적 측면을 찾을 수 있다. 노장사상에 있어서 인간이 따라야 할 행동에 관한 가장 궁극적인 원칙은 무위(無爲)이다. 무위는 문자 그대로 볼 때 행동(行動)의 원칙이 아니라 사실은 실천의 원칙이다. 그것은 행동하지 않는 행동을 의미한다. 그렇다면 이 역설적인 행동은 무엇을 가리키는가? 그것은 다름 아니라 인간 우환의 근원으로 진단된 인간과 자연, 문화와 자연과의 거리를 제거하는 행위이다. 이는 곧 "자연에의 귀의"라는 동양적인 이상을 나타낸 사상이다. 자연에의 귀의는 곧 모든 인위(人爲)를 거부한다. 그래서 "인위에 반대되는 무위는 별개 아니라 자연스러운 행위, 자연대로 살아가는 일을 가리킨다." 거짓 꾸미고, 과장하고, 높은 자리에 앉았다고 허세를 부리거나 위엄을 꾸미고, 억지를 부리고, 무리를 하고, 순리를 따르지 않는 것 등은 다 무위와는 거리가 먼 인위라 할 수 있다. 다음으로는 유오산수(遊娛山水)의 개념이다. "산수를 즐겨 노닌다"는 것은 소풍이나 산책의 뜻을 갖는다. 노장사상에서는 이를 소요라는 개념으로 파악한다. 이에 따르면 삶은 하나의 산책이다; 삶을 일종의 산책으로 본다는 것은 삶을 어떤 목적을 위한 수단으로 보는 것이 아니라 그 자체가 목적이라고 보는 태도를 말한다. 노장에 따르면 따라서 인생은 축제요 놀이다. "업적"과 "성공"을 인생의 목적으로 보며 바둥거리며 사는 사람들에게 인생은 결코 놀이가 아니다. 소풍으로 높은 산에 올라가 보면 그 때 우리는 우리가 그토록 애착을 갖던 집이나 자동차가 개미새끼같이 하찮게 보인다. 그리고 우리가 아귀다툼을 하고 살고 있는 곳이 얼마나 하찮은 공간을 차지하고 있는가도 깨닫는다. 그 곳에서 얻어지는 성공과 출세라는 것도 별개 아니다. "그리고 무슨 일이 생기더라도, 비록 죽음이 닥쳐오더라도 마치 하늘의 뜬 구름처럼 자연스럽게 흘러 보낼 수 있는 심경에 도달한 것이다. 그럴 때 우리는 밤의 공중을 나는 비행기에 몸을 맡긴 채 눈을 감고 조용한 마음의 평화와 우주와의 조화를 즐거운 마음으로 맛볼 수 있는 것이다. 이런 때 우리는 비로소 노장이 말하는 소요의 경지에 들어간다." 그리고 이런 경지에 도달한 사람을 우리는 호연지기(浩然之氣)가 있는 사람이라 하지 않을까? 이런 호연지기가 무위와 짝할 때 겸양과 검소와 온화가 나온다. 그래서 "남의 윗자리에 있을 만한 사람이 겸손하여 남의 밑에 있고," "부자이면서 검소하게 옷을 입고," "높고도 귀한 세력가이면서도 그 위엄을 보이지 않는" 태도를 낳는다. 이는 위엄을 지키려고 고압적인 자세를 취하거나 엄격하여 인간적인 친화력마저 없는 소인배와 같은 태도보다는 온화하게 사람을 대하며 직위나 계급에 집착하지 않고 자기자리에 충실하며 모든 사람을 포용하는 대인적인 태도를 가능하게 한다. 어떤 부정과 불의도 그를 침범하지 못한다.

다. 명예

귀인 또는 양가의 자제들 가운데 외모와 행실이 뛰어난 자를 선발하여 화랑으로 삼았으니 "나라 사람들이 모두 공경하여 섬기는" 대상이 되었다. 이런 분위기로 해서 화랑이 되는 것이야말로 명예스러운 일이 아닐 수 없게 되었으리라 짐작이 쉽게 간다. 그들은 훌륭한 행위는 혹은 벼슬이나 상으로 칭송되었고 혹은 예를 갖춘 장례나 벼슬의 추종으로 가려졌다. 그들 또한 화랑으로서의 이름을 더럽히는 것을 죽음보다 두려워했다. 불의나 부정과 타협하지 않고 화랑으로서의 명예를 지키기 위해 죽음을 택한 검군은 좋은 귀감이라 하지 않을 수 없다. 화랑은 전사하여 이름을 후세에 남기는 것을 매우 소중히 여겼다. 서구의 사신도, 중국의 장수도, 일본의 무사도 등이 각각 그 나라의 정치사회적 환경과 가치관의 산물로서 고유한 특징을 가지고 있듯이, 화랑도는 한국적 무사도의 대표적인 예라 할 수 있다. “화랑”이라는 말은 “화랑대” “화랑연병장” “화랑무공훈장” 등으로 흔히 쓰이고 있다. 화랑도를 한국적 무사도의 전형으로 삼을 수 있는 이유로

첫째, 화랑도는 무사집단의 정신과 에토스를 말하는 바, 이는 우리 역사상 사회적 신분과 지위가 이처럼 명확히 구분된 하나의 무사계급으로 존재했다는 사실과

둘째, 화랑도가 유교, 불교, 도교 등은 그 사상적 뿌리로 하고 있으나, 이들 세 사상을 무사가 추구해야 할 윤리에 창조적으로 융화 접합시킨 것은 조화를 지향하는 우리 민족의 사상적 특성을 반영하고 있으며

셋째, 화랑도는 화랑들의 사상과 행동을 지배했고 행동으로 실천됨으로써 명실 공히 그 규범적인 기능을 다했다. 화랑 출신들은 화랑도의 정신 속에서 살고 또한 죽었다. 마치 기사들과 사무라이들이 그렇게 했던 것처럼.

넷째, 우리나라의 무인들이 전통적으로 추구했던 모랄은 대체로 화랑도의 기본정신에서 크게 벗어나지 않고 있다는 점 등을 들 수 있다. 그리고 화랑도 정신은 오늘날 우리 군의 정신적 유산으로 간직되어 오고 있다. 화랑도의 정신과 윤리는 <군인복무규율>의 “군인정신” 지휘관 및 장교의 “책무” “군인의 일상행동” 등 여러 곳에 구현되어 있다.

화랑도의 정신은 지도자가 갖추어야 할 훌륭한 덕목들로서 동서고금의 군장교에게 빼놓을 수 없는 특성이라 할 수 있을 것이다. 미군의 <통솔법>교범에는 다음과 같이 통솔자의 특성이 열거되고 있다.

용기(courage)는 반드시 육체적인 것임과 동시에 도덕적인 것이어야 한다.

겸손(humility)은 오만과 정당하지 못한 프라이드가 없는 것이다.

진실(integrity)은 의심되어서는 안 될 통솔자의 정직과 도덕적 특성이다.

정의(justice)는 상벌을 줌에 있어서 공정하고 공평한 것이다.

충성(loyalty)은 상하에 동시에 바쳐야 한다. 통솔자는 그가 그의 부하와 상관들에게 헌신적으로 충성을 하지 않는 한 그의 부하로부터 충성을 기대할 수 없다.

이타(利他, unselfishness)는 다른 사람을 희생시켜 자신의 안위나 이익을 추구하려 하거나 추구하는 것을 피하는 것이다. 이런 특성들은 오늘날의 군의 리더가 갖추어야 할 덕목들이라 할 수 있다. 이는 중국의 장수상이나 일본의 무사상과는 거리가 있다. 이에 비해 화랑도의 정신적 특성은 오히려 이와 같은 현대적 통솔자에게 요구되는 특성과 상당히 일치하고 있음을 알 수 있다. 이렇게 보면 우리 군의 기풍 가운데 권위주의, 인권을 유린하는 가혹행위 등 좋지 못한 폐단들은 거의 중국의 전통적 장수관의 도입이나 왜곡으로부터 왔거나, 그렇지 않으면 일본군의 관행이나 통솔법으로부터 왔지 않나 생각이 든다. 화랑도의 세속오계의 내용은 중국의 장수도나 일본의 무사도보다는 서구의 신사도의 내용과 더 가깝게 보여진다. "장교는 신사다" "장교의 상관에 대한 충성은 개인적이다" "장교들은 같은 형제다" "장교는 전통적 영광을 위해 싸운다"는 서구의 군대명예는 "화랑은 선비다" "화랑의 충성은 임금에 대한 것이다" "화랑은 동료간의 신의를 존중한다" "화랑은 자신의 이름과 집단의 명예를 위하여 싸운다"고 고쳐 말할 수 있지 않을까? 화랑은 선비 <교양인>이기 때문에 "사친이효"와 "살생유택"을 행위의 규범으로 삼고 있으며, 화랑의 충성은 "사군이충"으로 발휘되고 화랑들 간의 우애는 "교우이신"으로, 그리고 영광의 추구는 "임전무퇴"로 나타낼 수 있다면 화랑도는 기사도와 유사한 무사 또는 장교의 상이라 하지 않을까?

서구의 군대명예를 미국의 장교상에 적용할 때 그 내용이 변형된 것과 같이 화랑도는 다음과 같이 변형되어 오늘 우리의 간부상에 반영될 수 있을 것 같다.

첫째, 간부는 교양이 있고 도덕적인 행위를 해야 한다.

둘째, 간부는 자기의 상관에 대하여 충성을 다해야 한다.

셋째, 간부들 간에는 우애와 신의를 지켜야 한다.

넷째, 간부는 투사의 정신과 승리와 영광을 추구해야 한다.

제5장

충·효·예교육

Military Ethics

軍隊倫理 Chapter 5

충·효·예 교육

제1절 忠·孝·禮 교육이란 무엇인가?

1. 忠·孝·禮 교육의 정의

> 우리민족 교유의 중심가치인 충·효·예를 군 장병들에게 가르쳐 나라에 충성하고, 부모님께 효도하며, 장병 상호간 질서와 예절을 준수할 줄 아는 진정한 군인을 육성하는 교육

'나라에 충성'은 오직 나라를 위하는 참된 마음으로 주어진 자기직분에 최선을 다하는 것으로서(盡心), 국가(조직)와 내가 하나라는 마음가짐(盡心)과 국민을 위하여 봉사정신(誠心), 그리고 무슨 일을 하든 바르게 하는 것(中正, 衷心, 嗔心) 등의 의미를 내포하고 있다.

'부모님께 효도'는 부모님께서 걱정·근심하시지 않도록 부모님이

진정 바라시는 방향으로 군생활을 하는 것이다

'장병 상호간 질서와 예절 준수'는 소속되어 있는 조직 내에서 조화와 질서를 유지하고, 제반 규정을 준수하며, 남을 위하는 배려와 사랑으로 먼저 '나답게' 행동하여 사람의 도리를 다하는 것이다.

2. 忠·孝·禮 교육의 목적

- 윤리의식 함양
- 민족의 혼과 뿌리의식 고취
- 현존전력과 연계
- 국민교육도장의 내실화

충 · 효 · 예 교육은 윤리의식을 함양하게 한다. 동서고금을 막론하고 우리 사회는 질서를 요구하여 왔고, 사회가 더욱 다원화되고 복잡해질수록 질서는 절실히 요구되고 있는 것이 현실이다. 다시 말해 인간의 삶은 윤리와 함께 살아가기를 바라고 있는 것이다.

윤리가 없는 사회는 자기파멸의 길에서 벗어날 수 없을 뿐만 아니라, 비윤리적 인간은 자기 존재의 의의를 찾아볼 수도 없을 것이다. 그러므로 윤리는 사회 이전의 것도, 인간 이전의 것도 아니다. 다시 말해 윤리를 위해서 사회가 존재하고 있는 것도 아니며, 윤리를 위해서 인간이 존재하는 것도 아니라는 것이다. 어디까지나 사회를 보위하기 위해서 윤리를 필요로 하며, 인간의 생활을 보다 아름답게 꾸려나가기 위해서 윤리가 필요하다는 것이다.

윤리는 모든 사람이 자신의 직분에 따라 지켜야 할 최선의 생활규범이다. 그렇기 때문에 인간은 윤리의식을 함양하지 않으면 안된다.

자녀된 입장에 있는 사람은 부모님께 효도를 해야 하고(孝), 시민된 입장에서는 공중질서를 지켜야 하며(禮), 국민된 입장에서는 자신이 소속된 나라(조직)에 대하여 성실하게 주어진 직분에 최선을 다하겠다는 책임감(忠)을 강하게 느껴야 한다. 이것이야 말로 생활 속에서 우선적으로 행해야 할 윤리라고 볼 수 있다.

충·효·예 교육은 민족의 혼과 뿌리의식을 고취하게 한다. 일찍이 율곡 선생님께서 '시유고금 도무고금(時有古今 道無古今)'이라 하여 '시간에는 옛날과 지금의 구별이 있지만, 도리에는 그와 같이 구분할 수가 없다'고 하였다. 이렇듯이 진리는 예나 지금이나 생활에 절실한 것이 아닐 수 없다.

충·효·예 정신은 상고시대부터 면면히 이어져 온 우리 민족의 혼이자 전통적 가치로서 상무정신, 화랑도정신, 선비정신 등의 원동력으로 작용해 왔다. 그러므로 우리는 충·효·예 교육을 통하여 우리 선조들의 훌륭한 정신과 사상, 즉 우리 민족의 '혼'을 배우고 느끼게 될 것이다.

충·효·예 교육은 현존전력과 연계된다. 전력(P)은 무형전력(A)과 유형전력(B)의 승수관계로 이루어지게 된다. 즉 「P=A× B+α(기타)」라는 공식이 성립되어지게 된다. 그렇기 때문에 전력이 상승되기 위해서는 무형적인 요소와 유형적인 요소간의 상호작용이 일어나야 한다. 현재와 같이 제한된 경제여건 하에서 군사전력을 증대시켜야 하는 요구와 관련하여 볼 때 무형적인 요소에 의한 전력의 상승은 더없이 중요하다고 본다.

무형전력이란 전투에서 승리를 쟁취하기 위해 인간으로서 발휘할 수 있는 육체적·정신적 능력과 내재적 가치가 결합된 총화로서 형태는 없으나 분명히 그 실체와 가치가 존재하는 힘이다.

이 무형전력을 극대화하기 위해서는 장병들의 마음, 즉 군인정신을 조직화된 부대 전투력으로 승화시켜야 한다. 다시 말해, 각개 장병이 지휘관이 된 부대 전투력으로 승화시켜야 한다. 다시 말해, 각개 장병이 지휘관을 중심으로 하고자 하는 마음(上下同欲)을 갖도록 해야 한다. 이러기 위해서는 충·효·예 정신을 바탕으로 각개 장병이 사랑과 정성으로 도리를 다하며, 맡은 바 직분에 최선을 다하도록 해야 한다. 즉 장병 모두가 오직 조국을 위하는 참된 마음으로 맡은 바 책임을 다하고(忠), '나답게' 하는 생활로 각자의 도리를 다하며(禮), 배려하고 섬기는 자세로 부모님이 원하는 방향으로 군대생활을 하는(孝) 군인이 되도록 지휘통솔력을 발휘하여 내적 전투력을 극대화시켜 나가야 한다.

충·효·예 교육은 국민교육도량으로서의 역할을 내실화한다. 군의 임무 및 기능면에서 볼 때, 군이 존재하는 목적은 유사시에는 전투에서 승리하는 것이며 평시에는 전투준비 및 교육훈련을 통하여 전투력을 육성하여 국가보위기능을 갖추는 것이다. 또한 부수적 기능으로서 연간 25만~30만명의 인원이 군복무를 마치고 사회와 가정으로 되돌아가는 점을 고려하여 건전한 민주시민을 육성하는 국민교육도량으로서의 역할을 내실 있게 하는 것이다.

다시 말해 군의 주(主)기능인 '국가보위'기능과 부(副)기능인 '국민교육 및 사회화'기능을 수행해야 하는데, 여기에서 말하는 사회화기능이란 민주시민의식에 필요한 올바른 가치관과 태도를 형성하는 국민교육기능과 산업화에 요구되는 교육기능을 말한다.

이스라엘은 "군대교육은 곧 사회교육의 연장"이라고 했다. 이스라엘 젊은이들의 대부분은 '군에 가서 자기의 장래를 짊어질 국민을 배출하는 중요한 역할을 하고 있음을 알 수 있다. 이스라엘 군이 그토록 강하게 느껴지는 이유 중의 하나는 군 교육에 대한 국민의 신뢰감이 뒷받침되고 있는 사실임을 발견할 수 있다.

3. 忠·孝·禮 교육의 성격

- 윤리교육
- 사랑을 실천하는 교육
- 가치관 정립교육
- 정신문화 계승・발전교육
- 귀속의식 함양교육

※ 인성함양 및 사람됨됨이 교육, 전인 양성교육으로 가정교육 형태로 추진

'윤리교육'이라 함은 국민과 국가지도자 계층이 국가에 대하여 마땅히 행해야 할 도리인 국가윤리(忠), 부모・자식, 형제간에 마땅히 이루어져야 할 도리인 가정윤리(孝), 사회구성원으로서 마땅히 행해야 할 도리인 사회윤리(禮)를 교육한다는 의미이다.

'윤리'라 하여 따분하다느니 옛스럽다니 등 고리타분한 과거의 것으로 간과하는 경향이 없지 않는데, 이는 현대에 살아가는 우리에게 있어서 가장 경계해야 할 잘못된 사고방식이다. 아무리 시대가 변하고 사회적 기능이 다양화되어 생활양식에 대한 가치개념이 변한다 할지라도, 흔들리지 않고 지켜야 하는 '윤리의식'은 시대의 흐름에 맞게 발전적으로 확립되어야 한다. 인간은 윤리를 위하여 존재하는 것은 아니지만, 인간 스스로가 삶을 보다 풍요롭고 아름답게 가꾸어 나가기 위해서는 윤리가 꼭 필요하며, 윤리교육은 기본적으로 부단히

이루어져야 한다. 예를 들어 컴퓨터가 우리에게 가져다 준 과학의 편리함은 이루 말할 수 없을 정도이나, 한편으로는 컴퓨터 운용에 대한 올바른 윤리의식이 바탕이 되지 못하여 '음란물, 자살, 폭력, 원조교제 등' 인간의 생명까지도 위협하는 신종 '독성문화'로 변질되고 있다. 그래서 이럴 때일수록 윤리교육은 강화되어야 하고, 온전하게 지켜져야만 한다. 윤리 그 자체가 우리의 생활 자체를 전통화(傳統化)하는데 있어서 기본적인 의미를 지닌다고 생각한다면, 윤리는 끊임없이 발전적으로 해석하여 보완시켜 나가야 한다.

'사랑을 실천하는 교육'이라 함은 '충・효・예 교육'이 조국에 대한 조건없는 사랑(agape)인 나라 사랑(忠)과, 혈족간 피로 맺은 사랑(storge)의 가족 사랑(孝), 이웃 또는 전우간 서로를 배려하는 마음(philia)의 이웃 사랑(禮)을 교육하고 실천하도록 지도하는 것이기 때문이다. 사랑은 조화와 질서를 유지해 주는 힘이며, 생명력을 뜻한다. 국가에 대해서 마음을 다하고 힘을 다하는 '진심갈력(盡心竭力)의 사랑'이 있어야 오직 조국을 위한 참된 마음(盡己之謂忠)이 우러나오게 될 것이다. 가정에서도 부부간에 공경(恭敬)과 애정(愛情)의 사랑이, 부모・자식 간에는 자애(慈愛)와 효심(孝心)의 사랑이 있어야 비로소 가정이 원만하게 유지될 수 있으며, 또한 이웃간에도 서로를 위하고 배려하는 마음이 있어야 밝고 따뜻한 사회가 만들어질 수 있는 것이다.

충・효・예 교육은 가정(孝)・사회(禮)・국가(忠)를 염두에 두고 사고(思考)하고 행동하게 함으로써 건전한 '가치관 정립'을 유도하고, 바탕이 온전한 '사람됨'을 교육함으로써 부모(孝)와 이웃(禮)과 국민(忠)의 기대에 부응하도록 하는 것이다.

또 충・효・예는 우리 민족의 고유정신문화로서 충을 가치문화, 효를 관념문화, 예를 규범문화로 표현하기도 한다. 조직이나 국가의 이념과 비전, 개인의 가치관과 신념을 나타내는 가치문화로서의 '충

(忠)'과 민족 고유의 언어와 사상, 철학 및 종교와 연관된 관념문화로서의 '효(孝)', 질서에 필요한 법률과 제도, 도덕이 포함되어 온전한 삶을 위한 판단의 기준이 되는 규범문화로서의 '예(禮)'를 교육하는 것은 곧 우리 민족의 정신문화를 계승·발전시키는 교육이다.

뿌리정신에 바탕을 둔 '귀속의식(歸屬意識)을 함양하는 교육'이라 함은 앞에서도 언급하였듯이 충·효·예는 상고시대로부터 면면히 내려오는 우리 민족 고유의 전통사상이자 뿌리정신이다. 이를 교육함으로써 역사의식과 민족의식을 고취시킬 뿐 아니라 '귀속의식'도 함양하게 된다는 것이다.

아무튼 충·효·예 교육은 온전한 사람을 만드는 전인교육으로서 '사회교육'영역에 속하면서도 '가정교육'의 형태로 이루어지게 된다. 즉, 사람됨됨이를 배우게 된다는 것이다.

4. 충·효·예 교육의 필요성

- 전통사상을 올바르게 이해하고 확산한다.
- 군복무에 효과적으로 적응하도록 유도한다.
- 부대관리 및 지휘통솔과 연계하여 전투력 향상과 발휘를 효과적으로 할 수 있는 능력을 배양한다.
- 우리 군을 특징지울 수 있는 정신적 지표이다.
- 국민교육도량으로서의 역할을 내실화한다.

• 전통사상을 올바르게 이해하고 확산한다.

충·효·예는 상고시대부터 면면히 이어져 내려온 우리 민족의 고유사상이요, 윤리문화이다. 다시 말해 충·효·예는 우리의 윤리강령이며 생활 속의 질서이고 우리 민족의 정신문화이다. 앞에서 언급하였듯이, 단순히 오래되었다는 것만으로 윤리를 간과해서는 안된다. 인간은 윤리를 위해서 존재하는 것이 아니라, 인간 스스로가 그 생활을 보다 아름답게 가꾸어 나가기 위해서 필요로 하는 것이 윤리이다. 따라서 우리는 윤리가 지니는 가변적인 측면과 불가변적인 측면을 보다 뚜렷이 구분하여 가변적인 측면에서는 상황대응적인 요소를 수용해 나가고, 불가변적인 측면에서는 윤리의 전통미를 살려 현실과 전통이 조화롭게 배합되어질 수 있도록 윤리체계를 확립해 나가야 한다.

윤리체계는 곧 사회의 체질과 상통하며, 사회체질은 정신문화의 정통성과 건전성을 바탕으로 하여 형성되고 발전되어진다.

따라서 윤리강령 · 생활질서 · 정신문화는 삼두일체(三頭一體)라는 불가분의 관계를 지니며 윤리 · 생활 · 정신으로 상통하는 자양요소는 역사의 저변에서 찾아내야 한다. 그래야 윤리체계로서의 실제적인 위상을 보다 뚜렷이 할 수 있기 때문이다.

역사의 흐름을 함께 이어오면서 우리 삶과 생활속에 작용하고 있는 충 · 효 · 예 교육은 곧 우리 전통사상을 올바르게 이해하고 확산하는 것이 된다.

교육을 통해 먼저 충 · 효 · 예에 대한 올바른 이해와 공감대를 형성해야 한다. 그렇게 할 때 충 · 효 · 예가 '홍익인간사상'에 바탕을 둔 우리의 문화요 규범이며, 가치로 작용해 왔다는 것도 알게 되며, 현대적 의미로 해석하여 생활에 적용해 가게 될 것이다. 역사적으로 보면 '충 · 효 · 예 정신'이 충만했을 때 국가는 크게 융성했던 반면에 그렇지 못했을 때에는 국력이 쇠퇴하여 잦은 외세의 침략을 당했던 사실을 우리는 쉽게 발견할 수 있다.

• 군복무에 효과적으로 적응하도록 유지한다.

충·효·예는 사랑과 정성·배려하는 마음으로 사람의 도리를 다하고 직분에 최선을 다하도록 하는 덕목이다.

충(忠)은 조직윤리이며 직분에 대해 최선을 다함으로써 스스로 기강을 세우게 하는 것이다. 조국 수호와 부대목표 달성을 위한 정신적 자세가 확립되어지고, 명령에 대한 자발적 복종과 최선을 다하여 임무를 완수하게 한다는 것이다.

효(孝)는 가정의 윤리이며 인륜이며 인륜의 근본이다. 효(孝)에는 사랑하는 마음과 정성이 담겨져 있다. 이러한 마음을 가지고 주어진 일을 하게 되면 스스로 즐거움을 갖게 되어 정신적·육체적으로 건강함을 유지하게 될 것이다. 이로 인해 상관을 공경하고 이웃(동료)과 잘 화합하며, 모든 행동거지도 올바르게 하게 된다.

예(禮)는 사회윤리로서 조화와 질서를 이루게 한다. 즉, 양보와 희생, 배려하는 마음으로 '스스로답게' 하자는 것이다. 여기서 군대예절 준수, 엄정한 규율 및 기강유지, 도리를 다하는 모습이 나오게 되어 군복무도 긍정적이고 적극적으로 하게 된다.

• 부대관리 및 지휘통솔과 연계하여 전투력 향상과 발휘를 효과적으로 할 수 있는 능력을 배양한다.

충·효·예 교육은 군의 전투력 향상과 국민적 자질을 배양하기 위해 실시하는 교육이라고 보았다. 부대전투력은 어디로부터 나오는 것인가? 그것은 리더와 부하간의 하고자 하는 마음이 같을 때(上下同欲) 어떤 과업이든지 효과적으로 수행하게 되고 지향하는 방향과 소기의 목표도 달성되어 궁극적으로 부대 전투력은 극대화되어질 것이다. 이는 리더 자신이 먼저 충·효·예를 몸소 실천하면서 부대관리와 지휘통솔을 하게 되면, 리더를 중심으로 하고자 하는 마음이 나타나게 되어 부대는 군기가 유지되며, 사기가 충천하고 단결이 공고히 되는 결과로 이어지게 된다.

• 우리 군을 특징지울 수 있는 정신적 지표이다.

충·효·예는 역사와 함께 우리 민족을 결속시켜 왔으며, 국난을 슬기롭게 극복해온 빛나는 정신적 유산일 뿐만 아니라, 군인으로서 반드시 지녀야 할 기본적인 가치요 규범으로 작용되어지고 있다. 그리고 충·효·예 정신은 군의 존재목적과 의의를 구현하는데 핵심적인 정신덕목으로써 '선진육군문화'를 창조해 나가는 '중심가치'이며 정신적 원동력이 되고 있다고 보는 것이다.

• 국민교육도량으로서의 역할을 내실화한다.

군이 존재하는 목적은 국가를 보위하고, 민주시민을 육성하는 국민교육 및 사회화라 할 수 있다. 국가를 온전하게 보위할 수 있는 힘은 군사전력 뿐만 아니라 정치·경제·사상전력 등 국가가 동원할 수 있는 모든 전력이 합쳐진 것이 될 것이다. 그렇기 때문에 국가전력의 근원이요 바탕이 되는 민주시민을 육성하여 사회로 배출하는 국민교육 및 사회화 기능은 무엇보다도 중요하다. 즉 우리 군이 '국민교육도량'으로서의 역할과 사명을 다하는 것이 국가와 국민이 군에 거는 기대에 부응하는 것이 된다.

이렇듯이 충·효·예 교육은 군내(軍內)로 보면, 지휘통솔 및 부대관리능력과 전투력 향상을 가져올 수 있을 뿐만 아니라, 사고 예방과 부대안정으로 이어져 사기충천한 부대로 육성할 수 있다고 본다.

군외(軍外)로 보면, '군대(軍隊)는 군대(軍大)다'라고 말을 하듯이 군이 선진민주시민을 육성하는 전인교육기관으로서 연간 25~30만 명의 졸업생을 배출하는 국민교육도량, 즉 군대대학(軍隊大學)으로서의 역할에 충실하게 된다. 그래서 일반적으로 말하는 '군대갔다 와야 사람된다'는 국민적인 기대감에 부응하는 진정한 국민의 군대가 될 수 있다.

5. 忠·孝·禮 교육의 변천

- 장병 복무적응을 위해 자생적으로 시작
- 충·효·예 교육 종합추진계획 수립 및 추진
- 담당관실 편성과 업무체계 확립
- 충·효·예 업무 정착 및 확산

장병 복무 적응 지도를 위해 자생적으로 시작

처음 충·효·예 교육이 시작된 것은, '88년도에 제 20보병사단(당시 사단장: 소장 표순배) 부사관단에서 병사들의 군복무 적응을 지도하기 위해 '충·효·예'를 병영에서 교육하게 되면서부터이다. 당시 교육에 대한 반응이 좋게 나타나면서, 장병들의 병영생활 지도에 크게 도움이 되어 '93년부터는 육군 전 부대에 적용하게 되었고, '96. 6. 1. 부로 육군규정 381(부대훈련규정)에 충·효·예 교육이 반영되었다.

이는 '88년부터 10여년 동안 충·효·예 교육이 어려운 여건속에서도 사명감을 갖고 열성적으로 추진해 온 부사관단의 노력에 의해 '좋은 교육'으로 자리매김된 결과라고 할 수 있으며, 군의 또 하나의 주요 기능인 민주시민을 배출하는 '국민교육도량'으로서의 역할을 충실히 수행하는데 크게 기여하게 되었다.

◉ 충·효·예 교육 종합추진 계획 수립 및 추진

'99년도는 충·효·예 교육발전에 있어서 일대 획을 그었다고 볼 수 있는 해이다. '98년 하반기 육군참모총장(당시 대장 김동신)의 지시에 의거 육군개혁위원회에서는 충·효·예 교육 활성화 방안을 강구하게 되었고, '99년 2월 1일부로 '충·효·예 교육 종합추진 계획'이 수립되어 체계적인 교육을 시행하게 되었는데, 주요 추진내용은 다음과 같다.

첫째, 충·효·예 교육의 체계화이다.

우선 학교교육은 양성 및 보수과정에서 4시간 이상 교육을 반영하여 충·효·예에 대한 개념 이해와 실천과제를 알게 하여 야전교육과 연계되도록 하였다. 그리고 부대교육은 주1시간 이상 동기부여에 중점을 둔 '정과교육'과 연2회 '집중교육'시 8시간을 반영하여 실천위주의 현장견학 및 체험, 토의 등 이벤트성 프로그램을 개발하여 교육하도록 하였다. 또 일과 진행과 더불어 실시되는 '생활화교육'을 계획하여 교관이나 지휘관, 일직근무 간부가 교육하고 지도하도록 하였다.

둘째, 교육추진체계의 확립이다

충·효·예 교육에 대한 책임이 부사관단에서 지휘관 책임으로 전환되어 정과교육은 교훈참모가, 집중교육은 정훈공보참모가, 생활화교육은 인사참모와 부사관단이 추진케 함으로써 관련 참모간 긴밀한 협조하에 추진하도록 하였다. 또한 충·효·예 교육을 실시할 수 있는 교관확보를 위해 사(여)단별로 '충·효·예 교관 집체교육'을 실시하여 약 7,600여명의 교관을 양성했으며, 제대별시범식 교육을 실시하여 단기간 동안 많은 부대에 충·효·예 교육 및 지도요령을 전파하게 된다.

셋째, '충·효·예 워크숍'을 실시하여 충·효·예에 대한 올바른 이해와 공감대를 형성하게 하였다.

처음에는 외부 전문기관(충효국민운동본부)에서 실시하는 '충·효·예 교육 지도과정'에 대대장 48명을 포함 765명의 간부를 위탁교육 형식으로 입소시켜 충·효·예에 대한 전문적인 내용을 배우도록 하였다. 그것은 간부들부터 느끼고 병영생활에 적용하여 수범적인 모습을 보임으로써 "가랑비에 옷 젖기, 콩나물시루에 물주기"식의 생활교육으로 연계되도록 하였다. '00년부터는 군대교육으로 전환하여 육군사관학교에서 실시하고 있다.

넷째, 충·효·예 수범장병에 대한 정기적인 포상의 실시이다.

매년 5월(가정의 달)에 충·효·예 수범장병을 선발하여 포상행사를 참모총장 주관으로 실시하도록 제도화하였다. 대상은 충·효·예를 교육하고 몸소 실천한 수범장병이고, 포상내용은 참모총장 표창수여 및 가족동반 3박4일 제주도 여행이다. 이를 통해 그들의 노고를 위로하고 격려함으로써 충·효·예 실천을 위한 동기부여와 교육활성화를 도모하고 있다.

다섯째, 다양한 교육자료 확보 및 지원이다.

먼저 교육의 근간이 되는 교육지도서(충·효·예 교육 기본교재) 15,000부를 제작하여 중대단위까지 배부하여 활용토록 하였다. 또한 영상교재는 '새천년의 힘 충·효·예'와 '충·효·예 이렇게 합시다', '변하지 않는 사랑 그 세 가지 이야기' 등 세 편을 제작하여 대대급부대까지 배포하였다. 그리고 교육참고자료로서 외부기관에서 발행하고 있는 '월간 충·효'를 구매하여 지금까지도 정기적으로 대대급

부대까지 지원하고 있다. 기타 교육자료는 수시로 '보람은 여기에, 육군지, 국방저널' 등 월간지와 국방일보에 기고하여 참고하도록 하였다.

• 담당관실 편성과 업무체계 확립

2000년 2월 1일부로 육군본부에 '충·효·예 교육 담당관실'이 한시적으로 편성되면서 육군의 '충·효·예 사업'을 총괄하여 추진해 가게 되었다. 담당과(대령)과 교육계획장교(중령), 교육지원 장교(소령) 등 3명으로 구성되어 육군의 충·효·예 사업을 계획하고 추진하도록 한 것이다. 주요 추진사업은 충·효·예 교육 계획 및 실시, 충·효·예 워크숍, 교육자료 작성 및 지원, 예하부대 지도방문, 육군 수범장병 선발 및 포상 등이다.

그래서 2000년도는 충·효·예 교육 담당관실이 편성되어 운영됨으로써 충효에 교육을 한 단계 더 도약시키는 계기를 마련해 준 해로 볼 수 있다. 이중 가장 큰 발전이라면 충·효·예 업무를 일관성 있게 추진할 수 있었다는 것이다. 즉, 교육은 정작참모(교훈)계통에서 추진하고 교재지원은 정훈공보참모 계통에서 추진함으로써 이원화되었던 충·효·예 교육 담당부서를 2000. 2. 1.부로 정훈공보참모 개통으로 완전 통합 일원화한 것이다.

그리고 '충·효·예 워크숍'을 '99년에는 외부기관(충효국민운동본부)에 위탁하여 실시해 오던 것을 군내교육으로 전환하여 육군본부에서 직접 주관하여 육군사관학교에서 실시하고 있으며, 입소 대상도 종래 부사관 및 실무자 위주에서 중대장에서 연대장까지 각급부대 지휘관리 사(여)단 참모 및 주임원사, 해·공군 실무자와 기무사 및 국통사 담당관, 간호사관학교 훈육장교에 이르기까지 다양한 계층을 대상으로 확대조정되었다. 또한 엄선된 초빙강사의 수준 높은 강의와 실무 사례위주의 토의(교육 및 실천)를 시행함으로써 교육의 성과도 한층 제고되었고, 충·효·예를 지휘통솔 및 부대관리와 연계하여 실무부대에서 적용할 수 있도록 하였다.

예하부대 교육지원을 위해 부족한 충·효·예 교육 기본교재도 10,000부를 추가 제작하여 소파견지와 학교기관까지 배부하였으며, 수시로 필요한 영상교재를 제작(복제)하여 배부하였다.

그리고 예하부대의 충·효·예 교육 발전을 위해 지도방문을 연2회 실시함으로써 ① 장려사항은 전부대에 전파하여 확대 시행토록 하고, 미흡한 부분은 조기에 보완할 수 있도록 하고 있다. ② 충·효·예 수범장병 선발은 1999년보다 20명의 늘어난 40명으로 확대함으로써 참석한 수범장병뿐만 아니라 가족(부모, 부인)들에게 실천동기를 확산시키는 계기가 되고 있다.

이제어느 정도 충·효·예 교육의 정착과 병영생활 속에서 충·효·예를 자연스럽게 실천하는 분위기가 조성되어 각종 사고 발생건수가 감소되고 부대가 안정된 가운데 전투력이 한층 강화되는 도약의 한해였다고 할 수 있다.

충·효·예 업무 정착 및 확산

2001년은 담당관실이 2년째 운영되면서 충·효·예 업무가 완전히 정착되고 보다 확산되는 해였다고 할 수 있다. 교육의 성격을 고려하여 업무체계를 정신교유과 연계하기 위한 연구노력이 있었으며, 국방부 차원에서 육군의 충·효·예 교육을 해·공군을 포함한 전군으로 확대 시행하게 되는 일단의 조치가 있었다.

충·효·예 교육은 이론교육에 의해서만 이루어지는 교육이 아니다. 여기에는 반드시 교육하는 교관이나 지휘관(리더)의 수범이 선행(先行)되어야 한다. 왜냐하면 충·효·예 교육은 ‘생활화교육’이자 ‘노작교육’의 형태이며 ‘가정교육’과 같은 성격으로 이루어지기 때문이다. 그래서 충·효·예 교육을 기본을 바로 세우는 교육이라고 표현하기도 한다. 근본을 세우고 나면 다른 사항들은 그 길이 저절로 열려지게 된다고 보는 것이다.

지금까지 충·효·예 교육에 발전되어 온 과정을 살펴보았다. 우리 모두 충·효·예의 중요성을 인식하고 나부터 먼저 실천하고 심혈을 기울여 교육하고 지도하면 더불어 생활하는 병영에 사랑과 정성이 넘쳐나리라고 믿는다.

제6장

충·효·예 실천

軍隊倫理 Chapter 6

충·효·예 실천

제1절 개 요

- 국토방위의 신성한 의무를 수행한다.
- 국민의 군대, 국가방위, 자유민주주의 수호, 조국통일에 이바지한다(국군의 이념).
- 조국의 자유·독립보전, 국토방위, 국민의 생명과 재산보호, 국제평화 유지에 이바지한다(국군의 사명).
- 명예심·충성심·용기·임전무퇴의 기상, 필승의 신념, 애국애족의 정신을 함양한다(군인정신).
- '양병양민(良兵良民)의 군인상'을 정립한다.
- '쌍무호혜적(雙務互惠的)'인 관계를 형성한다.

일반적으로 '군인'에게 거는 기대는 '참 군인'이요, '진정한 국민'이기를 바라고 있다. 즉, 무(武)와 문(文)이 조화를 이루는 나라의 일꾼이 되기를 요구한다는 것이다. 군인은 언제나 국민의 생명과 재산을 보호하고 국가번영에 공헌한다는 대아(大我)적 소명에 충직하기 위한 큰 뜻을 지녀야 하는 동시에. 작게는 자신을 보다 훌륭한 인격의 개인으로 가다듬어 가야 한다. 그렇게 해야 문무겸전(文武兼全)을 다할 수 있게 될 뿐만 아니라, 부대에서는 신명을 다해 자기 직분에 충실하고(忠則盡命), 집에서도 효도하기에 힘을 쓰고(孝常竭力), 사회생활에서는 도리를 다하는 훌륭한 시민이 될 수 있다는 것이다.

가. 국토방위의 신성한 의무를 수행한다.

헌법 제5조 제2항에는 "국군은 국가의 안전보장과 국토방위의 신성한 의무를 수행함을 사명으로 하며,…"라고 규정하고 있다. 여기에서 군 본연의 임무를 도출해 낼 수 있는데, 그것은 '국토방위'를 통한 '국가의 안전보장'이다. '국토방위'라고 함은 외부의 침략으로부터 조국 대한민국의 영토와 주권을 보위하는 것이다.

국가의 생존이 걸린 이와 같이 막중한 임무수행에 전념하기 위해서는 장병 모두가 충(忠)의 마음을 가지도록 해야 한다. 그래서 오직 조국을 생각하는 마음으로 맡은 바 직분에 최선을 다하는 참 군인이 되게 하는 것이다.

그래서 국가(부대)를 위한 일이라면, 작은 일에서부터 큰 일에 이르기까지, 그리고 누가 보던 보지 않던, 날마다 시간마다, 준비하고 또 준비하는 진심갈력(盡心竭力)하는 모습이 나타나야 한다.

이것이 국토방위의 신성한 의무를 수행하는 군인의 진정한 충(忠)의 모습이며 무형전력을 강화하는 길이다.

나. 국민의 군대, 국가방위, 자유민주주의 수호, 조국통일에 이바지 한다(국군의 이념).

> 국군은 국민의 군대로서 국가를 방위하고 자유민주주의를 수호하며, 조국의 통일에 이바지함을 그 이념으로 한다.
>
> (군인 복무규율 제4조 제1항)

'이념'은 어떤 집단이나 단체에 그 집단이나 단체의 존재의의와 목표를 제시하고, 집단구성원들의 행동과 사고에 지대한 영향을 끼치는 가장 기본이 되는 가치관 내지는 신념체계이다. 그러므로 '국군의 이념'은 국군이 지향해야 할 신념체계로서 국군의 존재목적에 의해 결정되며, 국군의 기본성격을 규정한다. 한 나라의 군대의 성격은 그 나라가 어떤 나라이며, 그 나라가 추구하는 기본적인 가치와 목표, 즉 그 나라의 국가이념에 따라 결정된다. 따라서 국군의 이념은 북한 인민군의 그것과 같을 수 없다.

대한민국 국군은 특정계급이나 집단의 이익만을 옹호하는 군대가 아니라 국민전체의 이익을 위하는 군대이며, 1개 당의 혁명적 무력집단이 아니라 국가의 3요소인 영토·주권·국민을 방위하기 위한 군대이고, 공산주의 전유물을 지키기 위한 군대가 아니라 자유민주주의를 수호하기 위한 군대이다. 그리고 유일사상으로 무장하여 특정개인이나 집단의 사병(私兵)이나 다름없는 군대가 아니라 국민의 생명과 재산을 지키기 위한 국민의 군대인 것이다.

다. 조국의 자유·독립 보전, 국토방위, 국민의 생명과 재산보호, 국제평화 유지에 이바지 한다(국군의 사명).

> 국군은 대한민국의 자유와 독립을 보전하고, 국토를 방위하며, 국민의 생명과 재산을 보호하고, 나아가 국제평화의 유지에 이바지함을 그 사명으로 한다.
>
> (군인복무규율 제4조 제2항)

국군의 이념이 '국군의 존재목적이 무엇이며, 그 구성원은 누구냐' 하는 국군의 기본성격을 제시한 것이라면, 국군의 사명은 그 이념을 토대로 하여 국군의 수행해야 할 임무를 밝힌 것이다. 그래서 국군의 사명, 즉 국군이 수행해야 할 의무는 국가안전보장과 국토방위임을 헌법에 명시하고 있다.

(1) 조국의 자유와 독립을 보전한다.

국가란 영토·주권·국민으로 구성된 조직체이다. 따라서 군의 국가를 외부의 무력침략이나 간섭으로부터 영토와 주권 그리고 국민의 생명을 지켜야 한다. 이것이 조국 대한민국의 자유와 독립을 보전하는 것이다.

(2) 국토를 방위한다.

국가는 일정한 영역을 확보함으로써 존립할 수 있다. 영역은 영토·영해·영공을 지칭하는 것으로 통상 '국토'라고 부른다. 국토는 국민들의 활동공간이자 삶의 터전이며, 자국의 권력이 영향을 미치는 공간적 범위로서 외국의 국가권력은 영향이 미칠 수 없는 한계가 된다. 이처럼 국토는 국가존립의 기반이 되기 때문에 빼앗기면 곧 국가를 빼앗기는 것이 되며, 국가통치권이 더 이상 작용할 수 없게 된다. 따라서 국토방위는 국가방위의 핵심이다.

(3) 국민의 생명과 재산을 보호한다.

국민은 국가를 이루는 한 요소이다. 그렇기 때문에 재난이나 외부의 침략으로부터 국민의 생명과 재산이 보호되어야 국가가 온전하게 유지될 수 있다.

(4) 국제평화유지에 공헌한다.

오늘날 한 국가의 전쟁과 평화문제는 그 국가의 문제로 국한되지 않고 바로 국제적인 문제와 직결된다. 또 나라의 위상이 국제사회에서 높아지는 것과 비례하여 책임도 그만큼 커지게 된다. 그래서 우리나라도 유엔 회원국으로서 국제평화를 위한 그 역할이 증대되었다고 본다. 이에 따라 우리 군(軍)도 국제적 위상에 걸맞은 역할을 해야 한다.

라. 명심·충성심·용기·임전무퇴의 기상, 필승의 신념, 애국애족의 정신을 함양한다(군인정신).

> 군인정신은 전쟁의 승패를 좌우하는 필수적이 요소이다. 그러므로 군인은 명예를 존중하고 투철한 충성심, 진정한 용기, 필승의 신념, 임전무퇴의 기상과 죽음을 무릅쓰고 책임을 완수하는 숭고한 애국애족의 정신을 굳게 지녀야 한다.
>
> (군인복무규율 제4조 제3항)

전장환경은 인간이 견디기 어려운 제반 악조건들이 발생하게 된다. 그렇기 때문에 제반 악조건을 무릅쓰고 싸워 이겨야 하는 군인에게는 '특별한 정신'이 요구된다. 이 특별한 '정신'을 일컬어 '군인정신'이라 한다.

군인정신에는 명예심과 충성심을 포함한 6개 덕목이 있다. 이러한 군인정신을 바탕으로 강한 체력과 극기력을 기르는 것이 전투를 승리로 이끄는 요체이다.

마. 양병양민(良兵良民)의 군인상을 정립한다.

군인과 충·효·예 하면, 누구나 먼저 '양병양민의 군인상'을 떠올리게 된다. 국가와 국민의 군(軍)에 기대하는 가장 큰 바람은 양병양민(良兵良民)의 군인상 정립일 것이다. '양병양민'이란 '좋은 군인과 선량한 백성'을 뜻한다. 즉 부대에 있을 때에는 임전무퇴의 기상을 가진 '양병'이 되어야 하고 사회와 가정에 돌아와서는 민주시민과 훌륭한 부모인 '양민'이 되어야 한다는 것이다.

그러므로 군인은 문무(文武)를 겸비한 인격자가 되어야 한다. 즉 가정과 사회와 부대에서 주어진 직분에 충실할 수 있도록 부단히 노력하며 최선을 다해 나가야 한다.

군인에게는 3가지 직분이 주어져 있다고 한다. 첫째는 가정에서 사랑과 정성으로 효도해야 할 직분(孝)이요, 둘째는 사회에서 도리를 다하는 훌륭한 시민이 되어야 하는 직분(禮)이며, 셋째는 부대에서 주어진 임무에 최선을 다하는 진충보국(盡忠報國)의 직분(忠)이다. 그러므로 '효·예·충'은 군인에게 주어진 사명이며 가야할 길이다. 즉 군인은 가정과 사회와 국가에 대하여 양부·양민·양병(良父·良民·良兵)으로서의 역할을 충실히 하라는 것이다.

바. 쌍무호혜적(雙務互惠的)인 관계를 형성한다.

군인이라고 하면 '하급자는 무조건 상급자에게 잘해야 하는 일방적인 관계'로 인식하고 있다. 그러나 현대적 관점에서 충·효·예를 재조명 해보면, 하급자가 상급자에게 무조건으로 행(行)해야만 했던 일방적인 관계가 아니라 '쌍무호혜적(雙務互惠的)인 관계'로 '장병상호간 사랑과 정성, 도리를 다하는 것'이다. 그러므로 충·효·예는 병영생활에 직접적으로 연관이 된다. 충·효·예를 지휘통솔 및 부대관리와 잘 연계하게 되면 부대안정과 사고예방, 그리고 효과적으로 전투력을 향상시킬 뿐만 아니라, 그것을 온전하게 보존하고 발휘할 수 있는 능력을 갖추게도 한다. 이것은 충·효·예가 병영생활의 바탕이 되어 장병 모두가 부모님이 바라시는 대로(孝) 도리를 다하며(禮) 직분에 최선을 다하기(忠) 때문이다.

제2절 忠·孝·禮 실천방향

- 백행(百行)의 근본임을 인식한다.
- 옳은 생각과 바른 행동을 일치시킨다.
- 수범적인 자세를 견지하고 행동화한다.

가. 백행(百行)의 근본임을 인식한다.

현대는 이기주의와 물질만능주의자 만연한데다가 여러 분야에서 '도덕적 해이현상(moral hazard)'까지 겹쳐 몸살을 앓고 있는 것이 사실이다.

"서울에 있는 어느 하천에서 비가 온 뒤에 물고기가 떼죽음을 당했다는 기사가 두 번이나 게재된 것을 보았다. 이유인즉, 비가 오는 것을 이용해서 공장폐수를 무단 방류했기 때문이라고 했다. 물이 더러워지면 물고기는 죽을 수밖에 없다. 물고기가 죽을 정도가 되면 사람도 그물을 마실 수가 없다". 이렇듯이 인간의 생활터전인 큰물, 즉 사회가 무질서함으로 혼탁해지면 그 큰물에서 살아가야 하는 인간이나 어떤 단체도 독자적으로 청정상태를 유지할 수가 없다. 그 하천은 왜 물고기가 살 수 없을 정도로 혼탁해졌을까? 그것은 그 하천으로 유입되는 지류가 깨끗하지 못하기 때문이다. 지류는 어디에 위치하고 있는가? 하천의 지류는 높은 곳, 위에 있다. 하천을 혼탁하게 한 것은 위에 있는 지류에서부터 잘못된 것임을 알 수 있다. 지류는 큰 하천을 있게 하는 근원(根源)이다. 하천이 깨끗해지려면 근원에서부터 깨끗함을 유지해야 한다.

이러한 자연적 이치에서 보듯이 '도덕적 해이현상'은 사람의 근본이 잘못되었기 때문임을 알 수 있다. 사람의 '근본'은 무엇인가? 그것은 '인간의 삶을 온전하게 이루어지게 하는 근원이며 기초'이다. 이 근본은 마음의 중심에 자라잡고 있다. 그렇기 때문에 이 마음의 중심에 무엇을 두느냐에 따라서 생각과 행위가 다르게 나타나게 된다.

옛말에 '효'를 일컬어 '인간행위의 근본이다(百行之源 百行之道)'라고 하였다. 즉, 사랑과 정성으로 남을 배려할 줄 아는 마음이 사람의 근본이라는 것이다. 사람의 근본이 온전히 세워지지 않으면 '사랑하고 배려하는 마음(利他精神)'이 메마르게 되고, 이로 인해 이기주의와 '도덕적 해이현상(moral hazard)'까지 일어나게 되고 만다.

'근본이 서면 길과 방법이 저절로 생기고, 근본이 선 뒤에 교화가 이루어진다(本立而道生, 本立而後化成)'라고 했다. 한 예(例)를 들어 말한다면, 서울역을 출발한 새마을호 열차가 한강철교를 건널 때쯤이면 안내방송이 시작된다. "휴대전화기는 진동신호에 위치하고, 통화를 할 때에는 옆 사람에게 불편을 주지 않도록……" 방송이 끝나기가 무섭게 "삐리리 삐리리" 하는 소리가 이곳저곳에서 흘러나온다. 그런데 가까운 일본은 어떤가? 그들은 공공장소에서는 휴대전화기 신호를 진동으로 해 놓는 것이 당연하며, 그렇지 않은 사람은 정상인으로 여기지 않는다고 한다. 그렇다면 작은 것이지만 우리와 일본의 차이는 무엇인가? 그것은 '근본이 세워지지 않은 데서 오는 인식의 차이라 생각한다. 사람의 바탕이 그만큼 중요하다는 것이다.

나. 옳은 생각과 바른 행동을 일치시킨다.

충·효·예 실천에서 가장 중요한 것은, 우선 근본을 세우고 이를 바탕으로 객관적인 관점에서 옳다고 느껴지는 생각을 그대로 행동으로 옮길 수 있는 노력이 일상화돼 있어야 한다. 다시 말해, 충·효·예 관점에서 옳다고 생각되는 것을 스스로 내면화할 수 있도록 노력하고, 또 옳다고 확신한 것에 대해서는 최선을 다해 행동화하도록 해야 한다는 것이다. 이렇게 할 때, 건전한 사고(思考)의 인간상과 생활윤리에 적응하는 행동화를 함께 구현할 수 있다. 이러기 위해서는 몇 가지 점에서는 일상적인 관심을 지녀야 할 필요가 있다.

첫째, 방관자적인 태도를 지양해야 한다. 방관보다는 참여자가 되겠다는 적극적인 의식을 가지고 공공의 의견일치와 분위기를 형성하도록 해야 한다. 예를 들면, 관광지나 공원 등 공공의 장소에서 환경을 깨끗이 하겠다는 생각이 들면 그것을 행동으로 옮길 수 있는 적극적인 자세를 가져야 한다.

둘째, 예외자적(例外者的)인 태도를 지양해야 한다. 옳은 사고(思考)와 바른 행동화에는 누구도 열외(列外)가 될 수는 없다. 가정과 사회와 부대에서 언제나 옳은 생각과 바른 행동에 적극적인 참여자가 되어야 한다.

셋째, 권위자적(權威者的)인 태도를 지양해야 한다. 사람은 순리를 앞세우는 순수 자연인의 입장에서 상대를 생각해 줄 수 있는 서민의식을 지녀야 한다. 다시 말해, 겸허한 마음과 태도를 견지하고 권위의식은 버리라는 것이다. 그래서 언제나 무엇이든지, 누구에게나, 어디에서든지 배우겠다는 마음가짐이 중요하다. 특히 충·효·예는 '아래가 아닌 위의 문제'이기 때문에 권위자적인 태도를 취해서는 받아들일 수도 없을 뿐만 아니라, 타인의 행동화에도 방해가 된다.

다. 수범적인 자세를 견지하고 행동화한다.

현실적으로 충·효·예 실천이 벽에 부딪히기 쉬운 이유는 충·효·예 실천은 자신에게 해당되는 것이 아니라 자신을 제외한 타인에게만 있다고 생각하는 데 있다. 우리의 의식구조는 생활감정이나 환경에 따라서 바뀔 수 있다. 그래서 충·효·예 실천요구나 분위기 조성은 수범적 자세 및 의식구조에 있어서 발전적인 계기가 될 수 있다. 그러나 충·효·예 실천은 말로 다짐하는 식으로는 결코 이루어지지 않는다. 어디까지나 '옳은 생각과 바른 생각, 바른 행동의 가치관'이 정립되어 있어야 기대할 수 있다. 그래서 충·효·예 실천은 곧, 사람다운 가치관의 정형성(定型性)을 뜻하며, 사람의 행동양식과 인격형성에도 큰 영향을 주게 된다.

사람은 성장환경과 경험한 내용도 다르다. 그렇기 때문에 사람마다 성격이나 취미가 같을 수는 없을 것이다. 그래서 충·효·예를 보다 효과적으로 실천하기 위해서는 성장환경과 경험한 내용을 서로 잘 조화시켜 상호간에 대화와 교류의 기회를 확대하는 한편, 상호이해의 가능성을 높여 역지사지(易地思之)하는 마음가짐을 넓혀 나가야 한다.

우리는 유구한 역사와 찬란하게 민족문화를 꽃피운 '동방예의지국'의 후예이다. 이러한 역사의식과 민족의 뿌리문화와 정신을 알게 해야 한다. 그리고 부모·형제·친지와 진실한 마음의 대화로 '쌍무호혜적(雙務互惠的)' 관계를 유지하며, 충·효·예 실천이 온전한 삶을 이루는 지름길임을 주지하고 수범적 자세로 행하는 모습을 보여야 한다. 그래서 부모도 없고, 이웃과 나라도 잊어버리고 살아가는 어리석은 사람이 되지 않도록 해야 한다. 부모사랑(孝)·이웃사랑(禮)·나라사랑(忠)의 마음을 가지고 맡은바 직분에 최선을 다하는 건전한 민주시민이 되면 우리가 살아가는 사회를 깨끗이 정화된 청정수역(淸淨水域)이 될 것이다.

제3절 忠의 실천

1. 충의 실천대상

- 국가에 대한 忠
- 상·하급자에 대한 忠
- 자신에 대한 忠
- 직업에 대한 忠

충은 국가를 포함하는 사회생활에 있어서 바탕이 되는 기본질서이다. 물고기가 물을 떠나 살아갈 수 없듯이 국민이 국가를 떠나 생존할 수 없다. 조국이라 부를 수 있는 나라가 있기 때문에 다른 나라에 가서도 떳떳할 수가 있고, 올림픽과 같은 국제경기에서도 목이 터져라 응원하게 되는 것이다. '생존의 터가 되는 조국을 어떻게 가꾸고 지켜나갈 것인가?' 이것은 항상 마음에 새기고 해결해 나가지 않으면 안될 명제이다. 국가가 '생존의 터전'을 제공하고, '어디서나 떳떳할 수 있는 자부심'을 불러일으키게 함으로 충의 대상은 '국가'에 뿌리를 두고 있음을 알 수 있다. 다시 말하면 국가의 3요소가 충의 대상이라는 것이다. 그러나 국민 한 사람 한 사람씩 개별적으로 이루어지기에는 너무 복잡하기 때문에 속해 있는 단체나 조직에 대하여 충을 하게 된다. 특히 군은 그 규모가 방대하기 때문에 국가에 대한 충은, 부대와 그 부대를 이끌어 가는 지휘관을 통해서 하게 된다. 그리고 이 충은 사회적으로는 지위나 직업에 관계없이 요구되는 것이고, 군에서는 계급과 직책·신분에 관계없이 누구나 자신의 위치에서 능동적으로 수행해야 할 도리이다.

가. 국가에 대한 忠

국가에 대해 충을 행한다는 것은 국민된 입장에서 너무도 당연한 도리이다. 옛날에는 주권재군(主權在君)이라 하여 임금에게 충성하였다. 그러나 오늘날에는 주권재민(主權在民)이기 때문에 국민을 위해 충성을 다해야 한다. 주권과 국민과 영토는 국가가 존속하는 한 영원한 존립하는 기본적인 조건이기 때문에 국민에 대한 충성은 영원한 것이다.

사전적 의미로, 국가에 대한 충은 '국가와 민족을 위하여 참마음에서 자신의 정성을 다하는 것'이다. 즉, 자기 자신의 사사로운 이익보다는 오로지 국가와 민족을 위하여 헌신하는 것을 말한다. 다시 말해 국가가 위기에 처해 있을 때 국가를 위하여 기꺼이 목숨을 바치겠다는 각오와 행동이 바로 국가에 대한 충의 발현이다. 위기에 빠진 국가를 구하고자 하는 것은 희생을 감수하겠다는 마음가짐이 섰다는 것이다. 이것이 곧 나라사랑하는 마음, 즉 애국심이다. 애국심은 국가의 존속과 번영에 유익한 방향으로 행동하고 봉사하는 태도이다. 따라서 국가에 대한 군인의 충은 최고의 가치이다.

이러한 마음은 일상생활이나 국가를 위한 작은 일에서부터 자연스럽게 생성되어지는 것으로서 예를 들면 아래와 같은 일들이다.

- 의로운 일에 앞장선다(헌혈 · 위급자 구출 · 자연보호 등)
- 국기 그리는 법과 올바른 게양법을 익혀둔다.
- 국기게양 및 강하시 엄숙한 태도로 경의를 표한다.
- 애국가에 대한 의미와 예절을 익힌다(부를 때/들을 때).
- 무궁화에 담겨진 의미를 올바로 이해한다(근면성, 진취성, 인내심의 민족 얼을 이해한다).
- 지역사회에 대한 봉사활도을 한다.
- 국가와 민족에 헌신하기를 다짐하고 실천한다.

나. 상·하급자에 대한 忠

상관에 대한 충성은 참마음에서 우러나오는 정성을 자신의 상관에게 바치는 것을 의미한다. 구체적으로 말하면 그것은 상관의 명령에 정성을 다하여 복종하는 것을 말한다. 어쩔 수 없이 복종하는 것이 아니라, 속마음으로부터 우러나오는 정성으로 명령을 수행하는 것이 바로 상관에 대한 충성이다. 그러나 현실은 그렇지만은 않다. 일상생활에서 상급자의 명령에 복종하는 것이 항상 속마음으로부터 우러나오는 참된 복종이기보다는 그저 상관의 명령이니까 어쩔 수 없이 복종하는 경우가 많다. 이런 것들은 상관에 대한 참된 '충'이라고 볼 수 없다.

상관에 대한 참된 의미에서의 '충'이 되기 위해서는 상 · 하급자의 마음가짐과 태도가 중요한데, 그 중에서도 먼저 상급자가 상급자다워야 한다. 상관에 대한 참다운 충성을 이끌어 내기 위해서는 상급자다운 상급자의 모습을 보여야 한다. 옛말에 "천하가 평온하려면 나라를 어떻게 다스리느냐에 달려 있다. 위에서 어른을 어른으로 대접하면 백성들에게 공경하는 마음이 일어나고, 위에서 외로운 사람들을 불쌍히 여기면 백성들은 배반하지 않게 된다. 그래서 리더는 법도에 따라 행동하는 방법을 가져야 한다(所謂平天下在治其國者, 上長長而民興弟, 上恤孤而民不倍, 是以君子有 絜矩之道也)"고 했다. 상관이 상관다우면, 부하의 공경하는 마음과 충성을 저절로 나오게 된다는 것이다. 하급자들에게 참다운 충성을 갖게 하는데 있어서 상급자의 태도, 특히 상급자의 인격이 방해요소가 되는 경우가 종종 있다. 인간은 이성적인 존재이지만 또한 감정의 동물이다. 하급자라 할지라도 참을 수 없는 감정을 자극하거나 자존심을 훼손시키면, 감정이 폭발하기 마련이다. 가령 명령을 내리거나 임무수행을 지시할 때 상급자가 비인격적인 언행이나 모욕적인 언사로 하게 되면, 하급자는 속마음에서 우러나오는 '충'으로 정성을 다해 수행하기를 기대할 수는 없을 것이다. 군(軍)이라는 특수한 집단이기 때문에 상급자의 온전치 못한 언행에도 어쩔 수 없이 참고 그 일을 수행할 뿐 인간적인 유대감을 느끼지는 못할 것이다.

명령이나 지시를 내릴 때 상급자의 태도나 인사만이 중요한 것은 아니다. 하급자로 하여금 스스로 상관의 명령에 대하여 우러나오는 마음에서 수행할 수 있도록 하기 위해 중요한 것은 상급자의 인격적·도덕적 성실성이다. 상급자의 인격적·도덕적 성실성이 중요한 까닭은 그것이 하급자로부터 상급자를 존경하고 따르게 만드느냐 아니냐에 결정적인 역할을 하기 때문이다. 하급자로 하여금 우러나오는 정성으로 명령에 따르게 하는 것은 상급자에 대한 존경심이다.

상급자를 인격적으로 존경하고 따르는 하급자라면 상급자의 명령을 어쩔 수 없이 행하는 일이란 없다. 상관을 존경하고 좋아하는 부하라고 한다면 오히려 그에게 어떤 일을 맡기는 것 자체를 영광으로 여기고 기쁘게 생각한다. 그리하여 그 명령수행에 최선을 다한다. 명령수행에 최선을 다한다는 것, 그것은 결코 강요된 것이 아니다. 상관의 명령에 대하여 이런 마음가짐을 갖는다는 것이야말로 상관에 대한 참된 충성의 발로이며, 그와 같은 충성을 불러일으키는 것은 바로 상급자의 인격과 태도에 달려 있는 것이다.

다음은 하급자의 마음가짐이다. 하급자는 상관을 존경하고 그의 명령에 대하여 항상 정성을 다해 수행하겠다는 마음의 각오가 되어 있어야 한다. "말(馬)을 물가로 끌고 갈 수는 있어도, 물을 먹일 수는 없다"는 말처럼 마음의 문을 닫아버린 하급자에게는 참된 '충'을 기대할 수가 없다. 마음의 빗장을 열기 위해서는 상급자의 배려와 함께 하급자도 상관의 의도를 최선을 다해 수명하겠다는 자발적인 각오가 필요하다. 이렇듯이 상·하 온전한 '충의 관계'는 신뢰를 바탕으로 한 깊은 인간관계 속에서 이루어지게 된다.

요컨대 상관에 '충의 발현'은 몸과 마음을 다해 상관의 명령에 복종하는 것이다. 이를 위해서는 상급자는 상급자다운 리더십을 발휘해야 되고, 하급자는 상관을 존경하는 마음을 가져야 한다. 이 모두는 인격적이고 도덕적인 상·하의 관계형성이 관건이 된다고 본다(아래 例 참조).

- 규정에 따라 행동하는 자세를 견지한다(絜矩之道)
- 사랑과 정성을 다하는 신뢰관계를 형성한다.
- 상·하간에 상호 인격을 존중한다.
- 전우가 어려울 때에는 내 몸과 같이 아끼고 도와준다.
- 하급자의 성실한 후견인 역할을 한다.
- 발전적 건의와 적극적인 수용자세를 견지한다.
- 상관의 명령에 절대 복종한다.

다. 자신에 대한 忠

자신에 대한 '충'은 한마디로 말한다면, 자기 자신에게 충실하는 것이라 할 수 있다. 이른바 '자기의 뜻을 정성스럽게 한다'는 것이다. 즉 자기 자신을 속이지 않고, 자기 본연을 진실되게 이루어 간다는 말이다. 그렇기 때문에 각자의 내재적 본연이 중요하다고 할 수 있다. 온전한 사람(大人)은 언제나 본연의 자아를 성실히 추구해 가지만, 그릇된 사람(下人)은 남이 보지 않는 곳에서는 온갖 나쁜 짓을 하다가도 상급자를 만나기만 하면 슬쩍 자기 잘못을 덮어두고, 자기의 잘한 것이나 남이 못한 것만 드러내려 한다. 즉, 자기 자신에게 충실치 않고 감추려고 하는 경향이 짙다는 것이다. 여기에서 불신과 부조화가 싹트기 시작하여 조직 전체에까지 영향을 미치게 되고 만다.

왜 그럴까? 근본이 잘못되어 있기 때문이다. 근본이란 사람의 됨됨이가 되는 바탕으로서 직무와 관련한 지식과 삶의 지혜, 성의(誠意), 바른 마음(正心)을 갖는 것이다. 그렇기 때문에 근본(根本)을 세우도록 노력해야 한다. 근본을 세운다는 것은 자기 몸과 마음을 닦는 일이다. 대학(大學)에 이르기를 "천자(天子)로부터 서인(庶人)에 이르기까지 한결같이 모두 몸과 마음을 닦는 것으로 근본을 삼는다(自天子以至於庶人 壹是皆以修身爲本)"고 했다. 근본을 세우는 일은 누구에게 국한되는 것이 아니라는 것이다. 그래서 우리는 근본을 세우기를 부단히 노력해야 한다. 이렇게 될 때까지 위치와 처지를 올바로 인식하고, 그에 알맞도록 처신도 하게 된다. 처신을 잘한다는 것은 그렇게 복잡한 일이 아니다. 윗사람으로서는 어질고, 아랫사람으로서는 공경을 다하며, 자식으로서는 효도를 행하고, 부모로서는 자애로우며, 남들과는 신용을 지키는 것이다. 이러한 마음가짐과 행동이 자신에게 '충'을 하는 것이라고 할 수 있다.

그리고 근본을 바탕으로 올바른 인간관계도 유지해 나가도록 해야 한다. 인간관계는 가정에서 시작된다. 부모에게 효도를 하고 자식을 사랑하며, 형제들과 우애하며 화목한 가정을 이룩함으로써 비로소 온전한 사회의 한 구성요원으로 성장하게 되는 것이다. 그렇게 되면, '효의 감정(孝心)'으로 윗사람을 섬기게 되고, '자(慈)의 감정(사랑)'으로 아랫사람을 거느리게 되며, '제(弟)의 감정(友愛)'으로 동료들과 화합하게 되어, 주어진 직분에 최선을 다하게 된다는 것이다. 이것이 바로 '자기 자신에 대한 충'의 온전한 모습이라 할 수 있다. 이를 보면 '근본'이나 올바른 '인간관계'는 '충'을 하기 위한 토대이며, 힘이 됨을 알 수 있다.

인간관계의 출발이 가정이라고 했다. 자기 가족들과 화천하지 못하고서는 남들과 잘 지내기란 어려운 일이다. 그렇기 때문에 가정에서의 온전한 '효의 실천'은 사회 및 국가적 영역에서 '충'으로 확장되며, '예의 관계'로 발전하여 조화와 질서를 유지하게 된다. (아래 例 참조)

- 마음을 수양하여 근본을 세운다(修己治人)
- 항상 겸손하고, 매사에 배우려는 마음을 갖는다.
- 긍정적인 사고와 적극적인 행동을 한다.
- 부여된 임무는 반드시 완수하도록 한다.
- 언행일치(言行一致)로 신뢰를 형성한다.
- 거짓말과 행동을 하지 않는다.

라. 직업에 대한 忠

직업에 대한 충성은 자신이 맡은 바 임무에 대하여 참마음에서 정성을 다하는 것이다. 즉, 직업이 의사인 사람은 환자를 진료하는 일에, 운동선수는 운동경기에, 교사는 가르치는 일에, 회사원은 화사 일에 정성을 다하여 맡은 바 직무에 최선을 다하는 것이다.

주어진 일을 정성을 다하여 최선을 다한다는 것은, 직업에 대한 남다른 사랑과 애착심이 있고, 아울러 희생하고 헌신하겠다는 각오를 가지고 하게 되는 것이다. 이렇게 할 때 그 일에 대한 보람과 자부심을 갖게 될 것이다.

군인은 어느 직책을 수행하든 누구나 국가를 방위하는 일을 하는 것이다. 그렇기 때문에 군인은 어떤 일을 하게 되더라도 마음과 힘을 다해(盡心竭力)야 한다. 왜냐하면, 군인이 하는 일은 어느 단체나 회사, 또는 일부 기관에 해당되는 사항이 아니고 국가를 대상으로 이루어지는 일이기 때문에 일심(一心)·진심(眞心)·충심(衷心)·진심(盡心) 등을 다하지 않으면 안된다. 다시 말해 "국가와 나는 하나이며, 참된 속마음으로, 직분에 최선을 다하겠다"는 각오와 실천이 따른다는 것이다. 여기에는 국가와 민족을 위하여 희생하고 봉사하겠다는 마음이 우선되어야 할 것이다.

군대가 존재하는 이유는 국가방위에 있다. 그래서 군대조직을 이루고 있는 군인들은 국가방위에 필요한 직분을 수행하게 된다. 이른바 '국가방위'에 대한 '소명(召命)'이 주어져 있다는 것이다. 다시 말해 군인이란 신분으로 국가방위에 헌신 봉사하도록 국가로부터 부름을 받았다는 것이다. 이러한 '소명'에 응한 것이 바로 우리 군인인 것이다. 국민의 생명과 재산을 보호하고 국토를 보존하기 위한 일이 주어진 것이다. 이를 성실히 수행할 때 국가방위가 가능하며, 아울러 국민들은 평안한 삶을 누리게 된다.

나라를 지키는 군인들이 있기에 정치 · 경제 · 사회활동과 민족고유문화와 정신도 맥을 이어갈 수 있는 것이다. 많은 국민들이 고이 잠들어 있을 때도 하늘과 바다와 땅에서 "한산섬 달 밝은 밤에 수루에 혼자 앉아, 큰칼 옆에 차고 깊은 시름을 하는 차에, 어디서 일성호가는 남의 애를 끊나니"라고 하는 충무공의 애국 충정을 생각하며 각자의 소임을 다하고 있다. 이것이 군인의 직업이다. 군인이 직업에 '충'한다는 것은 국가를 위해 희생하고 헌신한다는 것을 의미한다.

2. 忠의 실천 이유

- 국가가 있어야 내가 있고, 가정이 있다.
- 직분에 최선을 다함은 자신에 도움이 된다.
- 곧고 바름(中正)은 가정 · 사회 · 국가에 이롭다.

가. 국가가 있어야 내가 있고, 가정이 있다.

우리의 역사를 보면 국가의 존재가 얼마나 중요한 것인지를 알 수 있다. 조선시대 중엽, 왜구의 침략 징후가 보이기 시작하자 일부 뜻있는 사람들이 국가방비를 위한 대비책을 주장하였지만, 근시안적이고 잘못된 상황판단으로 국가방비를 걱정하는 목소리에 귀를 기울이지 않았다. 그 결과 거의 무방비 상태에서 침략을 맞이하게 되고 전 국토, 전 국민이 감당할 수 없는 치욕을 겪어야 했다. 이렇듯이 분명한 것은 국가가 있어야 나와 내 가정이 있을 수 있다. 그래서 '충'을 통하여 언제나 국가를 생각하고 조국의 소중함을 생각해야 한다.

나. 직분에 최선을 다함은 자신에 도움이 된다.

'충'이란 자신이 소속해 있는 모체에 대하여 인간적인 성실성을 바치는 것을 말한다(誠實之謂忠). '충'에 대한 마음이 어떻게 정립되어 있느냐에 따라 그 사람의 특성이 결정될 뿐만 아니라, 생활방향이나 추구하고자 하는 가치기준도 설정된다. 이에 따라 '충'은 사람의 특성을 포괄한다는 의미를 지니고 있으며, 진정한 '충'은 양심적 판단에 의해 표현될 때 목숨까지도 산화할 수 있는 용기가 나타나게 된다. 자기 직분에 대해 '하고자 하는 마음'이 이렇게 나타나는 것을 '직분에 최선을 다한다'고 표현하며, 그 결과는 반드시 물질적으로나 정신적으로 자신에게로 돌아오게 되어 있다. 한 예(例)로 경연대회나 측정에 스스로 최선을 다해 임하여, 준비하고 자기 역량을 발휘하게 되면 그 후에 오는 것은 정신적으로는 '내가 해냈다'는 성취감이요, 상급자의 위로와 격려가 따르게 된다. 이것이 직분에 최선을 다하게 되면 자신에게 도움이 된다는 것이다.

다. 곧고 바름(中正)은 가정·사회·국가에 이롭다.

개인을 가리켜 '권리의 주체'라고 한다. 이는 가정과 사회와 국가라는 생활공간에서 누릴 수 있는 '권리'가 많다는 것이다. 그러나 '권리의 주체'이기에 앞서 '책임의 주체'가 됨을 알아야 한다. 왜냐하면 인간은 누구나 책임을 어떻게 수행하느냐에 따라서 사회적 존재의미가 평가되기 때문이다. 가정에서만 해도 '부모·자식·형과 아우…등'

복합적인 책임이 요구되고 있다. 생활영역이 사회(국가)적으로 확대되게 되면 더욱 많은 책임이 '나'라는 존재에게 집중되고 있음을 깨닫게 된다. 어떻든 우리는 가정과 사회와 국가라는 생활영역 내에서 살아가게 되어 있다.

그리고 그에 상응한 책임을 다하면서 권리도 누리게 돼 있는 것이다. 권리는 책임을 다하게 되면 나오는 것이고, 책임을 다하는 것이 '충'이라 할 수 있다.

'충'은 '곧고 바르게' 한다는 의미를 지니고 있다. 즉, 양심에 근거한 도덕적인 힘이며 정당성을 보호하는 것이다. 사실 지금과 같이 복잡하고 변화가 심한 시대에 '곧고 바르게' 살아가는 데에는 많은 어려움이 따른다. 그러나 그 어려움을 극복하고 '곧고 바르게' 살게되면, 자식이 부모를 본받게 되고, 제자가 스승을 본받게 되며, 부하가 상관을 본받게 되어, 결국은 가정과 사회와 나라가 온전하게 된다는 것이다. '곧고 바르게' 하는 것이 사필귀정(事必歸正)의 이치이기 때문이다.

3. 병영에서의 忠 실천

- 국가와 민족을 바로 안다.
- 근본에 충실한다.
- 직분에 최선을 다한다.
- 국가에 유익을 기한다.

병영에서의 '충'실천은 그 본질에 맞게 국가와 민족을 바로 알고 국가를 위하는 참된 마음으로 근본에 충실하며, 맡은바 직분에 최선을 다하고, 반드시 국가에 유익을 기하도록 하는 것이다.

가. 국가와 민족을 바로 안다.

우리나라는 유구한 역사와 함께 빛나는 문화적 전통을 가지고 있다. 한편으로는 견디기 힘들 정도의 아픔도 가지고 있다. 나라와 민족을 아는 데는, 자랑할 수 있는 것들도 있지만, 국민정신 함양의 교육적 가치로는 아픔의 역사를 알게 하는 것이 바람직하다. 왜냐하면 고난의 역사는 미래를 열어갈 수 있는 등대와 같은 역할을 하기 때문이다.

이스라엘에서는 약 2천년 동안 나라 없이 세계를 떠돌아다니며, 당했던 시련과 아랍민족과의 피나는 싸움의 역사를 그대로 보존하여 현장교육하고 있고, 미국도 진주만 피습을 그대로 보존하여 후손들로 하여금 같은 실수를 당하지 않도록 자각하기를 촉구하고 있으며, 일본도 원폭세례를 당해 무너진 건물원형을 그대로 보존하여 국민정신을 불러일으키는 현장교육장으로 활용하고 있다고 한다. 이 모든 것은 나라의 역사를 올바로 알려 주어, 지금에 처한 현실을 직시(直視)하고 미래를 열 수 있는 혜안(慧眼)을 갖도록 하려는 것이다.

나. 근본에 충실한다.

근본(根本)은 사물이 발생하는 '근원 또는 기초, 혹은 뿌리'라고도 한다. 우리는 무슨 일을 할 때 '그거야 어떤 마음가짐으로 하느냐에 달렸지'라고 하며 독려하기도 한다. 그래서 일을 할 때에는 '마음가짐'은 '마음의 태도, 결심'이란 뜻이다. '심사(心思)'라는 말과 같은 의미로 볼 수 있는데, 이는 '마음을 쓰는 본디의 생김새'라는 뜻이다.

마음을 온전하게 하려고 하면, 본디 그 마음을 이루고 있는 것들부터 온전해야 할 것이다. 사람이 마음을 쓸 때에는 지(知)·정(情)·의

(意) · 행(行)의 과정을 거치게 된다. 그렇기 때문에 知 · 情 · 意 · 行의 과정으로 움직이게 하는 근원, 즉 바탕이 되는 요소들이 중요하다. 다산 정약용은 '청렴하다는 것은 목민관의 근본이 되는 직무이다(廉者, 牧之本)'라고 했다. 사람의 덕성중에 '청렴성(淸廉性)'은 모든 것의 바탕이 되기 때문이다. 이 '청렴성'에는 양심과 정직, 그리고 명예를 바탕으로 나타나는 덕성이다. 양심은 자기 자신에 대한 도덕적인 힘이며, 정직은 양심과 정당성을 보호해주는 도덕적 행위이며, 명예는 사람의 지위에 따라 요구되는 사회적 기준인 동시에 인식의 척도이며 존경의 표명인 것이다. 그래서 사람은 무슨 일을 하던지 청렴성을 바탕에 깔고 시작하게 되면 온전한 충성도 나오고, 온전한 책임, 성실, 인내, 공정함 등도 기대 할 수가 있다. 여기에는 더 없는 힘이 있고, 신뢰가 따라오게 되어 있다. 그렇기 때문에 군인은 근본에 충실하기 위해서 애를 써야 한다.

다. 직분에 최선을 다한다.

'충'은 최후의 경우에는 목숨까지도 바친다 하여, 충즉진명(忠則盡命)이라고도 한다. 즉, 자기 목숨까지도 다한다는 각오로 직분에 최선을 다하는 것이 '충'이라는 것이다. '자기 직분에 최선을 다한다'는 것은 소속되어 있는 모체와 주어진 일에 대하여 '인간적 성실'을 다한다는 것이다. '인간적 성실'은 스스로 분담하고 있는 직분에 충실함으로써 전체적으로 조화를 이루어 가는 것이다. 직분에 최선을 다하는 진정한 행위가 나타나기 위해서는 '봉사하겠다'는 자세가 확립되어야 하며, '봉사자세'는 희생정신을 바탕으로 나타나는 것이다. '희생정신'은 반대급부를 요구하지 않는다는 데 그 본질적 의미가 있다. 이렇듯이 우리 군인은 각자에게 주어진 임무를 묵묵히 수행해 가는 것이 직분에 최선을 다하게 되는 것이다. '경계병은 경계하는 일에, 운전병은 안전하게 운행하는 일에, 중대장은 중대를 잘 지휘하고 이끌어 가는 일'에 힘을 다하면 된다. 이런 일을 하는데 어떤 대가가 꼭 필요한 것은 아닐 것이다. 도산 안창호 선생께서도 국가에 충성한다는 것은 '농사짓는 사람은 농사일에 장사꾼은 장사하는 일에 교육자는 가르치는 일에 최선을 다하면, 그것이 곧 나라를 위한 충(愛國)이다'라고 했다. 따라서 지휘관·참모·교관·담당관이나 병사로서 각자가 맡은 바 직분에 최선을 다하면, 이것이 곧 진정한 충(忠)이 되는 것이다.

라. 국가에 유익을 기한다.

군은 본질적으로 국가보위와 번영이라는 국가이념을 구현하는데 존재의의를 가진다. 그러므로 군인은 국가보위와 번영에 유익을 기하도록 해야 한다. 내가 하는 일이 비록 가정과 직장에는 도움이 된다고 하더라도, 국가에 해(害)가 될 수 있는 성질의 것이라면 해서는 안 된다는 것이다. 극단적인 예(例)가 되겠지만, 어느 회사에서 밀수를 하여 이익을 많이 얻게 되자, 직원들에게 봉급외에 보너스까지 지급함으로써 가정살림에 보탬이 되었다고 한다면, 이것은 이익을 남겨 회사와 가정에는 도움이 되었더라도 국가적으로는 해(害)가 되는 일로서 지탄을 받게 되는 불충(不忠)한 일이 되는 것이다.

어떻든 국가에 유익이 되는 것은 국가의 3요소를 잘 지키고 가꾸어 보존해 나가는 일이다. 환경보호 및 국토대청결활동 등으로 국토를 가꾸며, 상고사를 포함한 우리 역사와 애국가·태극기·무궁화를 바로 알고, 국가전력(정치·경제·사상·군사)을 강화하여 주권을 지키며, 재해·재난에 대한 적극적인 대민지원과 사회봉사활동으로 국민 속의 군대로서 '대국민일체감'을 형성해 나가야 한다.

제4절 孝의 실천

1. 孝의 실천이유

- 사람이 마땅히 행할 본분이다.
- 부모님 돌아가신 뒤 후회한다.
- 자식이 본받는다.
- 가정을 화목하게 한다.

효는 가정생활을 원만히 이룩해 나가는데 필요한 기본질서이다. 가정을 떠나서 인간은 살아갈 수 없다. 가정이라는 따스한 보금자리가 있기에 객지 생활도 보람있게 해 낼 수가 있다. 효는 따스한 가정에 뿌리를 두고 있으며, 조상과 어버이에게 자손된 도리를 성심껏 다하는 보람있는 노릇이다. 효를 행하는 것은 스스로의 성심과 힘을 다하는데 달려 있기 때문에 잘살고 못사는 것과는 상관이 없다. 살림살이가 넉넉해야 효자 노릇할 수 있고, 집안이 가난하면 효자가 될 수 없다는 논리는 어떤 경우에도 성립될 수 없는 것이다. 효는 효성(孝誠)과 효행(孝行)으로 이루어져 있다. 효성은 물질적 조건에 앞서는 성실함에 바탕을 두고 나타나는 마음의 표현이고, 효행은 그와 같은 마음이 일상적인 생활로 나타나는 행동이다. 예를 든다면, 물질적으로 여유 있는 생활을 하면서도 효도와는 거리가 먼 사람이 있는가 하면, 살림은 비록 가난하여 어려울지라도 성심 성의껏 효도하는 사람도 있다. 좋은 주택이나 넉넉한 살림으로 물질적인 여건이 마련된 가운데 효도를 한다면 더 바랄 것이 없겠지만, 그와 같은 여건이 갖추어져 있지 않다 하더라도 참된 마음으로 정성을 다해 부모님을 받드는 것이 더욱 값진 효(孝)라고 할 수 있다.

가. 사람이 마땅히 행할 본분이다.

효(孝)를 백행(百行)의 근본이라 한다. 왜냐하면, 효는 모든 것의 바탕이 되는 '성실성'을 주된 내용으로 하고 있기 때문이다. 소속되어 있는 조직에 대하여 성실함을 다하는 것을 '충도(忠道)'라 하며, 인간관계에서 성실함을 다하는 것을 '도리(道理)'라 하고, 가족과 어른과의 관계에서 성실함은 '효도(孝道)'라 하며, 부부간에 있어서의 성실함은 '애정(愛情)'이라 하여, 사람이면 마땅히 행해야 할 본분으로 강조되고 있다. 이렇게 하는 것이 나름대로 직분을 다하는 모습이라 할 수 있다. 이와 같이 효는 인간생활의 모든 면에 걸쳐 관련되는 함수적 관계를 지니고 있다. 다시 말해 효가 '온전한 충성, 참된효도, 진정한 도리'의 바탕이 된다는 것이다. 효의 참뜻이 사랑이기 때문이다.

나. 부모님 돌아가신 뒤 후회한다.

옛말에 '부모님께 불효하면 돌아가신 다음에 후회한다(不孝父母死後悔)'고 했다. 또 '나무는 고요하게 있으려고 하지만 바람이 그냥 놔두지 않듯이, 자식이 부모를 더 봉양하려고 하나, 부모는 기다려 주지 않는다.(樹欲靜而風不止, 子欲養而親不待)'라고 했다. 다시 말해 부모님 살아 계실 때에 정성을 다해 효도를 해야지, 그렇지 못했을 경우에는 부모님 돌아가신 후에는 못다 한 효도 때문에 반드시 후회하게 됨을 일깨워주는 말이다. 이와 같이 불효에 대한 후회의 의미를 깊이 받아들여 부모님 살아 계실 때 자식 된 도리를 다해야 할 것이다.

다. 자식이 본받게 된다.

옛말에 '부친이 살아 계실 적에 자식을 통하여 아버지의 뜻이 들어나고, 돌아가신 다음에는 자식을 통하여 아버지의 행실이 드러난다.(父在觀其志, 父沒觀其行)'고 했다. 왜 그런가? 자식은 부모의 행실을 본받기 때문이다. 이렇듯이 부모와 자식과의 관계는 인생의 노하우를 전해주고, 남으로부터는 모방할 수 없는 삶의 기술을 전수해주고 받는 아주 특별한 관계이다. 그래서 아이를 보고서도 "너 누구 아들이지?" 하는 것이다. 아이들은 어려서부터 자기부모에 대해서는 대단한 자부심을 가지고 부모의 모습을 은연중에 모방하게 되고 이것이 쌓이고 쌓여서 행동으로 나타나게 된다. 중국 주나라의 '강태공'도 "내가 부모님을 효로써 섬기면, 자식 또한 나에 효도할 것이나, 내가 부모님께 불효하면 자식이 어찌 나에게 효도를 하리요"라고 했다. 즉, 자식은 부모를 본받게 되기 때문에 부모가 행하던 대로 자식 또한 행하게 되므로, 살아계신 부모님을 섬길 때나 돌아가신 후 제사를 모실 때도 정성을 다해 받들어 모시는 진실된 모습을 자식에게 보여 주어야 한다는 것이다.

라. 가정을 화목하게 한다.

'자식이 효도하면 부모님이 즐거워하고, 집안이 화목해지며 모든 일이 순조롭게 이루어진다(子孝雙親樂, 家和萬事成)'라고 했다. 다시 말해 효를 행하게 되면 가정의 질서와 조화는 저절로 형성되어지게 되고, 모든 일이 쉽게 이루어진다는 것이다. 그것은 효성이 있는 자식은 부모님이 원하시는 것이 무엇인지를 잘 알아 그 뜻에 따라 행동하게 되고, 형제간의 우애도 돈독하여 서로를 위해주고 이끌어 주며, 자기 할 일은 알아서 최선을 다하게 함으로써 부모(조상)님께 욕되는 언행을 하지 않게 되고, 입신출세하여 가문의 명예도 빛내게 된다. 그래서 효는 가정의 화목을 가져오고 매사를 순조롭게 할 수 있는 '만사형통의 보고(寶庫)'를 열 수 있는 '열쇠'가 된다고 한다.

2. 병영에서의 孝 실천

- 몸을 건강하게 보존한다.
- 부모님 말씀을 공경하고 순종한다.
- 정성으로 섬겨 불편 없게 한다.
- 꼭 필요한 일꾼이 된다.
- 부모님 뜻을 받들어 기린다.

병영에서 효를 어떻게 실천할 것인가? 항상 부모님을 생각하고, 부모임의 뜻을 좇아서 책임의식을 가지고 실천해야 한다. 여기에는 사랑과 정성이 바탕이 되어야 한다. 그래서 부모님께서 정성을 다해 '나'를 키우신 것처럼 '나'도 정성을 다하여 부모님을 책임지고모시겠다는 마음자세가 중요하다. 이런 마음을 가지고 실천하게 되면, 자녀 역시 아버지의 효행을 배우게 되고, 근본이 온전한 사람으로 성장되어 가게 된다.

병영을 일컬어 '군대가정'이라 한다. 그렇다면 군대도 '우리집'처럼 부모의 사랑과 자식의 효도가 있는 '집안'으로 만들어야 한다. 다시 말해서 지휘관은 부대의 아버지로서 근엄함과 자식을 향한 마음의 사랑을 가져야 하고, 간부들은 늘 촉촉한 어머니의 애틋한 마음으로 다독거리면서 이끌 수 있는 사랑이 있어야 하고, 병사들은 부모님의 뜻에 순종하는 효심을 가져야 한다.

가. 몸을 건강하게 보존한다(신체보존의 효).

"그래 네 몸은 건강하냐?" "식사는 잘 하고?" "부디 몸 성히 지내다가 오너라" 이 말은 자식이 어디에 가 있던 부모님이 입버릇처럼 하게 되는 당부의 말이다. 이것을 보면 부모가 자식에 대한 가장 큰 바람은 몸 건강한 것임을 알 수 있다. 그렇기 때문에 부모님에 대한 효를 하기 위해서는 자기 몸을 건강하게 유지하는 것이다. 다시 말해, 자기 몸을 건강하게 간수하여 부모님으로부터 이어받은 몸을 아무 손상 없이 잘 보존하여 부모님께 근심(걱정)을 끼치는 일이 없도록 해야 한다는 것이다.

공자도 '우리의 몸은 부모님으로부터 받은 것이니, 다치지 않고 온전히 보존하는 것이 효도의 시작이다'라고 했다. 부모는 자식을 자기 분신으로 생각하기 때문에 자식이 건강하게 자라고 생활하는 것을 제일 큰 기쁨으로 여긴다는 것이다. 또 누구든지 자기 몸이 건강하지 못하면 정성을 다해 효도도할 수 없을 것이다. 그렇기 때문에 부모님 곁을 떠나 멀리 와 있는 군인들은 몸을 건강하게 간수하는 것이 매우 중요하다. 이것이 병영에서의 효도의 시작이다. 몸을 건강하게 유지하고 있는 가운데 정신적·물질적인 효도가 이루어질 때 부모님께서는 진정으로 기뻐하실 것이다.

나. 부모님의 말씀을 공경하고 순종한다(정신적인 효).

자식은 부모님의 뜻을 공경하고 순종해야 한다. 부모님을 대할 때는 항상 안색을 부드럽고 밝게 하며, 언행을 공손하게 하고, 품행과 용모를 단정하게 하여 부모님의 마음을 밝게 해드려야 한다. 이렇게 하려면 부모님에 대하여 항상 공경하는 마음을 가져야 한다.

군인에게는 군인다운 모습이 보여질 때, 부모님은 마음 흐뭇해하고 편한 마음을 갖게 된다. 군인이 군인답지 못하면 그것이 걱정거리로 작용되어 부모님은 마음이 편치 않을 것이다. 그래서 성실히 근무하여 마음을 편안하게 해드리고, 걱정하시지 않게 하며, 소외되지 않게 해드리는 등 '공경 · 순종 · 시봉(侍奉)의 효'를 다해야 한다. 즉, 부모님의 뜻을 존중해야 한다. 혹시 부모님 뜻을 거역하여 노여움을 사도록 해서는 안 된다. 또 부모님을 욕되게 해서는 안 된다. 일부 유명인사 자식들이 사회적으로 물의를 일으켜 그 부모님들이 얼굴도 제대로 들고 다니지 못하게 된 경우도 있듯이, 자식교육 잘못하면 패가망신 당하기 일수이다.

다. 정성으로 섬겨 불편 없게 한다(물질적인 효).

낳아주고 길러준 부모님에 대하여 마음속으로부터 우러나오는 정성으로 섬겨 불편함이 없도록 해야 한다. 군인으로서는 다소 제한이 되겠지만 정성을 다하는 마음만 있으면 어디서든지 할 수 있는 것들이다. 의식주를 편하고 즐겁게 해드리는 일, 문안인사 드리는 일, 부모님 근심 · 걱정 위로해 드리는 일, 부모님 병환시 간호하는 일, 절기나 기념일에 필요한 선물해 드리는 일 등이다. '물질이 있는 곳에 그 마음도 있다'고 했다. 가진 것 중에서 부모님을 위해 정성을 다해 사용하게 되면 설사 그것이 그리 값진 것이 못되더라도 부모니은 그것을 자랑스럽게 여기게 된다. 한 예를 들면 백일휴가 갔을 때 선물로 사다드린 담배 한 보루를 6개월이 지나 두 번째 휴가 갔을 때도 피우고 계신 것이다. 그동안 아버지는 아들이 사다준 담배가 아깝기도 했지만 동네 어른들에게 "이거 군에 간 우리 아들이 사온 것이다"라고 자랑하고 싶어서 노인정이나 어른들이 모이는 장소에 갈 때만 피우셨다고 했다. 작은 담배 선물이지만 부모님은 자식의 정성에 대해 그렇게도 고마워하시는 것이다.

라. 필요한 일꾼이 된다(揚名의 효).

'일꾼'은 중대한 일을 맡아서 잘 처리해 나가는 사람을 일컫는 말이다. 옛날 상선이나 군함은 많은 사람이 노를 저어서 가고자 하는 곳으로 갈 수 있었다. 이때 노를 젓는 일꾼들은 배의 맨 밑바닥에서 노를 저었다. 밖에서는 보이지 않지만 그들의 수고로 배는 가고자 하는 목표를 향해 갈 수 있었던 것이다. '일꾼'의 참모습은 바로 이런 것이라고 생각한다. 다시 말해 자기직분을 충실히 함으로써 남으로부터 칭송도 받고, 자기와 부모이름까지 빛나게 한다.

개인적으로 이름을 널리 알리는 것(揚名)도 중요하겠지만, 다원화된 지금은 시대가 요구하는 '일꾼'이 되는 것이 더 중요하다고 본다. 다시 말해 필요한 '일꾼'이 되어 묵묵히 국가와 사회발전에 기여하는 것이 입신출세하여 이름을 세상에 들어내는 것에 버금가는 것이라고 할 수 있다는 것이다. 그래서 병영에서는 참 군인이 되고, 사회에서는 사회발전에 도움이 되는 사람이 되는 것을 이 시대가 우리에게 요구하고 있다. 그렇기 때문에 우리는 이러한 요구에 충족할 수 있도록 노력해야 한다. 이렇게 하게 되면, 부모님의 기대에도 부응하고, 가문의 명예도 빛내게 되어 양명(揚名)의 효를 다하게 된다.

마. 부모님의 뜻을 받들어 기린다(養志의 효).

평소부터 부모님의 뜻을 받들어 집안의 전통을 이어 나가도록 노력해야 한다. 여기에는 집안의 전통을 잇고 조상의 뿌리를 알고 승모하는 일, 부모님 가업을 계승하는 일, 부모님이 이루지 못한 뜻이나 일을 이루어 나가는 일 등이 포함된다. 공자도 “부모님 살아 계시는 동안은 부모님의 뜻을 잘 살펴봐야 하고, 부모님 돌아가신 뒤에도 그 행한 바를 잘 살펴서 3년 동안은 부모님의 도(道)를 고치지 말아야 효자라고 할 수 있다”고 했다. 다시 말해 부모님이 원하는 바 그 뜻을 받들어 행하는 것과, 돌아가신 뒤에도 그 유지를 받들며, 조상의 제사를 정성을 다해 모시는 ‘봉사(奉祀)의 효’를 강조하고 있는 것이다. 군에서는 어떻게 해야 하나? 장병 모두는 위에서 언급했듯이 비록 병영 내에 있지만 부모님의 뜻을 잘 헤아려 행하고, 상례(喪禮)나 제례(祭禮) 등 ‘봉사(奉祀)의 효’를 게을리하지 않도록 해야 한다. 예를 들면 간부는 휴가기간을 적절히 활용하여 집안 대소사에 적극 참여하도록 하고, 병사들도 그러한 일정에 휴가나 외박기간을 최대한 맞추어 가도록 권장하고 조치해 줌으로써 비록 군에 가 있는 몸이지만 자식도리를 다하려고 애쓰는 모습을 보일 수 있도록 한다.

제5절 禮의 실천

1. 禮의 실천 이유

- 사람의 도리(道理)를 다하게 한다.
- 안정(安定)된 생활의 틀을 다지게 된다.
- 고매한 인격과 일치된 주인의식을 형성한다.
- 조직과 사회활동에 생명력으로 작용한다.
- 강력한 '지휘통솔 수단'이 된다.

가. 사람의 도리(道理)를 다하게 한다.

예(禮)를 실천하는 것은 사람으로서의 도리(道理)를 다하게 하는 것이다. '도리'는 사람으로서 마땅히 지켜야 할 '바른길', 즉 이치(理致)이다. 이는 사람이 살아가면서 하게 되는 모든 행위가 올바르게 표현되어야 한다는 뜻이다. 다시 말해 예(禮) 실천은 이치에 맞게 바르게 생활한다는 것이다. 예(禮)를 든다면 자동차는 도로를 따라 달려가고, 열차는 철길을 따라 달려가는 것을 당연하다고 하듯이, 사람이 예를 실천하는 것은 당연한 것이다. 자동차나 열차가 가야할 길로 가지 않을 때, 어떻게 되겠는가? '예(禮) 실천', 즉 '도리'는 사람에게만 요구되는 질서창조 기능이다. 예는 알지 못하면 자기도 모르는 사이에 무례한 언행을 하게 된다. 요사이 신문이나 방송뉴스에서 청소년들이 무례한 짓을 서슴없이 하고 있는 보도를 자주 접하게 된다. 이는 그들이 지켜야 할 예(禮)를 알려주지 않았기 때문에, 예를 알지 못함으로 해서 나타나는 현상이라고 할 수 있다.

병영에서도 욕설, 구타 등 포학(暴虐)한 방법으로 지휘통솔을 하는 것과 상가(喪家)나 예식장 등에서 옳지 못한 행동은 '예(禮)'를 잘 알지 못하는데서 오는 무례(無禮)한 짓으로 지탄의 대상이 된다.

나. 안정(安定)된 생활의 틀을 다지게 된다.

'예(禮)'는 조화와 질서를 지향하며, 조화와 질서는 아름다움을 창조한다. 봄이 가면 여름이 오고, 여름이 가면 가을이 오는 자연의 순환질서처럼, '예(禮)'는 인간이 보다 안정된 생활을 할 수 있도록 '틀'을 다져준다. 운전자는 '운전의 예(禮)'를 다하면 교통안전의 틀을 다지게 되고, 교사는 정도(正道)로서 '가르침의 예(禮)'를 다하면 전인교육의 틀을 다지게 되고, 군인은 충으로서 '국방의 예'를 다하며 온전한 국방의 틀을 다게 된다. 국가를 이루고 있는 각 분야에서 나름대로의 '예(禮)'를 다하게 되면 조화와 질서를 이루고 안정된 생활의 틀을 다지게 된다. 이렇듯이 '예(禮)'는 모든 생활의 안전운행을 보장하는 안정된 노선이라 할 수 있다.

다. 고매한 인격과 일치된 주인의식을 형성한다.

사람의 행동은 일정한 규율을 준수하고 유지해 나가게 될 때 위엄이 있고 떳떳하게 나타난다. 사람이 어떤 행동을 하게 될 때는 '이 행위가 옳은 것인가? 행동으로 옮기기에 가치가 있는 것인가?'에 대해 한번쯤은 생각하게 된다. 이것은 일반적으로 행동하기에 앞서 '옳고 그름과 보편타당한 당위성의 방향'이 제시되어 있다는 것을 의미한다. 이 '옳고 그름과 보편타당한 당위성의 방향'을 제시해 주고 있는 것이 바로 '윤리'이다. 일명 '삶의 잣대'라고 하여, 인간생활의 가치관을 판단할 수 있는 기준이 된다고 할 수 있다. 넓은 의미의 '윤리'에는 모든 실정법을 포함한다고 볼 수 있으며, 좁은 의미의 '윤리'는 사회적으로 적용되는 규범으로 이해할 수 있다. '윤리'는 강제력이 수반되는 실정법의 전단계에 속하는 영역이라 할 수 있다. 그래서 윤리의 세계는 자제력이 요구된다고 할 수 있다. 그렇기 때문에 강제성이 수반되는 '법(法)의 세계'보다는 자율성이 요구되는 '윤리의 세계'는 스스로 판단하고 자제하며 생활을 관리해 가는 데서 고매한 인격이 형성되어 가기 때문이다. 인격은 강제적 요청에 의해서 형성되어지는 것이 아니다. 어디까지나 개인의 욕심을 버리고 예의범절을 따르는 데서 인격의 고매(高邁)함도 이루어지기 때문이다.

라. 조직과 사회활동에 생명력으로 작용한다.

'예(禮)'는 조화와 질서라고 했다. 어떤 조직과 사회는 그 속에 조화와 질서가 이루어진 가운데 하게 되는 활동을 살아 움직이는 조직과 사회가 될 수 있다. 한 예(禮)를 들어서 말한다면, 4거리 교차로에서 많은 운전자들이 교통신호에 따라 기다리고 순서에 의해 진행하게 되면 그 4거리는 숨통이 트인 살아있는 교차로로서 구실을 하게 되지만, 그러나 약간의 기다림보다는 갑자기 뛰쳐나와 신호대기의 질서를 무시한다면 군중심리와 남에게 지기 싫어하는 심리가 작용하여 너도나도 먼저 가겠다는 욕심으로 교차로는 순식간에 차와 사람으로 뒤엉켜 그만 통행이 불가능한 죽은 교차로로 변하고 말 것이다.

예'(禮)'는 언제나 지키고자 하는 사람에 의하여 지켜지는 것이다. 따라서 '예의식(禮意識)'을 제대로 지니지 못한 사람은 '예(禮)'를 실천함에 있어서 자의식보다는 외부로부터 주어지는 강제성에 의해서 하게 된다. 이것은 외부로부터 수혈하는 것과 유사하여 지속될 수는 없는바 한시적인 생명력이라 하겠다.

마. 강력한 '지휘통솔수단'이 된다.

사회라는 큰 조직에는 조직의 생명력이 되는 '조화와 질서 유지'가 반드시 필요하다. 군대는 국가라는 '대사회(大社會)' 속에 있는 여러 개의 '소사회(小社會)' 중 하나이다. 군대는 일사불란(一絲不亂)하게 움직여야 한다. '일사불란'하다는 것은 '질서정연하여 조금도 어지러운 데가 없는 것'을 말한다. '일사불란'하게 움직이기 위해서는 상관과 부하가 하나라는 일심동체의 마음상태가 될 때 가능한 것이다. '일심동체의 마음상태'가 되려면, 상관은 상관다워야 하고 부하는 부하다워야 한다. 그런데 이들의 관계에서는 상관이 상관다울 때, 그 모습을 보고 부하가 따라하기 때문에 '상관이 상관 다운 것'이 더 중요하다. 상관이 상관다우려면, 상관으로서 그에 상응한 행동을 해야 한다. 다시 말해, 상관은 상관답게 행동하라는 것이다. 이렇게 하게 되면 자동적으로 상관의 권위와 위엄도 서게 되고, 상관 스스로 지휘통솔능력을 강력하게 키워나가는 것이 된다. 옛말에 '예라는 것은 군자의 강력한 힘이다(禮者 君之大柄也)'라고 했다. 이는 군자가 군자다운 '예(禮)'를 실천했기 때문에, '리더의 힘'이 자동적으로 모아지게 되었다고 볼 수 있다.

2. 병영에서의 禮 실천

- 약속한 것은 반드시 지킨다.
- 사실을 사실대로 말한다.
- 솔선수범한다.
- 군인의 예(禮)를 준수한다.
- 예절을 배우고 익힌다.

가. 약속한 것은 반드시 지킨다.

상관은 자신이 한 약속은 꼭 지켜야 한다. 왜냐하면 부하와의 약속을 쉽게 어길 때 상・하간의 신뢰는 무너져 버리기 때문이다. 상관이 부하에게 믿음을 주는 것은 자신이 한 약속을 지키는 데서 출발한다. 지키지 못할 약속은 처음부터 하지 말아야 한다. 잘 생각해보고 지킬 수 있는 것만 약속한다면 나중에 당황하는 일이 없을 것이며, 부하들도 상관의 말에 신뢰감을 가질 것이다. 옛말에 "약속을 지키면 잃는 것이 적다(以約 失之者 鮮??)"라고 했다. 약속 이행은 병영을 이끄는 최고의 기술이다.

나. 사실을 사실대로 말한다.

사실을 사실대로 말하는 것을 '정직'이라고 한다. 다시 말하면, 정직함이란 자신의 이익을 포기하면서도 사실을 사실대로 말함으로서 모든 사람이 더불어 유익을 얻을 수 있도록 하는 태도를 말한다. 독립운동의 지도자이신 도산 안창호 선생께서 "죽더라도 거짓이 없어라 거짓은 협잡을 낳고, 협잡은 불신을 낳고, 이 불신에서 모든 불행이 생겨난다. 우리나라를 망친 최대의 원인이 이 거짓이다"라고 했다. 사람은 누구나 실수가 있기 마련이다. 그러나 중요한 것은, 과연 그 실수를 솔직하게 인정하고 반성할 수 있는 마음자세가 되어 있느냐가 문제이다. 부대나 부서의 성패를 책임지고 있는 지휘관이나 부서장이 부정직해서는 안된다. 왜냐하면 리더로서 사실을 거짓으로 위장하거나 은패하려 한다면 아무도 그를 사랑하거나 존경하려 하지 않을 것이다.

다. 솔선수범한다.

신라 김유신장군의 일화가 있다. 백제와의 전투에서 승리하고 돌아와 왕을 뵙고 집으로 향하고 있었다. 그런데 다시 백제군이 침략해오니 곧 출전하라는 왕명을 마상(馬上)에서 전해 듣고 곧 말머리를 돌려 국경으로 향한다. 전투에서 지친 병사들이지만 장군이 자기 집 대문 앞을 지나면서도 옆도 돌아보지 않은 채 그냥 지나치는 것을 보고 피로가 한순간 싹 걷히면서, 다시 사기 충전하여 출전했다고 한다. 리더의 솔선수범은 그 조직의 생명력을 살리게 할 뿐더러 사기·단결을 공고하게 한다. 옛말에 '임금은 신하를 예로써 다스리고, 신하는 임금을 충으로써 섬긴다(君使臣以禮, 臣事君以忠)'고 했듯이, 상관(지휘관)은 상관으로서 반드시 '지휘통솔의 예'를 지켜야 하는 것이 매우 중요하다. 군조직의 특성상 상급자는 잘 지키지 않으면서 부하에게만 강요하는 경우가 많다. 언어폭력, 결례, 각종 옳지 못한 지시 등, 옳지 못한 것은 과감히 버릴 수 있어야 한다.

라. 군인의 예(禮)를 준수한다.

군인의 진정한 예(禮)는 무엇일까? 옛말에 '사슴을 일컬어 말이라 한다(指??爲馬)'는 말이 있다. 즉, 어떤 외부의 힘에 의해 진실이 왜곡된 것을 수용한다는 말이다. 군인은 이래서는 안될 것이다. 사슴을 사슴이라고 당당히 말할 수 있어야 한다. 이것을 일러 '도덕적 용기'라 한다. 즉, 자신이 업무를 수행하면서 잘못한 부분이나, 상관이 잘못 판단한 것에 대해 직언할 수 있는 용기를 말한다. 이는 사사로운 욕심을 버릴 때 가능한 것이다.

옛말에 "예(禮)는 망령된 말로 아첨하지 말아야 하고, 말을 함부로 해서도 안된다(禮不妄悅 人不辭費)"는 말이 있다. 상관의 처사가 분명히 잘못되었는데도 '지당하십니다' 하는 식으로 아첨하는 것은 결코 바람직한 부하의 모습이라고 할 수 없다. 바른길(正道)을 가려는 의지와 노력이 필요하다. 특히 군인은 명령에 대한 수명자세가 분명해야 하기 때문에, 상관(상대방)의 입장을 충분히 고려하여 잘못된 점에 대해서는 정중한 자세로 조언하고, 폐를 끼치지 않는 범위 내에서 도와주려는 마음을 갖는 것이 매우 중요하다.

마. 예절을 배우고 익힌다.

예절(禮節)은 '예의'와 '범절'의 합성어로서 '사람이 사람다운 삶을 살아가기 위해 마땅히 지켜져야 할 기본적인 약속과 규칙'이다. 예부터 우리 민족은 법에 의해서가 아니라 예(禮)에 의해서 질서가 유지되어 왔다. 이러한 예절에는 가정에서의 예절과 사회예절이 있고, 군대에서 지켜져야 할 군대예절이 있다.

① 가정예절은 가문 또는 가족간의 생활에 지켜져야 할 예절이다.

즉, 관혼상제, 호칭이나 인사말, 가족간의 예의, 가족계촌법, 각종 절하는 법 등이 포함된다. 이러한 가정예절은 전통적으로 지방마다, 문중마다 적용하는 방식이나 절차가 다소 차이가 있기 때문에 지나친 자기 주장이나 과도한 격식논의 등은 오히려 예의를 해치는 결과를 낳을 수 있다. 그러므로 가정예절을 지킴에 있어서는 가정의례준칙에 명시된 내용을 중심으로 그때 그때의 상황과 관례에 따라 적용하는 것이 타당하다. 군인도 가정으로 돌아가면, 가족으로서의 일원이 된다. 그렇기 때문에 평소부터 가정예절을 눈여겨보고 익혀두었다가 때와 장소에 따라 반드시 행해야 할 것이다.(아래 例 참조)

- 휴가시 부모님께 큰절로 인사를 드린다.
- 친척에 대한 계보와 호칭을 익혀 둔다
- 친척을 부를 때 촌수를 따라 부른다.
- 조문시 행동절차를 익혀 둔다.
- 제사 지내는 법을 익혀 둔다.

② 사회예절은 여러 형태의 인간들이 집단으로 모여서 질서를 유지하며 살아가는데 필요한 예절을 의미한다. 많은 사람이 모여서 공동생활을 해나가는 데는 반드시 어떤 규범이 있기 마련인데, 예는 바로 이러한 규범이 올바로 지켜지도록 한다. 사회예절에는 공중도덕, 대인관계, 언어와 태도, 초대 및 방문예절, 전화예절, 식사·다과·음주예절 등이 포함된다. 사회예절은 대단히 중요하다. 그 사회의 질서 및 의식수준을 가름하는 잣대이다.(아래 例 참조)

- 절하는 대상과 시기를 알아둔다,
- 노약자와 장애인에게 자리를 양보한다.

- 흡연은 지정석 이외에서는 삼간다.
- 대중목욕탕에서 예의를 준수한다.
- 식사예절을 준수한다.
- 교통법규를 준수한다.
- 양보의 미덕과 공손한 언행으로 조화와 질서를 유지한다.

③ 군대예절은 병영에서 조화와 질서를 유지하는데 필요한 예절이다. 상·하의 관계가 분명하고 명령과 복종, 기율과 질서를 생명으로 하는 군대에서의 예절은 대단히 중요하다. 군대예절에는 군인의 용모·언행, 상호인사, 국기에 대한 경례, 군기강 세우기, 기초질서 지키기, 병영 내 공공시설 사용 등이 포함된다.(아래 例 참조)

- 군인답게 보행을 한다.
- 동료를 이해하는 마음으로 유대를 유지한다.
- 상대방의 취미나 장점을 들어준다.
- 파벌을 조성하지 않는다(혈연, 지연, 학연 등).
- 정도에 지나치는 월권행위를 하지 않는다.
- 식당출입 및 식사간 예절을 지킨다.
- 흡연시 준수사항을 지킨다.
- 면회시 준수사항을 지킨다.
- 외출·외박, 휴가시 각종 규정을 준수한다.

부록

부록 1

윤리적 결심모델

극한상황에서 생명을 걸고 임무를 완수해야 하는 군인은 늘 갈등상황에서 판단과 결심을 내려야만 한다.

1. 예비적 고찰

윤리(학)란 옳고 그른 행위와 아들 행위에 관한 추리와 선택을 연구한다. 그래서 윤리는 무엇이 선한 성격(미덕) 또는 악한 성격(악덕)이며 그것이 왜 그런 성격을 갖는지 그 이유를 살펴보고 사람들이 행위, 성격, 또는 의도에 관해서 숙고할 때 통상 사용하는 추리과정과 이런 추리과정을 통해 도달한 결론 즉 윤리적 선택이나 결심에 대한 정당화를 고찰해 보는 연구분야라 할 수 있다. 이런 뜻에서 윤리란 행위나 행위의 이유를 승인하거나 승인하지 않기 위한 기준을 제공해 준다는 의미에서 하나의 판단수단이다.

우리는 항상 일정한 상황과 이 상황 속에 처해 있는 사람을 고려해야 하기 때문에 윤리는 우리의 일상적 생활의 매우 현실적인 측면을 다룬다. 그런데 우리가 일상적으로 부딪치는 문제들이 모두가 윤리적인 문제들인 것만은 아니다. 가령 병기는 매일 손질해야 한다거나 아침식사에는 빵을 들어야 하는 것 등은 윤리적인 문제가 아니면서도 우리가 해결해야 하는 문제들이다.

우리가 살아가면서 부딪치는 문제들 가운데는 분명히 윤리적인 문제들이 있다. 예를 들면 친구간의 의리와 이성간의 진정한 사랑은 둘 다 매우 가치 있는 것들이다. 그런데 당신이 당신의 절친한 친구의 애인과 사랑에 빠졌다면 이 두 가지 가치간의 갈등이 발생한다. 이것은 매우 해결하기 어려운 윤리적인 딜레마임에 틀림없다. 통상 이런 문제, 갈등 또는 난제들은 우리가 매우 값있게 여기는 두 가지 가치간의 갈등을 내포한다. 이런 딜레마는 우리의 결심과 판단을 어렵게 한다. 그러나 비록 그것이 아무리 어렵다 해도 결심은 내려야 한다. 결심을 보류하는 것도 하나의 결심이 될 수는 있지만, 결심을 전혀 내리지 않고 지낼 수는 없다. 군직업 윤리는 군인들의 정당한(proper) 행위에 관심을 두고 있다. 이는 군인이 군무를 수행하는 중에 부딪치는 윤리적인 문제를 슬기롭게 해결할 수 있는 능력을 길러 줄 것이다. 군직업 윤리는 또한 우리로 하여금 군대에서 증진되기를 바라는 바람직한 행위가 무엇이며, 왜 그것이 바람직한 것인지를 이해하게 해 주고, 그럼으로써 군인들의 행위를 평가할 수 있게 해 준다. 이렇게 해서 군직업 윤리는 한편으로는 자신의 행위를 바르게 선택할 수 있게 해 주고, 다른 한편으로는 타인의 행위를 평가할 수 있게 해 준다. 이때 자신의 행위와 타인의 행위를 평가하는 기준은 동일해야 한다. 군대생활에서도 결심하고 판단하기 어려운 여러 윤리적인 문제들이 부단히 발생한다. 예를 들면 군대에서는 전우애와 정직을 다 강조하는데, 가령 당신이 당신과 가장 친한 전우가 잘못을 저지르는 것을 목격했고 당신의 직속상관임 중대장이 그 잘못을 저지른 사람을 찾고 있을 때 당신은 당신의 동료가 저지른 잘못을 사실대로 보고함으로써 (그 결과 당신의 동료는 심한 벌을 받게 될 것이다)

동료를 배반하겠는가 그렇지 않으면 중대장이 묻는 질문에 거짓으로 대답할 것인가? 이런 상황하에서 어떤 것이 옳고/그른(좋고/나쁜) 것인지를 밝히기 위해서 당신은 당신의 윤리적 추리의 틀을 작동시킬 것이다.

올바른 추리란 당신이 선택한 행위의 진로를 당신이 정당화할 수 있는 추리이다. 이것은 당신이 부딪치는 모든 상황이나 갈등에 대해서 하나의 틀림 없는 결심이 있을 수도 있음을 의미한다. 당신이 내린 결심이 무엇이건 이 결심을 정당화할 수 있는 당신의 능력이 중요하다. 당신이 부딪치는 상황들이란 앞에서 든 예와 같은 두 개의 가치들 간의 갈등을 포함하고 있는 윤리적인 문제들이 아닌 경우도 많이 있다. 어떤 문제들은 개인이 가지고 있는 가치와 현실이나 상황의 압력간의 갈등을 포함한다. 그럼에도 불구하고 이런 문제들은 사람들에게 부담하기 어려운 속박을 준다.

이제 윤리적 추리 및 결심과정을 고찰해보자. 미군이 개발한 대표적인 윤리적 추리의 모델과 사례를 소개하면 다음과 같다.

2. 윤리적 결심 모델

□ 윤리적 결심단계

▸ 1단계 〔**문제확인**〕

당신이 보는 윤리적 문제가 무엇인지 말한다.

▸ 2단계

영향을 미치는 여러 요소들의 효과를 결정하고 이들 요소들에 대한 가치판단을 내린다.

① 법규적 규범
② 국가의 기본적 가치
③ 군대의 이상적 가치
④ 군대의 현실적 가치
⑤ 개인의 가치관
⑥ 집단의 압력들

▸ 3단계

다음과 같은 것들에 입각해서 행위에 관한 대안을 개발하고 평가한다.

① 장점과 단점
② 예상되는 결과들
③ 군대가 설정한 가치와 요구
④ 개인이 설정한 가치와 요구
⑤ 가능한 대안들

▸ 4단계

대안들의 우선순위를 결정한다.

① 대안 A
② 대안 B

▸ 5단계

대안 가운데 하나를 선택한다.

▸ 6단계

이렇게 선택한데 대한 이유를 제시한다.

□ 영향을 미치는 요소들

(1) 법규적 규범 regulatory/legal standards

헌법, 법령, 전시인도법, 군형법, 군인복무규율, 육군규정, 내규

(2) 국가의 기본적 가치(basic national value)

모든 국민에게 행위의 기반을 제공하는 헌법이나 기타문서 〔예를 들면 독립선언서〕에 설정되어 있는 가치들, 정의, 개인의 자유와 책임, 평등, 인간의 존엄과 가치, 자주독립, 반공

(3) 군대의 이상적 가치(ideal army values)

모든 군인들에 대해서 군대가 설정한 바람직한 행위의 기준으로서 가치, 장교임관선서, 군인정신, 군진수칙, 육군목표, 기타 공식 · 비공식으로 전달된 가치들, 희생 · 충성 · 명예 · 용기 · 책임 · 애국심 · 정직 · 공정 · 기본권 보장 · 구타금지 등이 여기에 속한다.

(4) 군대의 현실적 가치(actual army values)

군인의 일상적인 행동을 지배하는 규범으로 군에서 실제로 기능하고 있는 가치들, "군대는 계급이다" "군대는 요령이다" "군대는 밥그릇 숫자가 중요하다" "하면 된다" "임무완수" "무에서 유를 창조한다." "패기와 박력" "부하복지" 등이 있다. 군대의 현실적 가치는 군대의 이상적 가치와 일치하는 경우도 있고 그렇지 못할 수도 있다. 임무완수는 군대의 이상적인 가치인 임무수행 능력의 부산물이며, 부하복지는 인간의 가치와 존엄에 대한 존중이라는 이상적 가치를 나타내고 있다. 반면에 출세주의, 요령주의, 서열주의는 후자의 예라 하겠다.

(5) 개인의 가치관(individual values)

군인 개개인이 자신의 성장환경, 종교적 또는 문화적 체험, 지금까지 받은 교육 등을 통해서 개발된 기본적 신념을 말한다. 이런 신념은 관념, 사람 또는 사건들을 자기 나름으로 평가하는 방식을 제공해 준다. 황금률에 대한 개인의 신념은 하나의 좋은 예라 할 수 있다.

(6) 집단의 압력(institutional pressures)

도덕적 추리와 도덕적 행위에 미치는 집단의 분위기 속에 들어 있는 요소이다. 이런 압력은 눈에 나타날 때도 있고 오직 감으로 느껴질 때도 있다. 집단의 압력은 한 군인으로 하여금 특수한 상황에서 특수한 방식으로 행위하도록 하는 기대, 요구, 또는 강제의 부여라 할 수 있다. 집단의 압력은 긍정적 또는 부정적 효과를 미칠 수 있다. 지휘관이 참모들에게 "정직은 나의 정책이다. 사실대로 보고해 주기 바란다"고 한 공언은 참모들로 하여금 진실을 말하게 하는 결과를 낳을 수 있다. 그러나 "모든 테스트에서 100점을 맞아야 한다"거나 "하면 된다"고 하는 집단의 압력은 부작용과 비리를 낳을 수도 있다.

□ 윤리적 토론을 위한 조건

두 사람 혹은 그 이상이 윤리적인 문제에 관해서 심각한 토론을 해야 할 때 다음과 같은 조건들이 충족되어야 한다.

(1) 당신은 당신 자신이 가치관과 신념들 뿐만 아니라 다른 사람의 가치관과 신념을 면밀히 살펴볼 의사를 갖고 있어야 한다.
(2) 당신은 다른 사람들의 의견과 관점을 참고 들어야 한다.
(3) 당신은 다른 사람의 관점과 입장에 공감할 수 있어야 한다.

(4) 당신은 당신 자신의 이익을 제쳐 놓고 사물을 다른 사람의 관점에서 바라볼 수 있어야 한다. 다시 말하자면 다른 사람이 처한 입장을 동정할 수 있어야 한다.

(5) 당신이 이유를 찾는 동안 행위의 필요성을 덮어 둘 수 있어야 한다.

(6) 애매하고 불확실한 것을 참을 수 있어야 하고 참으려 해야 한다.

(7) 당신은 깊이 검사해 볼 수 있어야 하며 사건이 발생한 환경의 표면 밑바닥까지 살펴볼 수 있어야 한다.

(8) 대안적 견해들을 검사하기 위해서 잠시 당신의 윤리적 신념과 가치관을 보류할 수 있어야 한다.

□ 좋은 이유와 결심의 특징

당신이 결심이나 선택을 한데 대해 당신이 훌륭한 이유를 가지고 있다면 당신의 결심이나 선택은 정당화된다. 그런데 당신의 정당화를 확인해 볼 수 있게 하는 훌륭한 이유들의 몇가지 특징이 있다. 어떤 이유나 정당화가 다음 조건들을 만족시킨다면 그 이유나 정당화는 훌륭하다고 할 수 있다.

(1) 제시된 이유는 불편부당함을 반영해야 한다. 즉 그 이유는 유사한 환경에 있는 어떤 사람에게도 적용되어야 한다. 당신에게만 좋은 이유가 되어서는 안 된다.

(2) 그 이유는 보편화될 수 있어야 한다. 그것은 이와 같은 특수한 경우에만 적용되어서는 안되고 유사한 사건들과 경우들에 적용되어야 한다.

(3) 제시된 이유는 다른 이유와 논리적으로 모순이 있어서는 안되

고 때와 장소에 따라 모순되어서도 안된다.

(4) 그 이유는 행위하는데 충분해야 한다. 일단 확인되고 표명된 이유는 그 사람으로 하여금 행위할 수 있도록 해야 한다.

(5) 그 이유는 교육될 수 있어야 한다. 유용한 이유는 다른 사람들에게 그들의 행위를 바꾸도록 전달될 수 있어야 한다.

(6) 그 이유는 도덕규칙(예를 들면 "살인하지 말라")이나 윤리적 원리나 이론 혹은 문화적 관행에 근거를 두고 있어야 한다.

□ 윤리적 논증의 종류

우리가 어떤 윤리적인 결심이나 선택을 하게 되면 그렇게 한데 대한 이유가 있을 것이며 이때 그 이유의 근거로 우리는 어떤 논증을 제시한다.

(1) 권위에의 호소: 인정을 받고 있는 전문가의 견해나 윤리적 이론에 호소하는 것으로, 예를 들면 "플라톤이 말하기를…" 칸트도 "…에 동의할 것이다"는 따위의 논증이다.

(2) 자연법에의 호소: 그 주장은 세상이 존재하는 방식에 호소하기 때문에 옳다는 식의 논증으로 예를 들면 "모든 사람은 생존본능을 갖고 있어서 자신이나 자기 자식의 생명을 구하기 위해서라면 어떤 일도 택할 것이다"는 것이다.

(3) 동의나 인기 있는 의견: 그 입장은 옳고 좋은 관점이라는 광범위한 동의가 있기 때문에 옳다고 주장하는 논증들.

(4) 직관: 도덕감이나 상식에 호소하는 논증으로, 예를 들면 "사람에게 상처를 입히는 것은 옳지 않다"는 것과 같은 논증이다.

(5) 의심: 질문과 답변을 논리적으로 하여 얻는 논증으로 소크라테스의 대화법과 같은 것이다. 그 이유가 참인 것은 그것이 논리

적 연역의 결과로 나왔기 때문이다.

(6) 원칙이나 원리에의 호소: 윤리적 이론에 근거를 둔 규칙들이 사용되는 논증으로, 예를 들면 "사람은 항상선을 증진하고 악을 피해야 한다"는 식의 논증방식을 말한다.

(7) 결과에의 호소: 행위에 관한 각각의 대안에 따를 것으로 보이는 효과나 결과를 근거로 한 논증이다. 이것은 유용성의 기준이다. 최대 다수에게 보다 가혹한 결과를 초래하면 할수록 그 이유는 보다 좋지 않게 된다는 것과 같은 논증.

(8) 보다 높은 가치에의 호소: 가치에 서열이 매겨지면 보다 높은 서열에 있는 가치가 가치들 간의 갈등을 해결하기 위한 근거로 제공된다. 예를 들면 생명을 보호하는 것이 정직보다 더 중요한 것이 된다.

□ 윤리적 추리 및 결심과정은 왜 배우는가?

(1) 윤리적 의무에 관한 센스를 발전시킨다.

윤리저 추리와 결심기술을 가르치는 중요한 이유는 당신에게 도덕적 의무감 즉 무엇이 옳은 것인지에 관한 확신뿐만 아니라 옳은 것을 수행할 확신을 함양시켜준다.

(2) 윤리적인 문제를 윤리적이 아닌 또는 윤리와 상관 없는 문제로부터 구별시켜 준다.

윤리적인 추리 및 결심기술을 가지고 있으면 오랜 경험과 실천을 통해서 당신은 실제로 부딪치는 윤리적인 문제와 윤리적인 토론을 혼란시키는 윤리적이 아닌 혹은 윤리와 무관한 문제로부터 올바로 구분할 수 있는 능력을 보다 더 갖추게 될 것이다.

(3) 윤리적 용어들을 올바르게 사용할 수 있게 된다.

윤리적 추리와 결심기술을 배우는 과정에서 당신은 윤리적인 언어를 올바르게 사용하는 방식을 터득할 것이기 때문에 당신은 윤리적인 언어를 보다 쉽게 사용할 수 있을 것이다.

(4) 분명하고도 합리적으로 논쟁한다.

당신이 계발한 윤리적 추리 기술과 지식 그리고 언어는 당신으로 하여금 분명하고도 논리적으로 추리하게 하고 또한 윤리적인 근거위에서 추리하게 해 준다. 그래서 당신이 내린 결심과 당신이 견지하고 있는 관점에 대한 훌륭한, 다시 말하면 정당화될 수 있는 이유들을 개발시킬 수 있게 해 준다.

(5) 윤리적 근거 위에 선 논점만을 토론한다.

윤리적인 문제를 해결한 능력을 계발시킴으로써, 합리적이며 윤리적인 근거보다는 감정에 근거를 두고 있는 복합적인 문제와 이런 윤리적인 문제에 관해 찬성하지 않는 것이 보다 쉽게 된다. 다시 말해서 이때 윤리적 추리와 결심기술은 강력하고 적극적인 도구가 된다.

Military Ethics

Appendix 軍隊倫理

부록 2

장병 인성교육 프로그램

구 분	1 일 차(8H) (알리는 날)	2 일 차(8H) (느끼는 날)	3 일 차(8H) (어우러지는 날)
1교시	별칭 짓기 (자기 소개)	청개구리와 앵무새 (의사소통 1)	감사한 마음 전하기
2교시			요술 상점
3교시	자기와의 대화	인간관계를 열어주는 대화	
4교시			
5교시	아름다운 나	봉사 활동	자신의 장점 찾기
6교시	자기 발견		
7교시			나는 이런 사람이 되련다
8교시			

별칭짓기(자기소개)

(토의/발표)

1. 개 요

가. 학습목표

(1) 집단 참가자간에 이해심이 높아지고 친밀해진다.

(2) 사람은 서로가 개성이 다르며 소중한 존재임을 깨닫는다.

나. 프로그램 구성/내용

인간관계의 첫 대면은 인사말이고 다음이 자기소개이다.

낯선 관계에서 자기 자신을 적나라하게 표현하는 일은 매우 어색하고 부담스럽다. 때문에 보다 자연스러운 분위기 속에서 자신을 있는 그대로 솔직하게 열어 보이며 타인들의 이해와 반응을 경험해 보는 과정을 통해서 보다 부드럽고 친밀한 인간관계를 갖게 하는 프로그램이다.

다. 실습조 편성/교육준비

(1) 집단의 규모: 소대단위
(2) 소요시간/장소: 100′/내무반
(3) 준비물: 비닐명찰, 매직

라. 기대효과

(1) 친밀감이 생기고 마음이 편해진다.
(2) 사람이 모두 다르며 서로 평등하고 소중하다는 것을 알게 된다.
(3) 큰 부담 없이 자기 자신을 소개할 수 있게 된다.
(4) 인간 대 인간으로 순수하게 만나는 기분이 든다.

2. 진행순서/방법

① 교관은 자기소개를 하고 프로그램을 진행한다.(①~⑤: 20′)
- 이번 시간은 첫 번째 시간이므로 서로 간단하게 자기 내면을 소개하도록 하겠다.

② 소대를 분대별로 자리를 정해 앉힌다.
- 그러면 먼저 분대별로 둥그렇게 원을 만들어 앉고 자신의 옆자리에 누가 앉아 있는지 좌우를 한번 둘러보고 서로 눈인사를 나눈다. 아직은 서먹서먹한 사이인 전우도 있겠지만, 좀더 가까워지기 위해서 각자 마음의 문을 열고 밝은 마음으로 참여해주기 바란다.

③ 교관은 각 분대장들에게 명찰과 매직을 분배한다.

- 각 분대장은 명찰과 매직을 가져다가 분대원들에게 나누어준다.

④ 교관은 별칭짓는 요령을 설명한다.

- 먼저 조용히 눈을 감고 교관의 이야기에 귀를 기울이고 자신이 불리어질 별칭을 생각해 보도록 하겠다. 오늘부터 3일 동안은 자신을 나타내는 방법으로 관등성명을 사용하는 것이 아니라 자신의 이미지를 잘 나타낼 수 있거나 불리고 싶은 단어를 선택하여 사용한다.

> 유 의 사 항
>
> - 별칭은 긍정적이고 미래지향적이며 듣고 부르기에 좋아함.

앞으로 인성교육 시간에는 이제까지의 자기 모습은 모두 던져 버리고 새롭게 출발하는 마음가짐으로 별칭만을 부른다. 이 별칭은 이제까지 지속되어온 과거의 굳어진 자신의 겉 모습이 아니라, 현재의 자기 생각과 감정을 반영하여 새롭게 지은 이름으로, 자신의 참모습을 솔직하게 열어가는 시작이 될 것이다.

⑤ 별칭을 짓고 명찰을 가슴에 단다.

- 모두 명찰을 받았나? 그러면 지금부터 별칭짓기 활동에 들어가겠다. 선택한 별칭을 비닐명찰에 매직으로 크고 진하게 써서 가슴에 달도록 한다.

⑥ 별칭을 짓게 된 이유와 특별한 동기를 발표하게 한다.(25′)

- 모두 잘 어울리는 별칭을 지었다. 그러면 그 별칭을 선택하게 된 이유나 동기를 발표하도록 하겠다.
- 발표를 들으면서 혹시 궁금하거나 특별히 전해줄 말이 있으면 간략하게 질문이나 발표를 해도 좋다.

⑦ 별칭 소개가 끝나면 소감나누기를 한다.(25′)

- 여러분이 열심히 발표를 하는 모습이 아주 보기 좋다.
  그러면 자신의 별칭을 짓고 다른 전우들의 별칭발표를 들으면서 깨달은 점이 있거나 특별히 느낀 점이 있으면 한 사람씩만 느낀 소감을 나누겠다. 어느 분대에서 먼저 발표하겠는가? 좋아, 1분대부터 발표하겠다.

⑧ 별칭 익히기를 한다.(20′)

- 소대원 여러분의 소감을 잘 들었을 줄 안다.
  우리는 서로가 다른 가치관과 잠재력을 갖고 있기 때문에 소감 또한 다양하게 발표되었다고 본다.
- 그러면 본인이 직접 선택하여 지은 별칭을 불러주고, 별칭익히기를 하겠다. 각 분대별로 손뼉 장단에 맞추어 분대장부터 자기 별칭을 부르고 분대원 별칭을 불러 보겠다.

<u>게임규칙 지도요령</u>

- 먼저 하나에서 양쪽 손바다으로 양 무릎을 치며, 둘에서 손을 올려 박수를 치고, 셋에서 오른손 주먹을 쥐고 엄지를 세워 자기 별칭 외치기, 넷에서 왼손 주먹을 쥐고 엄지를 세워 지명자 별칭을 외친다. 같은 방법(반복)으로 다음은 상대의 별칭을 부른다.

<u>유의사항</u>

- 별칭은 다른 전우의 도움 없이 스스로 짓도록 한다.
- 자연스러운 분위기 조성에 힘쓴다.
- 별칭은 상대방이 기억하고 부르기 쉬운 것으로 짓도록 유도한다.
- 발표를 서로 미루거나 적극 참가하지 않을 때, 분대원들을 독려해 주도록 분대장에게 조언을 한다.

3. 결 론(10′)

가. 여기 모인 우리는 서로 잘 아는 사이도 있겠지만 그다지 친하게 지내지 않았던 전우들도 많을 것이다.

나. 이 시간에 서로의 별칭을 지어 부름으로써 이제까지 서먹하게 지내오던 전우들과 훨씬 더 부드러워지고 친근감이 들며 마음이 편해졌을 것이다.

또한 자신의 본이름에 고착(固着)된 지난 시절의 무게가 감량됨을 느꼈을지도 모른다.

심성수련을 진행하는 동안 우리는 서로가 서로를 존중하고 우정을 나누면서 친교를 갖는 소중한 시간이 되도록 노력하자.

<u>Key Point</u>

- 장난끼 어린 별칭, 또는 자기 비하적인 별칭은 지양하고 긍정적 의미의 별칭을 짓도록 유도한다. 지어진 별칭에 대해서는 평가적 표현을 삼간다.

자기와의 대화

(토의/발표)

1. 개 요

가. 학습목표

(1) 자기 인생에 대한 구체적인 조망을 한다.
(2) 자신의 중요성과 전우의 소중함을 발견한다.

나. 프로그램 구성/내용

본 프로그램은 자신의 인생궤도를 그려봄으로써 막연했던 삶에 대한 의식을 구체적·객관적으로 조망해보는 시간이다. 프로그램을 진행하면서 여러분들은 자신의 현재가 과거와 연관을 가지고 있으며 또한 현재 행동이 미래에 영향을 주게 됨을 인식하게 될 것이다. 따라서 막연한 불만이나 불안을 떠나 인생은 얼마든지 변화될 수 있다는 긍정적이고 적극적인 관점을 갖게 되기를 바란다.

다. 실습조 편성/교육준비

(1) 집단의 규모: 소대단위

(2) 소요시간/장소: 100'/내무반

(3) 준비물: A4용지, 크레파스, 활동자료 #1, 2, 3

라. 기대효과

(1) 주어진 환경에서 최선을 다 하고자 하는 마음을 갖는다.

(2) 자기를 이해하고 집단을 존중한다.

2. 진행순서/방법

① 교관은 분위기를 조성하고 프로그램을 진행한다.(①~③: 10′)

- 지금까지 우리가 살아오는 동안에 기쁘고 행복한 순간도 있었으며, 슬프고 어려웠던 순간들도 있었다. 또 앞으로 어떤 일들이 우리 삶 속에 찾아올지 예측할 수 없다. 지금부터 자기 인생궤도를 그려봄으로써 지난 세월이 나에게 어떤 족적을 남겼는지, 앞으로는 어떠한 삶을 살기를 원하는지 진지하게 생각해보도록 하겠다.

② 소대를 분대별로 자리를 정해 앉힌다.

- 먼저 각 분대장의 통제하에 분대별로 적당한 장소를 찾아 둥글게 앉는다.

③ 분대장들은 <활동자료 #1, 2>를 분대원들에게 나누어준다.

④ 교관은 <활동자료 #1, 2>를 기입하도록 지시한다.(30′)

- 배부된 활동자료 #1의 기입요령에 대해 설명하겠다.
- 먼저 윗면에 있는 "나의 인생궤도" 작성요령을 설명한다.
  가운데 짙은 선은 연령대를 나타내고 위, 아래 선은 만족도를 나타낸다. 연령선에는 간격을 보아가며 각자에게 의미있는 연령대를 표시한다.
- 이어서 만족도는 곡선으로 표시한다.

> 지도요령
>
> - 명상음악을 틀어 분위기를 차분하게 한다.
> - 시간 재촉을 하지 않는다.
> - 인생곡선은 크레파스를 사용하여 그린다.

- 활동자료 #2에 대해 설명하겠다.
  자료에 있는 대로 현재, 과거, 미래로의 시간여행을 떠난다.
  질문항목에 대해 진솔하게 기입하기 바란다.

⑤ 2인 1조씩 편성하여 기록된 <활동자료 #1, 2>의 내용을 서로 나눈다.(20′)

- 둘씩 짝을 지어 활동자료를 갖고 마주보고 앉는다.

> 지도요령
>
> 시간을 보아 문항을 모두 이야기하지 않고 시기별로 2~3개씩만 얘기해도 좋다.

- 기록된 내용을 짝과 나눌 때에 상대는 깊이 공감을 표현해 가면서 듣는다.

⑥ 미래모습을 그리며 명상을 한다.

- 내가 생각한 미래의 모습을 실현시키기 위하여 내가 우선가치로 두어야 할 것은 무엇인가? 잠시 생각해 보자.
- 잠시 명상을 한다.(3분)

⑦ 분대장들은 <활동자료#3>을 분대원들에게 나누어준다.(⑦~⑪: 35′)

⑧ 꿈을 이루기 위해 필요한 가치항목을 고른다.

- 지금 여러분들은 “가치항목 리스트”용지를 받았다.
  - ㉮ 그 중에서 여러분의 미래의 모습을 실현시키기 위해 필요한 가치항목 10개를 고른다.
  - ㉯ 2차적으로 10개의 가치항목 중 조금 덜 중요하다고 생각되는 5개 항목을 골라 ■표로 지운다.
  - ㉰ 남은 5개 항목중 덜 중요한 두 개를 지운다.
  - ㉱ 남은 3개 항목중 덜 중요한 한 개를 더 지운다.
  - ㉲ 남은 두 개 항목중 가장 중요하다고 생각되는 것 하나만 선택한다.

⑨ 선택한 가치항목의 의미를 나눈다.

- 분대원들 끼리 둥글게 둘러앉아 가장 중요하다고 선택한 가치항목의 의미가 무엇인지 함께 나눈다.
- 선택시 갈등상황을 나눈다.

⑩ 각 분대에서 한명씩 발표시킨다.

- 각 분대에서 한명씩 일어나 자기 분대원들이 선택한 가치항목은 어떤 것이며 어떤 의견들이 제시되었는지 발표하라.

⑪ 각 분대별로 전 과정을 통하여 병사들이 느낀 소감을 발표하게 한다.

3. 결론(5′)

가. 여러분의 소감을 잘 들었다. 여러분이 발표한 내용들이 바로 우리들 모두의 느낌이자 깨달음이다.

나. 마지막까지 남았던 1개 항목의 가치를 놓고 다음 질문을 한번 생각해 보자.

- 만일 이들 가치들을 실제로 실천한다면 인생이 어떻게 달라질까?
- 모두가 이런 가치들을 실천한다면 우리 군은 어떤 모습이 될까?
- 우리는 실천할 의지가 강력한가?

다. 수시로 자신을 돌아보며 자기 점검을 게을리하지 않기 바란다.

Key Point

- 과거에 만들어진 인생지도가 현재의 인생태도를 형성하는데 영향을 준 것처럼 현재가 미래의 환경이 됨을 인식하게 하는데 초점을 둔다.

<활동자료 #1>

나의 인생 궤도

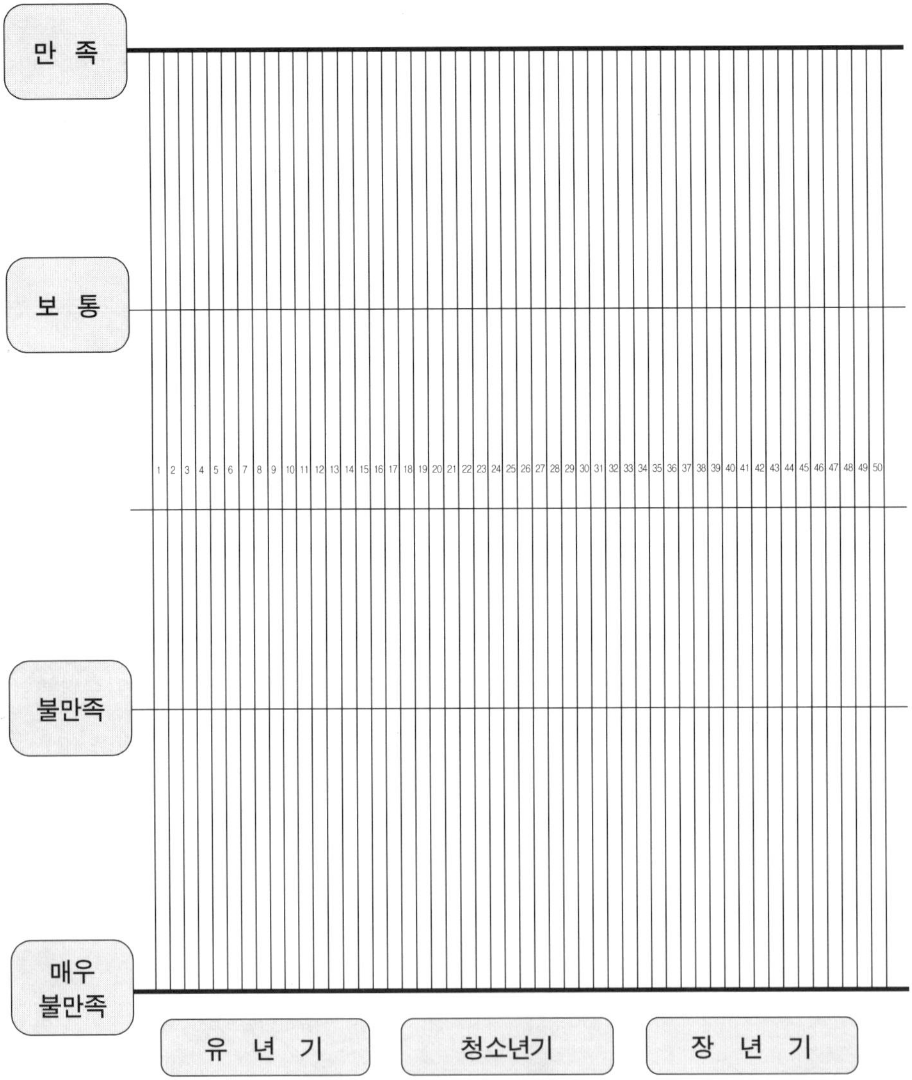

<활동자료 #2>

과 거	현 재	미 래
① 내 어린 시절을 떠올리면 내 기분은?	① 요즈음 나의 기분은?	① 미래를 생각하면 나의 기분은?
② 내 친구들은 나를?	② 군 생활중 나를 가장 괴롭히는 것은?	② 나의 소망은?
③ 가장 슬펐던 일은?	③ 군생활 중 가장 흐뭇했던 일은?	③ 내가 행복해지려면?
④ 가장 기뻤던 일은?	④ 나의 가장 중요한 가치덕목은?	④ 군 시절을 회상하며 무어라 말할까?
⑤ 나에게 가장 큰 영향을 준 사람은?	⑤ 남성으로서의 나의 매력은?	

<활동자료 #3>

가치항목 리스트

1	성취감	24	봉 사	47	정 직 성
2	최고직위로 승진	25	가 족	48	독 립 성
3	사랑과 관심	26	성 장	49	영향력 행사
4	예술적 기능	27	이성에 대한 사랑	50	내적평화
5	도전적 과제	28	우 정	51	성 실 성
6	변화와 다양성	29	자 유	52	지적능력
7	마음 맞는 친구	30	경 제 력	53	집 중 력
8	적성에 맞는 직업	31	신 속 성	54	안정된 직장
9	전문적인 능력	32	명 예	55	리 더 십
10	경 쟁	33	명 성	56	주거공간
11	협 동	34	자 극	57	충 성 심
12	조 국	35	탁 월 함	58	가치 있는 일
13	창조성	36	윤 리 성	59	자아실현
14	결단력	37	효 율 성	60	즐 거 움
15	민주주의	38	환경보호	61	권력과 지위
16	자기 지도력	39	책 임 감	62	청 결
17	긍정적 사고력	40	자 존 심	63	성적 매력
18	신앙심	41	평 온 함	64	예 의
19	자유함	42	안 정 성	65	원만한 성격
20	순수함	43	높은 직위	66	배우자와 백년해로
21	윤택한 생활	44	시간적 여유	67	죽지 않는 삶
22	인정과 존경	45	정 복	68	자식의 성공
23	외 모	46	평 등	69	부모의 장수

아름다운 나

(토의/발표)

1. 개 요

가. 학습목표

(1) 자신과 타인의 모습을 바로 알고 서로 사랑하는 마음을 가진다.
(2) 전우들을 더욱 깊이 이해하고 수용한다.

나. 프로그램 구성/내용

심성수련에서 마음을 여는 단계로, 자기 개방에 활기를 넣어주고, 만남의 기본인 나눔의 행위를 통하여 상호 신뢰감을 형성하게 하는 과정이다. 이 프로그램을 통하여 서로가 선호하는 것들을 공개하여 발표하고 상대의 것을 듣고, 느낌을 교환하면서 가장 짧은 시간에 활발한 응집이 일어나 집단 소속감을 증대시킬 수 있다. 각자의 기호를 말하는 과정에서 마음속의 깊은 동기를 읽을 수 있고 공감하게 되어 타인 이해증진에 도움이 되는 프로그램이다.

다. 실습조 편성/교육준비

(1) 집단의 규모: 소대단위

(2) 소요시간/장소: 50′/내무반

(3) 준비물: 활동자료 #1, 크레파스, 싸인펜, 잔잔한 음악

라. 기대효과

(1) 개방에 대한 용기가 생기고, 참다운 나 자신을 찾게 되어 자유로워진다.

(2) 전우가 자신에게 꼭 필요한 존재로 인식된다.

> Key Point
>
> • 이야기의 주제는 소대의 현수준과 상황에 맞게 선정하며 개인이 어떤 사람인지 소개하고 개방하는데 초점을 맞춘다.

2. 진행순서/방법

① 교관은 프로그램에 대한 내용을 설명하고 프로그램을 진행한다.(①~②: 8′)

• 지난 시간은 나와 너 프로그램의 전반적인 개념과 내용, 그리고 별칭 짓기를 통해서 훨씬 친밀한 관계를 형성했다고 본다.

• 이번 시간에는 자신의 정서상태에 관해서 알아보는 시간이다. 자신의 참모습을 알고 자신을 진정으로 사랑하는 마음을 가져야

만 진정한 자신을 발견할 수 있다.

② 소대를 분대별로 앉게 하고 명상문을 낭독한다.

- 이번 시간도 지난 시간과 같은 방법으로 분대별로 둥글게 원을 만들어 편안하게 자리에 앉는다.
- 자, 눈을 감고 조용히 명상에 잠겨 자신의 내면으로 여행을 떠나 보도록 하겠다.

열림 장에서

나는 지금 여기에 있습니다.
모든 일 접어두고 여기에 있습니다.
여기에 있는 나는 과연 어디서 왔으며 어디로 가는 걸까?
여기에 있는 나는 과연 "나"일까?
즐거웠던 일, 슬펐던 일, 고통스러웠던 일, 속상했던 일 속에서 얼마나 나를 지키기 위해 힘들게 살아온 "나였던가?"
순간순간, 울고 웃으며 지난온 일들이 나만을 위한 것이었던가? 충실하게 주어진 역할에만 몰두해서 살아온 "나"
나는 누구인가?
이러한 나를 잘 알아주고 따뜻하게 감싸 주며, 관심을 주었던 이가 누구인가?
또 나를 중심으로 한 모든 이들은 나의 모습을 어떻게 느낄까 생각해 봅니다.
분명히 나는 기억합니다.
내가 힘들어할 때, 쓸쓸하고 허전할 때, 내 마음을 알아주는 말 한마디에 벅차하고 흐느꼈던 때를...
여기 있는 나
나에게 내가 주어온 관심과 사랑은 어떠했는가?
무심하게 소홀하게 대하지는 않았는가?
해야 되는 일들에만 파묻혀서 "나 자신"을 잊어온 나는 아닌가?
자신에 대한 대접을 포기하거나 체념한 나는 아닌가?
자신을 학대하지는 않았는지?
불신하지 않았는지?
소외하지 않았는지?
사랑스러운 "나", 소중한 "나", 기특한 "나", 어여쁜 "나"
세상에서 특별한 "나"가 아닌가.

③ 명상이 끝나면 <활동자료 #1>을 나누어 주고 기록하게 한다.(20′)

- 모두 편안한가? 그러면 각 분대장은 활동자료를 분대원들에게 나누어 주어라.
- 다 받았는가? 그러면 활동자료의 질문에 대한 응답내용을 기록하겠다. 자기의 생각을 묻고 정리하기 위한 기록이므로 구체적으로 지록하지 않아도 된다.

④ 기록이 끝나면 분대별로 발표하고 상호 피드백하게 한다.(10′)

- 기록을 마친 참가자는 지금까지 작성한 내용에 대해서 발표하고, 서로의 느낌을 나누도록 하겠다.
- 이때 공감과 적극적 격려가 활발히 일어나도록 관심과 애정을 보여주기 바란다.

유 의 사 항

- 발표시 야유나 비난 또는 강요나 재촉을 하지 않게 한다.
- 발표자 외에 다른 병사들이 잡담 등을 발표자를 방해하지 않게 한다.
- 혼자서 많은 시간을 사용하지 않도록 주의를 환기시킨다.
- 적극적 경청을 하도록 한다.
- 발표자가 감정적으로 격해지거나 불안해하더라도 주의깊게 경청하고 그 상태에 몰입할 수 있도록 함께 해준다.

⑤ 각 분대에서 대표 한 사람씩 일어나 해당 분대원들이 주고받은 내용을 요약, 발표하고 자기의 느낌도 이야기한다.(10′)

3. 결 론(2′)

가. 인간은 누구나 자신만의 독특한 잠재력과 가능성을 갖고 태어난다. 자기 자신을 정확하게 탐색하는 것도 중요하지만, 한걸음 나아가서 자신을 있는 그대로 용납하고 받아들일 수 있는 아량을 갖는 것이 더 중요하다. 주저하지 말고 한번 큰마음 먹고 용기를 내어 있는 그대로의 자신을 세상에 큰 소리로 공표해 보면 속이 후련하고 더할 나위 없는 느낌을 만끽하게 될 것이다.

나. 따라서 진정한 자아상태를 발견하기 위해 부단한 노력을 해야 하고 항상 정서상태를 점검하며 긍정적이고 미래지향적 사고로 군생활에 임해야 한다.

<활동자료 #1>

알리고 싶은 나

구 분	내 용
1	
2	
3	
4	
5	
6	

범례 : ① 지금의 기분
② 가장 화날 때
③ 소원 한 가지
④ 차 한잔 마시고 싶은 사람
⑤ 혼자 있을 때 느낌
⑥ 내가 가장 잘해낼 수 있는 일
※ 그 외 함께 나누고 싶은 주제를 의논하여 선택할 수 있다.

자기발견

(성격 유형검사)

1. 개 요

가. 학습목표

(1) 심층의식에 잠겨 있는 자기 자신을 발견
(2) 내가 변해가야 할 미래의 모습 제시, 타인이해 증대

나. 프로그램 구성/내용

성격 유형감사를 통해 자신 발견, 다양한 의식과 가치관 이해, 내가 변해가야 할 미래의 모습제시, 자기 이해 및 타인 이해 등을 통해 수용성이 증대되는 프로그램이다.

다. 실습조 편성/교육준비

(1) 집단의 규모: 소대단위
(2) 소요시간/장소: 150′/내무반
(3) 준비물: 성격유형 검사지, 활동자료 #1・2, 모조전지 9장
활동자료 #3(유형별 조직표, 전지에 그려서 준비)

라. 기대효과

(1) 자신 및 타인에 대한 이해로 조직내 갈등 완화

(2) 자신에 대한 심도 있는 미래를 통해 발전적 자아상 확립

2. 진행순서/방법

① 교관은 프로그램의 목적과 개념을 충분히 설명한다.(5′)

- 사람마다 성격은 다르다. 다만, 일치하는 것이 있다면 타고난 성격은 변하지 않으며, 단지 교육을 통해 행동양식을 변화시킬 수 있다는 것이다. 또한 모든 인간이 자신과 같은 감정을 지니고 자신이 이해 받기를 원하는 만큼 상대방도 있는 그대로 이해 받기를 원하고 있다.
- 이 시간에 우리는 애니어그램이라는 성격유형 검사를 통해서 자기 자신을 발견하게 될 것이고, 더불어 타인의 성격특성도 발견하게 될 것이다. 이 시간의 궁극적인 목적은 사람은 서로 다른 행동양식과 특성을 가지고 있다는 사실을 받아들임으로써 상대방을 존중해야 하는 이유를 발견하는데 있다
- 성격유형 검사는
  - ㅁ 자신 내면과의 대화를 통해 '나는 어떤 사람인가'를 알려주며,
  - ㅁ 심층의식에 자재되어 있는 '진정한 나자신에 대한 탐구'를 가능케 하며,
  - ㅁ 다양한 의식과 가치관을 직시하게 하며,
  - ㅁ 인간내면의 본질을 파악하여, 내가 변해가야 할 '미래의 모습'을 제시한다.

② 교관은 <활동자료 #1>과 검사지를 배부하고 작성토록 한다.(20′)

- 각 타입마다 20개의 질문이 준비되어 있다.
- 각 항목에 대해 자신의 현재 성향과 일치한다고 생각하면 V표로 체크한다(체크된 수가 가장 많은 유형이 자신의 유형).
- 체크할 때에는 너무 깊게 생각하지 않는다.
- 각 유형은 나름대로의 장·단점이 있으며 유형간의 우열은 없다.

> 지도요령
>
> - 각 질문지에 체크할 때 평상시 자기가 기대했던 모습이 아닌, 자신의 실제 행동성향에 대해 체크한다.

③ 채점한다.(10′)

- 9가지 유형 중 자신이 체크한 항목이 가장 많은 것이 자신의 주도적 행동유형으로 간주한다.

④ 교관은 <활동자료 #2>(유형별 특징 설명서)를 배부하여 읽게 한다.(10′)

⑤ 교관은 <활동자료 #3>(유형별 조직표)를 벽에 부착하고, 자리 배치를 한다.(15′)

- 교관은 각 유형에 속하는 소대원의 이름을 유형별 조직표에 적어 넣는다.

⑥ 유형별 작업을 한다.(40′)

- 각 유형별로 자리 배치를 한다.
- 각 유형 모임에 모조지전지 한 장씩을 배부한다.
- 작업에 대한 설명을 한다.

<u>작업에 대한 지도요령</u>

- 모조지 전지 위쪽에 자기 유형을 적는다.
- 모조지 전지를 4등분한다.
- 상호 의사교환을 통하여 합의된 점을 기록한다.
  (한 사람이 주도하지 않는다)
- 〈유형별 특징 설명서〉의 내용보다는 모임에서 나온 내용을 중심으로 기록한다.

[예]

I 번	
동 · 식물중 우리 모임의 상징물을 찾아 그림으로 그린다.	우리의 장점
우리가 빠지기 쉬운 함정	우리의 인간관계 스타일

⑦ 워크숍을 한다.(40′)

- 무대를 만든다.
- 각 유형별 대표가 나와서 '우리는 이런 사람입니다'라고 유형 도표 내용을 설명한다.

⑧ 교관은 프로그램 진행과정을 통하여 느낀 점을 5~6명에게 듣는다.(10′)

3. 결 론(10′)

- 에니어그램(Ennegram)은 그리스어로 ennea(9의 믜미)+gram(그림)의 합성어로 9가지 점(點)을 갖는 그림을 의미한다.

  모든 사람의 성격은 아홉가지 유형 중 어느 것으로 나뉘어져 있다는 기본적 사고방식에 입각해서 각자의 감정이나 행동의 원천이 되는 본질을 찾아내는 인간학이다.

  이 에니어그램의 역사는 2000년전 아프카니스탄 지방에서 발생하여 계승되다가 20세기 중엽 미국 스탠퍼드대학교 심리학자들을 중심으로 조사연구가 시작되어 과학적으로 가치있다고 판단, 학계에 등장하게 되었다.

  이 에니어그램을 통해서 먼저 자신을 이해하고 가족, 이성, 친구, 조직 구성원에 대하여 깊이 이해함으로써 좀더 행복한 커뮤니케이션이 가능한 여러분들이 되리라 생각한다.

Key Point

- 워크숍을 통해 자기를 알리고 타인을 이해하는 시간이므로 적극적으로 자기를 알리도록 하고 협조적인 집단활동이 이루어지도록 격려한다.

<활동자료 #1>

자기 성격 파악을 위한 20× 9개의 질문

※ 각 타입마다 20개의 질문이 준비되어 있습니다.

※ 각 항목에 대해 자신의 현재 성향과 일치한다고 생각하면 V표로 체크하여 주십시오. 체크된 수가 가장 많은 유형이 자신의 유형입니다.

※ 체크할 때에는 너무 깊게 생각하지 마십시오. 각 유형은 나름대로의 장·단점이 있지만 유형간의 우열은 없습니다.

<u>9개의 인간 유형</u>

1타입: 완벽을 추구하는 사람

2타입: 타인에게 도움을 주려는 사람

3타입: 성공을 추구하는 사람

4타입: 특별한 존재를 지향하는 사람

5타입: 지식을 얻고 관찰하는 사람

6타입: 안전을 추구하고 신중한 사람

7타입: 즐거움을 추구하고 계획하는 사람

8타입: 강함을 추구하고 자기를 주장하는 사람

9타입: 조화와 평화를 바라는 사람

1타입

- □ 1. 자신의 결점을 고치려고 노력한다.
- □ 2. 모든 것이 깔끔하게 정리되어 있지 않으면, 짜증이 날 때가 자주 있다.
- □ 3. 시간낭비라고 여겨지는 일이나 만남 등은 피하려고 한다.
- □ 4. 더 잘할 수 있는데 왜 못하냐고 자기 자신이나 주위사람들을 자주 나무란다.
- □ 5. 작은 실수나 결점에도 신경이 쓰인다.
- □ 6. 편한 마음으로 쉬지 못하고 농담이나 조크를 잘못한다.
- □ 7. 자기 자신만의 평가기준으로 자신과 남들을 평가하고 비판한다.
- □ 8. 쓸데없는 군걱정이 많다.
- □ 9. 모든 일에 솔직하고 정직하고자 한다.
- □ 10. 거짓말이나 속임수 등 정도에 벗어나는 일은 하고 싶지 않다.
- □ 11. 정확한 것이 중요하다.
- □ 12. 해야 할 일이 많은데 시간이 부족해 항상 조급해진다.
- □ 13. 시간을 어떻게 활용했는지 세세히 체크해보곤 한다.
- □ 14. 꼼꼼하고 성실하며 정직하지만 소심하다.
- □ 15. 나쁜 짓은 도저히 용납할 수 없다고 다짐하곤 한다.
- □ 16. 공정하지 못한 일이 생기면 당혹스럽고 고민에 빠지게 된다.
- □ 17. 자기발전에 대한 욕구가 강하며 자신은 더욱더 발전해야 한다.
- □ 18. 남에게 인정받기 전에 우선 자기 자신부터 완전무결해야 한다.

□ 19. 다른 사람들 뿐만 아니라 자기 자신도 완전하지 못해 욕구 불만에 휩싸인다.

□ 20. '올바른가 그른가' 또는 '좋은가 나쁜가'라는 기준으로 사물을 본다.

● 2타입

□ 1. 나를 의지하고 기대는 사람들이 많다.

□ 2. 타인에게 봉사하는 것을 중요하게 여긴다.

□ 3. 항상 타인에게 필요한 존재가 되고 싶다.

□ 4. 많은 사람들이 나에게 친근감을 갖고 있다.

□ 5. 사람들이 즐거워 할 만한 말을 자주한다.

□ 6. 사람들이 곤경에 빠지거나 고통스러워하면 도와주고 싶어진다.

□ 7. 좋든 싫든 상관없이 자주 주위에 있는 사람들을 신경 쓰고 돌봐주곤 한다.

□ 8. 사람들이 위안과 조언을 얻기 위해 나한테 오기를 바란다.

□ 9. 사람들이 나를 의지하는 것은 기쁘지만, 무거운 짐으로 느껴질 때도 있다.

□ 10. 정작 자신의 일은 뒤로 미루기 십상이다.

□ 11. 남을 위해 한 일인데도 고맙다는 말을 못 듣는 일이 종종 있다.

□ 12. 항상 누군가의 곁에 있다는 사실을 느끼고 싶다.

□ 13. 당연히 고맙다는 말을 들을 줄 알았는데, 그렇지 못하면 자신이 희생된 것처럼 느껴진다.

□ 14. 사랑을 주고받는 것이야말로 인생에서 가장 소중하다.

□ 15. 다른 사람들과 서로의 감정을 공감할 수 있을 때 기쁨을 느낀다.
□ 16. 사람들에게 봉사함으로써 내 자신이 그들의 인생에서 소중한 존재로 여겨지기를 바란다.
□ 17. 나의 도움으로 사람들이 발전하면 기쁘다.
□ 18. 곤경에 빠진 사람들을 돕기 위해 자신의 개인적인 시간을 종종 할애한다.
□ 19. 다른 사람들이 나에게 신경을 써주는 것 이상으로 남들을 위해 신경을 쓴다.
□ 20. 주위 사람들이 보이는 반응에 민감하다.

● 3 타입

□ 1. 항상 무엇인가 해야 즐겁다.
□ 2. 동료들과 함께 일하는 것을 좋아하고 나 역시 좋은 동료가 되고 싶다.
□ 3. 일에 관해서는 정확하고, 전문가가 되고 싶다.
□ 4. 목표달성을 위해서는 조직적이고 효율적인 대처가 중요하다.
□ 5. 자신은 항상 성공적으로 일을 해낸다.
□ 6. 항상 목표를 명확히 설정하고, 성과를 거두기 위해 당장 해야 할 일이 무엇인지 잘 알고 있다.
□ 7. 목표달성표나 실적표 등으로, 자신이 이룬 실적을 체크하기 좋아한다.
□ 8. 일을 척척 해내는 자신의 행동력을 남들이 부러워한다.
□ 9. 다른 사람들에게 자신은 모든 일을 성공적으로 해내는 사람이라는 인상을 주고 싶다.

□10. 스스로 결단 내리는 것을 좋아하지만, 임기응변으로 의견을 바꾸는 경우도 있다.

□11. 목표를 달성하기 위해 때로는 상대방에 맞춰 타협한다.

□12. 과거의 실패나 잘못보다는 성공한 일을 생각하기 좋아한다.

□13. 자신이 하고 있는 일에 대해 다른 사람이 부정적으로 말하면 정말 싫다.

□14. 한 가지 일을 지속적으로 하기보다 새로운 일을 시작하는 쪽이 즐겁다.

□15. 남들로부터 설득력이 있다는 말을 듣는다.

□16. 자신의 일과 역할을 소중히 생각하며, 유능한 자신의 모습을 확인하고 싶다.

□17. 어떤 일이라도 구체화시키고 인정받을 수 있도록 노력한다.

□18. 사람들을 만날 때에는, 많은 성과를 올리고 있는 사람이라는 이미지를 심어주는 것이 중요하다.

□19. 주위 사람들은 나에 대해 능력있고 자기주장이 있는 사람이라고 생각한다.

□20. 첫인상은 아주 중요하다.

● 4 타입

□1. 많은 사람들이 인생의 진정한 아름다움과 기쁨을 느끼지 못하는 것 같다.

□2. 자신의 과거에 깊은 슬픔을 느낀다.

□3. 항상 자연스럽고 있는 그대로 행동하고 싶지만 잘 안된다.

□4. 상징적인 것에 마음이 끌린다.

□5. 다른 사람들은 나만큼 사물을 깊이 있게 이해하지 못한다.

□ 6. 다른 사람들은 내가 어떻게 느끼고 있는지는 좀처럼 이해할 수 없을 것이다.
□ 7. 항상 예의바르고 품위를 유지하고 싶다.
□ 8. 주위 분위기를 중요하게 여긴다.
□ 9. 인생은 연극무대이고, 나는 무대에서 연기를 하고 있는 듯한 느낌이다.
□ 10. 좋은 매너와 고상한 취미를 중요하게 생각한다.
□ 11. 자신을 평범한 사람이라고는 생각하고 싶지 않다.
□ 12. 상실, 죽음, 고통 등을 생각하면, 그만 깊은 사색에 잠겨버리곤 한다.
□ 13. 일반적이고 진부한 표현으로는 자신의 감정을 충분히 나타낼 수 없다.
□ 14. 너무나 자신의 감정에 사로잡혀 감정이 증폭되면 어디까지나 자신의 진짜 감정인지를 모르게 되는 경우도 있다.
□ 15. 인간관계가 잘 풀리지 않는 것에 대해 남들보다 고민을 더 하는 것 같다.
□ 16. 자신이 비극의 주인공처럼 느껴질 때가 있다.
□ 17. 어딘지 모르게 도도하게 구는 구석이 있다고 남들한테 비난받을 때가 있다.
□ 18. 감정이 고양되다가도 갑자기 침울해지는 등 감정의 기복이 심하지만 오히려 이런 것이 생동감을 느끼게 해준다.
□ 19. 사람들은 나를 보고 연극하듯이 행동한다고 하지만, 그들은 내가 어떻게 생각하고 느끼는지 전혀 이해하지 못한다.
□ 20. 예술이나 미적 표현은 자신의 감정을 표현하는 수단으로 대단히 중요하다.

● 5. 타입

□1. 자신의 감정을 제대로 표현하지 못한다.

□2. 언젠가는 필요할 것 같아 물건들을 모아 두는 경향이 있다.

□3. 명확한 주제가 없는 대화는 싫다.

□4. 사물을 종합적으로 보거나 여러 의견들을 하나로 모으고 정리하는 것을 잘한다.

□5. 갑자기 어떻게 생각하느냐는 질문을 받으면 대답할 수가 없다.

□6. 일상생활에서 자기만의 시간과 공간이 있으면 편안하게 휴식을 취할 수 있다.

□7. 자기가 솔선해서 행동하기보다는 다른 사람들한테 맡긴다.

□8. 어떤 일에 직접 뛰어들기 전에 남들이 하는 것을 관찰하는 경향이 있다.

□9. 혼자 있는 시간을 좋아한다.

□10. 다른 사람들과 비교해 자신은 아주 침착한 편이다.

□11. 자기가 먼저 다른 사람들에게 접근하지 못하고 남들에게 부탁하는 일도 잘못한다.

□12. 문제가 생기면 스스로 해결하는 편이 마음 편하다.

□13. 자기주장을 잘못한다고 생각한다.

□14. 생각하는 것으로 문제를 해결하려 한다.

□15. 전체 상황을 파악한 후에 판단하고 싶다. 미쳐 보지 못하고 지나친 것이 있으면 자신의 경솔함을 질책한다.

□16. 시간과 금전에 관해서는 인색하다.

□17. 지불한 돈에 걸맞은 것을 받지 못할 때에는 불만스럽다.

□18. 스스로 귀찮은 문제를 만들고 말았을 때에는 바보 같은 짓을 했다고 자책한다.

□19. 조용조용 이야기하는 편이라 좀 크게 말해 달라는 말을 듣는 경우도 있다.

□20. 사람들한테 주는 정보보다 얻는 정보가 많다.

● 6 타입

□1. 어떤 분야의 권위자가 옆에 있으면 신경이 예민해진다.

□2. 의심이 생겨 고통스러울 때가 자주 있다.

□3. 명확한 지침을 갖고 자신의 입장을 파악해 두고 싶다.

□4. 항상 주의 깊게 위험을 경계한다.

□5. 너무 진지하게 생각한다.

□6. 무엇인가 잘못된 것은 없는지 항상 자문한다.

□7. 비판을 자신에 대한 공격이라고 느낄 때가 종종 있다.

□8. 배우자나 동료가 무슨 생각을 하고 있는지 걱정하는 경우가 많다.

□9. 마음만 먹으면 분골쇄신해 일할 수 있다.

□10. 친구들은 나를 충실하고 사람들을 격려하며 이해심이 많은 사람이라고 본다.

□11. 유머감각이 아주 뛰어나다는 말을 자주 듣는다.

□12. 규칙은 엄격하게 지킨다. 또는 규칙을 자주 어긴다.

□13. 친밀한 사람과의 관계에서 자신이 약한 입장이 되면 될 수록 자질구레한 걱정이 많아지고 화를 잘 내게 된다.

□14. 일을 질질 끌거나, 아니면 앞뒤 생각 없이 무턱대고 뛰어들어 때로는 위험한 상황에 빠지는 경향이 있다.

□15. 칭찬하거나 달래면서 조종하려 드는 사람은 금방 알아볼 수 있다.

□16. 예측할 수 있는 일을 좋아한다.

□17. 스스로 자신의 성공을 방해해 왔다.

□18. 좋을 때나 나쁠 때나 변함 없이 다른 사람들을 도울 수 있다.

□19. 옷차림을 단정히 하고 주위를 깔끔히 정돈해 두면 그 만큼 자신의 생활을 스스로 컨트롤하고 있다고 느껴진다.

□20. 자만하는 사람이나 야심이 많은 사람들을 싫어한다.

7 타입

□1. 다른 사람들과 비교하면 자신은 남을 의심하거나 타인의 의도를 파헤치거나 하지 않는 편이다.

□2. 무엇이든지 즐거운 것이 좋다.

□3. 모든 일을 항상 좋은 방향으로 가기 마련이다.

□4. 다른 사람들도 나처럼 밝은 마음을 갖고 있으면 좋겠다.

□5. 다른 사람들이 어떻게 생각하는지는 별로 관심이 없으며 나는 항상 행복하다.

□6. 항상 모든 사물의 밝은 측면을 본다. 인생의 어두운 부분에는 관심이 없다.

□7. 만나는 사람에게 적대감을 느끼는 적은 별로 없다.

□8. 농담이나 밝은 이야기를 좋아하고 어두운 이야기는 듣고 싶지 않다.

□9. 나는 어린애 같고 명랑하다.

□10. 모임 등에서 튀고 싶어하는 편이다.

□11. 나무를 보고 숲을 못 보면 안된다. 넓은 시야를 가지고 모든 것을 봐야 한다.
□12. 좋은 것은 더욱 좋게 만들어야 한다.
□13. 슬픈 일은 빨리 잊어버리려고 한다.
□14. 어두운 현실을 덮어두고서라도 즐겁게 지내고 싶다.
□15. 고생 속에서 맛볼 수 있는 깊이 있는 인생보다는, 즐거움으로 가득한 인생을 살고 싶다.
□16. 미래에 대해 항상 열정을 갖고 있다.
□17. 사람들을 즐겁고 기쁘게 해주는 일을 좋아한다.
□18. 무리를 해서라도 싫은 일은 되도록 피하고 싶다.
□19. 한가지 일에 집중하기보다는 관심분야가 계속 바뀐다.
□20. 행복한 어린 시절을 보냈다.

● 8 타입

□1. 자신이 필요로 하는 것을 위해 싸우고 또한 단호하게 지킨다.
□2. 타인의 약점을 재빠르게 파악해내 상대방이 도전해오면 그 약점을 공격한다.
□3. 모든 일에 불만을 표시하는 것은 어려운 일이 아니다.
□4. 사람들과 대결하는 것을 두려워하지 않으며, 실제로도 자주 대결한다.
□5. 힘을 행사하는 것은 통쾌한 일이다.
□6. 어떤 조직 안에서 누가 권력을 잡고 있는지 금방 알 수 있다.
□7. 공격적이고 자기주장이 강하다.
□8. 매사가 어떻게 되어야 당연한지 잘 알고 있다.
□9. 상냥함, 품위 있음, 부드러움 등 자신에게 여성적인 면을 용

인하거나 표현하는 것은 거의 불가능하다.

□10. 금방 따분해지며 항상 움직이는 것을 좋아한다.

□11. 의리와 도리를 중시한다.

□12. 자신의 권위가 권한 밑에 있는 사람들을 감싼다.

□13. 나는 대쪽같이 강직하고 심플한 사람이다.

□14. 자기반성이나 자기분석에는 별로 관심이 없다.

□15. 나는 순응하기 어려운 인간이다.

□16. 다른 사람들 때문에 쓸데없이 귀찮아지는 것을 싫어한다.

□17. 설사 나한테 문제가 있어도 남들이 이러쿵저러쿵 지적하면 고치기 싫다.

□18. 도전할 대상이 있어야 힘이 솟는다.

□19. 모든 일을 흘러가는 대로 내버려두는 것은 싫다.

□20. 다른 사람들은 자신의 문제점들을 스스로 만들어 낸다.

● 9 타입

□1. 모든 일에 지나치게 정력을 낭비하는 사람들이 많은 것 같다.

□2. 살면서 어찌할 바를 모를 정도로 낭패를 당하는 일은 그렇게 많지 않다.

□3. 일상적으로 나는 평온한 상태에 있다.

□4. 아무 것도 하지 않을 때가 제일 좋다.

□5. 나는 아주 느긋한 사람이다.

□6. 밤에 잠들지 못했던 적이 언제였는지 기억하지 못한다.

□7. 조금씩 차이는 있을망정 사람들은 거의 다 똑 같다.

□8. 흥분하는 일은 그다지 없다.

□9. 내일까지 기다릴 수 없다고 조급해 하는 일은 없다.

□10. 무엇인가를 시작하려면 외부의 자극이 필요하다.

□11. 일이든 힘을 낭비하는 것은 싫다. 일을 할 때 수고를 덜 방법을 생각한다.

□12. 그 정도의 일로 문제를 복잡하게 만들지 말라는 것이 평상시의 내 태도이다.

□13. 나는 감정에 좌우되지 않는 공정한 중재자이다. 내가 보기에는 대립하는 양쪽 모두 별다를 게 없다.

□14. 엉거주춤하고 안정되지 못한 분위기는 싫다.

□15. 대부분 가장 장애물이 없고 무난한 길을 택한다.

□16. 나는 침착한 사람이고 그 점을 자랑스럽게 여긴다.

□17. 사람들의 흥분을 가라앉히기 위해 상대방에 맞춰 행동하려고 한다.

□18. 자기 자신을 그렇게 중요한 사람이라고는 생각하지 않는다.

□19. 사람들의 말에 주위 깊게 귀를 기울이지 못한다.

□20. '앉을 수 있는데 왜 서 있느냐, 누울 수 있는데 왜 앉아 있느냐'라는 말에 동감한다.

애니어그램 채점용지

1타입	1	2	3	4	5	6	7	8	9	10	11	12	13	14	15	16	17	18	19	20	계
2타입	1	2	3	4	5	6	7	8	9	10	11	12	13	14	15	16	17	18	19	20	계
3타입	1	2	3	4	5	6	7	8	9	10	11	12	13	14	15	16	17	18	19	20	계
4타입	1	2	3	4	5	6	7	8	9	10	11	12	13	14	15	16	17	18	19	20	계
5타입	1	2	3	4	5	6	7	8	9	10	11	12	13	14	15	16	17	18	19	20	계
6타입	1	2	3	4	5	6	7	8	9	10	11	12	13	14	15	16	17	18	19	20	계
7타입	1	2	3	4	5	6	7	8	9	10	11	12	13	14	15	16	17	18	19	20	계
8타입	1	2	3	4	5	6	7	8	9	10	11	12	13	14	15	16	17	18	19	20	계
9타입	1	2	3	4	5	6	7	8	9	10	11	12	13	14	15	16	17	18	19	20	계

<활동자료 #2>

애니어그램 성격유형 설명서

● 1 타 입

(1) 1타입의 특성 : 완벽을 추구하는 사람

매사에 완벽을 기하고 스스로의 이상을 건설적인 자세로 추구하며, 이를 위한 노력을 아끼지 않는다. 항상 공정함과 정의를 염두에 두고 정직하고 신뢰할 수 있는 성품으로 자신의 윤리관에 자신감을 갖고 있다.

인상이 깔끔하고 항상 절제하는 자세를 잃지 않고 '해야 한다'라는 말을 자주 한다.

'올바른 길을 걷고 있다.' '매사를 정확하게 파악하고 있다'는 생각에 만족감을 느낀다.

(2) 1타입이 좋은 상태에 있을 때와 나쁜 상태에 있을 때

좋은 상태에 있을 때	나쁜 상태에 있을 때
▷도덕적이다. ▷신뢰할 수 있다. ▷건설적이다. ▷똑똑하다. ▷이상주의적인 사고 ▷공정하다 ▷정직하다 ▷자제력이 있다	▷선악을 기준으로 판단하기 쉽다. ▷완고하다 ▷독선적이다 ▷강박관념에 시달린다 ▷흠잡기를 좋아한다 ▷지나치게 꼼꼼하다 ▷걱정이 많다 ▷질투가 심하다

(3) 1타입의 장점

- 자기단련이 잘되어 있고, 많은 것을 성취해 낼 수 있다.
- 세상을 더 나은 곳으로 만들기 위하여 열심히 일한다.
- 표준이 높고 윤리의식을 갖고 있다. 자신과 잘 타협하지 않는다.
- 이성적이고, 책임감이 있으며, 모든 일에 헌신적이다.
- 종합적인 사고를 하고, 이해를 잘하며, 현명한 해결책을 잘 생각해 낸다.
- 내 자신과 다른 사람들 안에서 최상의 모습을 끌어내려 한다.

(4) 1타입이 빠지기 쉬운 함정

1타입은 완전함을 추구하고 치밀하게 노력하며 어떠한 책임도 도중에 포기하지 않는다. 이러한 1타입의 함정은 '완전함'에 대한 잘못된 인식이다.

1타입의 완벽해 지려는 생각은 강박관념화된 것이다.

'주변 사람들은 물론 자신도 아직 완벽하지 않다'고 생각하며 만족할 줄 모르고 항상 결점을 찾아내려고 한다.

완벽함을 추구하는 훌륭한 의욕이 지나치면 '무거운 짐을 진 괴로운 인생'이라는 감각으로 바뀌고 만다.

예를 들어 1타입에게 '일을 훌륭하게 해 내셨네요'라고 칭찬하면 '천만에요 아직 멀었습니다'라고 대답한다.

이러한 겸허함과 발전지향적인 의욕은 높이 평가할 만하지만 자신에 대해 지나치게 엄격한 것이 질곡으로 발전될 가능성이 높다.

1타입은 현재의 상태에만 주목하며 많은 과정을 거쳐 점차 향상되어 간다는 생각이 결여되어 있다. 그들이 '완벽함'이라는 함정에서 벗어나기 위해서는 당장은 '완벽'하지 않더라도 인간은 과거로부터 미래를 향해 점점 발전해나가고 '완전함'에 접근해 가는 것이 성장이라는 생각을 가져야 한다.

건설적이고 폭넓게 받아들이려 자세를 갖게 되면 자신의 장점을 살릴 수 있다. 나아가 스스로에 대해서도 너그러워지고 다른 사람들도 유연하게 대할 수 있게 된다. 그리고 자신의 인생은 훌륭하다고 인식하며 지나치게 완벽에 집착하지 않고 균형 잡힌 모습을 유지할 수 있다.

자신에게 너그러워질 수 있다면 타인 역시 너그럽게 대할 수 있다. 그리고 부드럽고 즐거운 모습은 주위에 좋은 영향을 미치게 된다. 스스로를 개선함으로써 직장이나 사회 역시 좋은 분위기를 만들 수 있다.

(5) 1타입의 단점

- 기대에 못 미칠 때 내 자신과 다른 사람에 대해 실망한다.
- 책임져야 할 너무 많은 일들로 인해 부담을 느낀다.
- 내가 하는 일들이 충분히 괜찮다고 생각한 일이 별로 없다.
- 내가 다른 사람들을 위해 행한 것을 제대로 인정하려고 하지 않는다.
- 다른 사람들이 나만큼 노력하지 않는다는 것에 대해 당황한다.
- 과거에 내가 했던 것 혹은 앞으로 내가 행해야 할 것에 지나치게 사로잡혀 있다.
- 긴장되어 있고, 걱정하거나, 사물을 지나치게 여길 정도로 심각하게 여긴다.

(6) 1타입과 잘 지내려면

- 내가 모든 일을 감당하지 않도록 당신의 몫을 책임져라.
- 내가 성취한 것을 인정해 주라.
- 나는 자신에게 엄격하다. 현재의 모습 그대로도 괜찮다고 말해줘라.

- 당신이 나의 충고를 소중히 여긴다고 말해줘라.
- 내가 그런 것처럼, 공정하고, 사려 깊게 처신하라.
- 만일 당신이 분별이 없었다면 먼저 사과하라. 그렇게 하면 나는 용서하고 싶은 마음이 생길 것이다.
- 내가 초조해 할 때, 기분을 누그러트리고 농담을 즐기라고 부드럽게 격려해 주라. 하지만 먼저 나의 근심거리들을 들어줘라.

(7) 1타입의 인간관계

- 관계에서 최상의 모습을 보일 때의 1타입 유형들은 충실하고, 헌신적이며, 양심적이고 기꺼이 다른 사람을 도와준다. 그들은 균형이 잘 잡혀 있고, 상당한 유머감각을 지니고 있다.

관계에서 최악의 모습을 보일 때의 1타입 유형들은 남을 헐뜯고, 논쟁을 하려들며, 꼬치꼬치 캐어들고, 잘 타협하려 하지 않는다. 그들은 다른 사람에 대한 기대도 높다.

(8) 1타입의 어린이는

- 다른 사람들로부터 비판을 듣기 전에 자신들을 비판한다.
- 자신들이 생각하기에 완벽하게 될 것 같지 않은 일을 하기 꺼려한다.
- 부모와 선생님의 기대에 따라 사는 것에 초점을 둔다.
- 책임감이 매우 강하며 부모의 역할을 떠맡기도 한다.
- 부정적인 감정을 억누른다('착한 어린이는 화를 내지 않는다').

(9) 1타입의 부모는

- 자녀에게 강한 책임감과 도덕적 가치를 가르친다.
- 일관되고 공정하다.
- 엄격하게 훈육시킨다.

● 2 타입

(1) 2타입의 특성 : 타인에게 도움을 주려는 사람

정이 많고 곤경에 빠진 사람들에게 도움의 손길을 뻗치며 주변사람들에게 도움이 되는 일을 마다하지 않는다.

타인이 필요로 하는 것에 몰두하지만 타인의 도움을 필요로 하고 있는 자기 자신에 대해서는 자각하고 있지 못하다. 예리한 직감을 갖고 있고 주위 사람들의 기분을 이해하고 거기에 맞출 수 있기 때문에 적응력이 뛰어나다. 또한 다양한 자기 모습을 갖고 있어 상대방에 따라 다른 모습을 연출할 수 있다. 자신을 돌보기보다는 타인을 돌보고 도와주는 것에 만족을 느낀다.

(2) 2타입이 좋은 상태에 있을 때와 나쁜 상태에 있을 때

좋은 상태에 있을 때	나쁜 상태에 있을 때
▷정이 많다 ▷사람을 잘 돌본다 ▷적응력이 뛰어나다 ▷직관력이 뛰어나다 ▷마음이 넓다 ▷매사에 열중한다 ▷사람들의 기분을 이해한다	▷순교자처럼 행동한다. ▷돌려서 표현한다 ▷사람을 조종한다. ▷독점하려 한다 ▷히스테리가 심하다 ▷남이 시키는 대로한다. ▷감정을 너무 드러낸다. ▷논리적이지 못하다

(3) 2타입의 장점

- 사람들과 쉽게 관계를 맺고 친구가 될 수 있는 것
- 사람들이 필요로 하는 것을 알아내고 그들의 삶을 더 낫게 만들

수 있는 것

- 관대하고, 남을 돌보고, 따뜻한 것
- 다른 사람들의 느낌에 예민하고 지각력이 있는 것
- 열정적이고 장난을 즐기며, 유머 감각이 발달한 것

(4) 2타입이 빠지기 쉬운 함정 : 봉사와 헌신

- 2타입은 타인에게 친절하고 상냥하며 정성을 다해 사람들을 배려한다. 그러나 자신의 봉사와 헌신이 사심 없는 것이고 보상을 전혀 기대하지 않는 것이 라고 생각하는 잘못을 저지르고 있다. 이러한 생각이 그들의 함정이다.

2타입은 타인을 친절하게 대하려 노력한다. 그러나 너무 지나친 친절로 사람들이 쓸데없이 참견하지 말라고 짜증을 낼 수도 있다.

2타입은 이때 '그렇게 친절하게 대해주었는데 나한테 그럴 수가'라며 분노를 느낀다. 또한 자신의 일은 제쳐두고 남을 돕기만 하기 때문에 결국 자신의 욕구가 충족되지 못해 초조해지게 된다. 그런 상태가 되면 나도 만족할 수 있게 해달라는 마음에서 보답을 바라고 타인에게 의존하게 된다. 그러나 이러한 자신의 성향을 스스로 인정하려 들지 않는다. 남을 위해 봉사하고 헌신하는 자세는 존경받아야 한다. 그러나 타인에게 의존하려는 자신을 인정하고 경계해야 한다.

타인을 도와주고 배려하더라도 칭찬이나 보답을 기대하지 않는 마음가짐이 필요하다. 보답이 없는 봉사를 각오하지 않고 남을 도와서는 안된다. 또한 타인을 조종해서 자신이 원하는 것을 얻으려 하지 말고 스스로 확보하려는 자세가 필요하다. 나아가 타인에게 신경을 쓰는 것도 도를 넘지 말아야 한다. 2타입은 당신을 위해 이렇게까지 헌신하고 있으니까 고맙게 생각하고 보답을 해달라고 강요하는 듯한 생각에 빠지지 않도록 노력하는 것이 중요하다.

(5) 2타입의 단점

- '아니오'라고 말할 수 없는 것
- 자존감이 낮은 것
- 다른 사람을 위해 지나치게 일을 많이 함으로써 지쳐버리는 것
- 이기적이 될까봐 두려워서 자신을 위해 정말 하고 싶은 것을 하지 못하는 것
- 남들에게 충분한 애정을 나타내지 못하고 있다고 자책하는 것
- 내가 그들에게 신경 써주는 만큼 남들이 나에게 배려해 주지 않을 때 당혹감을 느끼는 것
- 너무 솜씨있고 사려깊게 일하느라고 나의 진짜 감정을 억압하는 것

(6) 2타입과 잘 지내려면

- 당신이 나에게 감사하는 점을 구체적으로 말해줘라.
- 나와 함께 재미있는 시간을 보내라.
- 나는 당신의 문제에 귀 기울이며, 당신은 나의 문제에 관심을 가져달라.
- 내가 당신에게 중요하다 특별한 존재라는 것을 알려줘라.
- 당신이 나에 관해 비판할 것이 있다면 부드럽게 말해달라.

(7) 친밀한 관계에서

- 당신이 나에게 관심이 있음을 늘 확신시켜 주라.
- 당신이 나를 사랑한다는 것을 자주 확신시켜 주라.
- 내가 매력적이어서 당신은 나를 보는 것이 기쁘다고 말해줘라.

(8) 2타입의 인간관계

- 관계에서 최상의 모습을 보일 때의 2타입 유형들은 매력적이고, 안목이 있고, 관대하고, 따뜻하고, 잘 놀고, 남을 돌보아준다. 2타입 유형들은 상대방으로 하여금 특별하게 인식되고 사랑받고 있다고 느끼게 해준다.

관계에서 최악의 모습을 보일 때의 2타입 유형들은 통제를 하려들고, 소유하려 들며, 요구가 많고 불성실하다.

그들은 직접적으로 요구하는 일을 잘못하기 때문에, 원하는 것을 얻기 위하여 다른 사람을 조정하려는 경향이 있다.

(9) 2타입의 어린이는

- 꾸지람과 잔소리에 매우 예민하다.
- 도움을 주거나 이해하려고 힘씀으로써 부모들을 기쁘게 하려고 한다.
- 칭찬을 외적으로 표현한다.
- 다른 아이들에게 인기가 있거나 있으려고 노력한다.
- 수줍음을 타거나. 조숙한 행동을 하고, 주의를 끌기 위하여 극적인 행동을 하기도 한다.
- 광대짓을 하거나 농담을 하기도 하고(보다 외향적이 2번타입 유형들), 혹은 조용하거나 수줍음을 탄다.(보다 내향적인 2번타입 유형들)

(10) 2타입의 부모는

- 잘 들어주며, 자녀들을 무조건적으로 사랑하고, 따뜻하게 격려해 준다(그렇지 않을 때에는 죄책감을 느낀다).
- 종종 자녀들과 잘 놀아준다.

- ‘내가 올바른 행동하고 있는 걸까?’ ‘내가 충분히 주고 있는 걸까?’ ‘내가 돌이킬 수 없는 손실을 야기한 것은 아닐까?’와 같은 것을 궁금해 한다.
- 맹렬하게 보호하려들 수도 있다.

●3 타 입

(1) 3타입의 특성 : 성공을 추구하는 사람

- 항상 효율을 중시하고 성공을 위해서는 자신의 생활을 희생시키더라도 개의치 않는다.
- 자신이 세운 목표를 향해 남들도 효율적으로 매지할 것을 바라며 주위 사람들의 의욕을 고취시키는 것도 능숙하다.
- 인생의 가치를 ‘성공이냐 실패냐’라는 척도로 재고 실적을 중시하는 경력가이다.
- 자신감 넘친 인상으로 주위 사람들에게 좋은 인상을 심어주려 한다.
- ‘성공했다’, ‘일을 효율적이고 성공적으로 완수해냈다’는 것에 가장 큰 만족을 얻는다.

(2) 3타입이 좋은 상태에 있을 때와 나쁜 상태에 있을 때

좋은 상태에 있을 때	나쁜 상태에 있을 때
▷낙관적이다 ▷자신감에 넘쳐 있다 ▷근면하다 ▷유능하다 ▷자신의 힘으로 일을 추진한다 ▷정력적이다 ▷실질적이다	▷신뢰할 수 없다 ▷자아도취에 빠진다 ▷잘난 체한다 ▷자만한다 ▷천박하다 ▷심술궂다 ▷지나친 경쟁의식을 갖는다

(3) 3타입의 장점

- 낙천적이고, 우호적이며, 의기양양한 것
- 내 가족을 잘 부양하는 것
- 패배로부터 재빨리 회복하여 앞에 놓여 있는 도전을 향해 돌격할 수 있는 것
- 상황이 어떻게 돌아가는지를 잘 알고 있는 것
- 유능하고 일을 효율적으로 할 수 있는 것
- 사람들에게 의욕을 불어넣을 수 있는 것

(4) 3타입이 빠지기 쉬운 함정 : 효율

- 일본이나 미국의 대기업 관리직에는 3타입이 많다.
- 목표를 높이 세우고 성공을 향해 효율적으로 매진한다.
- 이러한 3타입의 함정은 효율적인 것에 대해 강박관념을 갖고 있는 것이다.
- 그들이 효율성을 추구하는 것은 높은 평가를 얻으려는 욕구때문이다. 이러한 욕구가 강해지면 성공을 쟁취하기 위해 수단과 방법을 가리지 않게 된다.
- 가정과 건당을 돌보지 않고 일 중독에 걸린 것처럼 일에 몰두한다.
- 또한 격렬한 경쟁심에 사로잡히고 시간에 쫓기게 되어 정신적으로 항상 피로를 느끼게 된다.
- 3타입은 성공을 거두고 있을 때 스스로 함정에 빠진 것을 깨닫지 못한다.
- 그러나 가장 두려워하는 실패를 경험하면 그때서야 균형이 깨진 자신을 의식하게 된다.
- 물론 실제 상황이 벌어져서는 안되지만 균형을 상실하고 있다는

경고로서 오히려 바람직한 경험이 될 수 있다.

- 인간은 웬만큼 괴롭지 않으면 삶의 방식을 바꾸지 못한다. 특히 3타입에게는 실패를 경험했을 때 자신의 삶의 방식을 재검토하고 진정한 자신의 능력을 발휘하기 위해 균형을 잡을 수 있는 기회가 된다.
- 3타입은 성적이나 업적에 대한 평가가 아니라 자신의 내면에 의해 스스로를 만족시킬 수 있는 길을 확보해야 한다. 또한 성공과 효율이라는 평가기준에서 벗어나 다양하고 인간적 요소를 포함시킨 평가기준을 가져야 한다. 이러한 자기 평가에 의해 자신의 훌륭한 점을 자각하려는 노력이 있을 때 3타입의 함정에 빠지지 않을 수 있게 된다.

(5) 3타입의 단점

- 비효율성과 무능을 참아야만 하는 것
- 성공하지 못할까봐 혹은 성공하지 못한 것으로 보여질까봐 두려워하는 것
- 일을 더 잘하는 다른 사람과나 자신을 비교하는 것
- 성공에 매달려서 몸부림치는 것
- 사람들에게 인상적이 되기 위해 잘 차려입는 것
- 항상 무엇인가 '계속'되어야 하는 것, 그것은 사람을 아주 지치게 만드는 일이다.

(6) 3타입과 잘 지내려면

- 나의 일을 할 때에는 나를 내버려 두라.
- 나에게, 솔직하지만 지나치게 비판적이거나 판단하려 들지 않는 반응을 보여 주라.
- 내 주변을 조화롭고 평화롭게 유지하도록 도와주라.

- 부정적인 감정으로 내가 부담을 주지 말라.
- 내 곁에 있는 것을 좋아한다고 말해 주라.
- 내 존재나 내가 해낸 일이 자랑스럽다고 말해 주라.

(7) 3타입의 인간관계

- 관계에서 최상일 때의 3타입 유형들은 상대방을 가치 있게 여기고 인정해 준다.
- 잘 놀고, 잘 베풀며, 책임감이 있고, 주변 사람들에게 호평을 받는다.
- 관계에서 최악일 때 3번 유형들은 일과 계획에 사로잡혀 있다.
- 자신에게 몰두해 있고, 방어적이며, 참을성이 없고, 정직하지 않고, 통제를 하려든다.

(8) 3타입의 어린이는

- 그들이 해낸 일로 칭찬받으려고 열심히 일한다.
- 다른 아이들이나 어른들은 그들을 아주 좋아한다.
- 학급이나 학교에서 가장 능력있고 책임감 있는 어린이로 여겨진다.
- 학생회나 서클에서 적극적이며 자신의 계획을 실행하느라고 조용하게 바쁘기도 하다.

(9) 3타입의 부모는

- 일관되고, 의지할 만하고, 충실하다.
- 자녀들과 시간을 보내는 것과 일을 더 많이 해야 하는 것 사이에서 갈등을 일으킨다.
- 자녀가 책임감이 있고 규칙적으로 생활하기를 바란다.

4 타입

(1) 4타입의 특성 : 특별한 존재를 지향하는 사람

자신은 특별한 사람이라고 자부하고 있으며 무엇보다도 감동을 중시하고 평범함을 싫어한다.

다른 사람들보다 슬픔이나 고독 등을 진지하게 느낄 수 있다고 생각하며 타인에 대한 이해심이 많고, 사람들을 받쳐주고 격려하는 것을 좋아한다. 또한 자신을 드라마 속의 연기자처럼 느끼고 있으며 행동에서 패션에 이르기까지 세련된 느낌과 표현력이 풍부하다는 인상을 준다.

'나는 특별한 존재이다.'

'나는 독특한 존재이다.'

'나는 감수성이 풍부하다'라는 자기 모습에 가장 큰 만족을 느낀다.

(2) 4타입이 좋은 상태에 있을 때와 나쁜 상태에 있을 때

좋은 상태에 있을 때	나쁜 상태에 있을 때
▷마음이 따뜻하다 ▷이해심이 많다. ▷자기 성찰이 뛰어나다 ▷표현력이 풍부하다 ▷독창적이다 ▷직관적이다 ▷사람들을 뒷받침하고 격려한다 ▷세련됐다	▷의기소침해진다 ▷자의식이 너무 강하다 ▷죄책감에 사로잡힌다 ▷도덕을 내세운다 ▷움츠러든다 ▷옹고집을 부리거나 변덕스럽다 ▷너무 깊은 생각에 잠긴다 ▷질투심, 복수심이 생기고 물고 늘어진다

(3) 4타입의 장점

- 인생의 의미를 발견하고 마음속 깊은 곳에 있는 감정을 느끼는 능력
- 다른 사람과 따뜻한 유대관계를 맺는 능력
- 인생에서 고귀하고, 진실하고, 아름다운 것을 찬미하고픈 것
- 창조성, 직관, 유머 감각
- 독특하고 다른 사람들의 눈에도 독특하게 비치는 것
- 심미적인 감각을 갖고 있는 것
- 주변에 있는 사람들의 감정을 쉽게 헤아릴 수 있는 것

(4) 4타입이 빠지기 쉬운 함정 : 독특한 자기

- 독특한 자기 자신을 추구하는 4타입은 자신을 타인과는 다른 특별한 존재로 인식하고 개성만을 추구해 가는 경향이 있다.

그들의 함정은 '독특한 자신'에 대한 집착이다.

4타입은 자신의 깊은 생각을 적절히 표현하는 방법만 습득하면 '독특한 자신'이 될 수 있다고 믿고 있다. 그래서 그들은 평범함을 싫어하고 특별한 존재가 되려고 몰두한다.

그러나 이러한 경향이 강해지면 주위로부터 고립되고 생활에 만족할 수 없게 된다. 인생은 원래 평범한 것이다. 하지만 그들은 평범함을 싫어하고 다른 사람들이 하지 않는 색다른 것에 대단한 노력을 기울인다. 일반적으로 느낄 수 없는 깊은 감동을 추구하고 위험이 따르는 모험에 마음이 끌린다. 하루하루 착실하게 생활하는 것에 만족하지 않고 모험적인 체험이나 깊은 감동을 불러일으키는 것만을 추구하면 현실도피에 빠지기 쉽다.

끈끈한 인간관계나 강한 정신적 유대를 추구하는 것은 인생에 깊은 맛을 더해 주지만, 인간관계라는 것은 반드시 감동을 가져다주는 것

이 아니다. 감동만을 추구하고 평범한 인간관계를 소홀히 하면 주위로부터 고립되어 외로운 인생을 살 수도 있다. 이러한 함정에 빠지지 않기 위해서는 독특한 것을 추구하는 자신의 감정을 살리면서 동시에 평범한 것도 겸허하게 받아들일 수 있는 균형감각이 필요하다.

(5) 4타입의 단점

- 공허하고 절망스러운 어두운 기분을 경험하는 것
- 사랑받을 만한 자격이 없다고 자신을 미워하고 부끄럽게 느끼는 것
- 사람들을 실망시켰을 때 죄책감을 느끼는 것
- 어떤 사람이 나를 오해할 때 상처를 입거나 공격을 당했다고 느끼는 것
- 내 자신과 인생에 대해 너무 많이 기대하는 것
- 버려질까봐 두려워하는 것
- 분노에 사로잡혀 있는 것
- 내가 갖지 못한 것을 갈망하는 것

(6) 4타입과 잘 지내려면

- 내게 칭찬을 많이 해줘라. 그러한 칭찬은 내게 큰 의미가 된다
- 지지해 주는 친구나 파트너가 되어 주라. 내 자신을 사랑하고 가치 있게 여기도록 도와주라.
- 나의 특별한 재능인 직관과 통찰력을 존중해 주라.
- 우울하고 슬픈 기분을 느낄 때 항상 기운을 차리고 싶어 하는 것은 아니지만, 때때로 내 마음을 조금이라도 밝혀줄 누군가가 필요하다.
- 나에게 신경과민이라거나 과잉 반응을 보인다고 말하지 말라!

(7) 4타입의 인간관계

- 관계에서 최상일 때 4번 유형들은 공감을 잘 해주고, 사람들을 지지해 주며, 부드럽고, 잘 놀고, 열정적이며, 재치가 있다. 그들은 자신을 그대로 드러내고, 쉽게 유대를 맺는다.

관계에서 최악일 때 4타입들은 너무 자신에게 빠져 있고, 질투심이 강하며, 정사가 메마르고, 시무룩하고, 독선적이고, 지나치게 비판적이다. 그들은 쉽게 상처받고 거부당했다고 느낀다.

(8) 4타입의 어린이는

- 능동적인 상상력을 갖는다.
- 혼자 창의적으로 놀거나 독창적인 게임을 만들어서 놀이 상대와 잘 논다.
- 감수성이 매우 풍부하다.
- 자신은 세상에 어울리지 않는 사람이라고 느낀다.
- 다른 사람들이 갖고 있는 어떤 것을 자기는 가지지 못했다고 생각한다.
- 이상적이라고 생각하는 교사, 영웅, 예술가 등에 애착을 느낀다.
- 권위주의에 반발하고 비판받거나 이해받지 못할 때 반항적이 된다.
- (아마도 부모가 죽거나 이혼하거나 해서) 외로움을 느끼거나 버려졌다고 느낀다.

(9) 4타입의 부모는

- 자녀가 진정한 자신의 모습을 찾도록 돕는다.
- 자녀의 창의성과 독창성을 키워준다.
- 자녀가 자신의 감정을 경험하도록 잘 도와준다.

- 때때로 지나치게 흠을 잡거나 지나치게 보호하려 든다.
- 대개, 너무 자신에게만 빠져 있지 않다면 자녀들을 아주 잘 대해 준다.

5 타입

(1) 5타입의 특징 : 지식을 얻고 관찰하는 사람

지식을 쌓아 가는 것을 좋아하며 항상 현명하게 판단하려고 노력한다. 분석력과 통찰력이 뛰어나며 객관적이고 방관자적인 태도를 일관되게 유지하려고 한다.

현실을 파악하는 관찰력이 뛰어나지만 말이 적고 태도가 조심스럽다. 어리석은 판단을 내리는 것을 두려워하며 일을 시작하거나 의견을 발표하기 전에 정보를 열심히 수집해 상황을 정확하게 파악하려고 한다.

또한 고독을 즐기는 경향이 강하고 자신만의 시간을 아주 중요하게 여긴다. '지혜로운 사람', '현명한 사람', '무엇이든지 잘 알고 있는 사람'이라는 자신의 모습에 가장 큰 만족을 느낀다.

(2) 5타입이 좋은 상태에 있을 때와 나쁜 상태에 있을 때

좋은 상태에 있을 때	나쁜 상태에 있을 때
▷분석적이다 ▷끈기가 있다 ▷예민하다 ▷현명하다 ▷객관적이다 ▷통찰력이 예리하다	▷지적인 면에서 오만하다 ▷내놓기를 아까워한다 ▷옹고집 ▷쌀쌀맞다 ▷흠잡기를 좋아한다 ▷내성적이다

(3) 5타입의 장점

- 뒤로 물러서서 인생을 객관적으로 바라보는 것
- 철저하게 이해하는 것
- 어떤 일이 인과관계를 지각하는 것
- 나 자신이 고결하다는 느낌
- 내가 옳다고 생각하는 것을 행하고, 사회적 압력에 별로 영향받지 않는 것
- 물질적 소유나 지위에 사로잡히지 않는 것
- 위기가 발생해도 침착한 것

(4) 5타입이 빠지기 쉬운 함정 지식

지식을 추구하고 정보를 수집하는 5타입은 지식이 풍부하고 사물에 대한 냉철한 분석이 가능하며 판단력도 출중하다. 그러나 다른 사람들의 감정을 이해하고 공감하는 데에는 서투르다. 5타입의 함정은 지식을 과대하게 평가하고 지식을 추구하기 위해서는 타인으로부터 멀리 떨어져야 한다고 오해하고 있는 점이다. 지식을 지나치게 추구해 이지적인 면만을 발달시켜가다 보면 행동이 뒤따르지 못하게 된다. 사람들을 멀리하고 혼자서 깊은 생각에 빠지며 자신의 감정, 생각조차 잊어버리게 되는 것이다.

또한 자신을 구원해 줄 수 있는 힘은 자신에게 있다고 믿고 있기 때문에 지식의 습득이나 사색에 쉽게 빠진다. 타인에게 도움을 청하는 것을 싫어하기 때문에, 다른 사람들을 표면적으로 대하게도 된다. 나아가 타인에 대한 책임감이나 충실한 태도가 결여되기 쉽다. 따라서 5타입은 적극적으로 행동할 필요가 있다.

현재 벌어지고 있는 상황을 파악하기 위해서는 그 상황에 뛰어들어야 한다. 방관자적인 자세로는 인생의 진정한 모습을 알 수 없다. 적

극적으로 사람들을 대하고 또 그렇게 행동하며 자신의 솔직한 감정을 상대방에게 전달하는 노력을 해야 한다. 머리 속 관념의 세계에서 벗어나 인간적인 정을 직접 느껴보는 것도 중요하다. 이것은 자기 자신을 타인에게 전달하는 과정이기도 하다. 그렇게 하면 지금까지 깨닫지 못했던 '지혜'와 '활력'이 자신의 내면에 있다는 사실을 깨닫게 될 것이다.

(5) 5타입의 단점

- 내 지식과 통찰력을 세상에 내미는데 느린 것
- 방어태세를 취하거나 아는 체하고 나서 후회하는 것
- 원치 않을 때 사람들과 함께 있도록 압력을 받는 것
- 지식이나 기술이 부족한데도 사교술이 뛰어나 직업에서 성공하는 사람들을 지켜보아야 하는 것
- 나의 생각을 간단명료하게 표현하지 못하는 것

(6) 5타입과 잘 지내려면

- 들러붙지 말고 독립적이 되라.
- 솔직하면서도 간결하게 말하라.
- 혼자 있으면서 내 감정과 생각을 처리할 시간을 달라.
- 내가 떨어져 초연히 있거나 거만하게 보인다면, 그것은 내가 불편하게 느낄 수 있는 것일 수 있음을 기억하라.
- 내가 환영받고 있다고 느끼게 하라. 그러나 지나치게 되면 성실성을 의심할지도 모르니까.
- 나는 심사숙고한 끝에 내 생각을 표현하므로 똑같은 말을 강요하는것은 금물
- 큰 파티, 요란한 음악소리, 지나친 감정적 유대, 사생활 참는 것이다.

(7) 5타입의 인간관계

- 관계에서 최상일 때 5번 유형들은 친절하고, 재빠르게 감지도 잘 해내고, 신뢰감을 준다. 관계에서 최악일 때 5번 유형들은 잘난 체하고, 의심이 많고, 그들은 휘말려 들까봐 전전긍긍한다.

(8) 5타입의 어린이는

- 혼자서 책을 읽거나, 수집하기 등을 하면서 많은 시간을 보낸다.
- 많은 사람들보다는 몇몇의 특별한 친구를 갖는다.
- 매우 영리하고 호기심이 많으며 학교 성적이 좋다.
- 독립적인 사고를 하여 부모와 교사들에게 종종 날카로운 질문을 던진다.
- 정보를 수집하기 위하여 한 발자국 떨어진 관점에서 사물을 바라본다.
- 두려워하지 않는 것처럼 보이기 위해 무표정한 얼굴을 가장한다.
- 민감하기 때문에 인간관계에서의 갈등을 피하려고 한다.
- 자기 영역을 침범당했다고 혹은 통제받고 있다고 느낀다.
- 무시당한다고 혹은 소홀히 여겨진다고 느끼기도 한다.

(9) 5타입의 부모는

- 친절하고, 빨리 감지하고, 헌신적이다.
- 때때로 권위주의적이고 요구가 많다.
- 자녀의 발달수준에 비해 더 높은 지적 성취를 기대한다.
- 자녀가 자신의 강렬한 감정을 표현하면 참을성을 잃는다.

●6 타입

(1) 6타입의 특성 : 안전을 추구하고 신중한 사람

자기 자신을 안전하게 보호하려고 하는 6타입은 양면성을 갖고 있다. 강한 보호자를 찾고 그 보호자에 대해 대단히 충직하고 자신의 책임을 다한다. 그러나 한편으로는 납득할 수 없는 권력에 반항하고 약자의 주장에 공감하며 불리한 싸움에 과감하게 도전하는 면도 있다. 상대방의 조그마한 언동으로부터 그 진의를 파악하는 능력을 갖고 있으며 신뢰할 수 있는 관계라면 따뜻한 정과 마음을 보여준다. '충실하다', '성실하다'라는 자신의 모습에 만족을 느끼면서도 '솔직한 사람', '사회규범에 순응하지 않는 사람', '위험에 과감히 맞서는 사람'이라는 자신의 모습에도 만족을 느낀다.

(2) 6타입이 좋은 상태에 있을 때와 나쁜 상태에 있을 때

좋은 상태에 있을 때	나쁜 상태에 있을 때
▷충실하다 ▷남들에게 호감을 준다 ▷마음이 따뜻하다 ▷정이 많다 ▷실질적이다 ▷남들을 잘 도와준다 ▷책임감이 있다	▷경계심이 지나치게 많다 ▷타인을 조종하려 한다 ▷무슨 일을 저지를지 모른다 ▷선악으로 판단하기 쉽다 ▷피해 망상적이다 ▷자신을 지나치게 방어한다 ▷화를 잘 낸다

(3) 6타입의 장점

- 가족들과 친구들에게 헌신적이고 충실하다.
- 책임감이 있고 열심히 일한다.

- 다른 사람에게 대해 동정심을 갖는다.
- 지성과 재치가 있다.
- 순응주의자가 아닌 것
- 위험에 용감하게 맞서는 것
- 솔직하고 자기 주장이 강한 것

(4) 6타입이 빠지기 쉬운 함정 안전

항상 두려움을 품고 있는 6타입은 '안전'에 집착한다. 그들은 자신의 안전이 위협받고 있다고 느끼기 때문에 지나치게 신중하고 의심을 품기 쉽다. 안전이라는 함정에 빠지면 스스로 결단하고 행동하는 것이 불가능해진다.

또한 돌다리를 두드려보고도 건너지 않는 등, 지나치게 신중해지며 두려움 때문에 큰일을 하지 못하게 된다. 공포 순응형 6타입은 강력한 권력자에게 붙어 규범을 준수하고 의무와 충성을 다하려고 한다. 한편 공포 대항형의 6타입은 부당한 권력자에 대해 반발하려고 한다. 양쪽 모두 자신의 안전을 지키려는 행위인 것이다. 그들은 자신의 생각이나 행동을 자기 자신과 동일시하기 때문에 자신의 일과 생활에 대한 충고를 자신에 대한 공격이라고 받아들인다. 따라서 6타입은 외부세계를 신뢰할 필요가 있다. 사회는 자신이 생각하는 만큼 위험한 것이 아니며 신뢰할 만한 사람들이 많다는 사실을 깨달아야 한다. 많은 사람들과 신뢰관계를 맺고 그들이 자신에게 행복을 가져다준다는 것을 인식하면 '안전추구'라는 집착에서 벗어나 자신의 결단에 따라 행동하고 대처해 나갈 수 있게 된다.

그렇게 되면 일이나 생활에서 많은 성과를 올릴 수 있게 된다.

(5) 6타입의 단점

- 결정을 내릴 때 우유부단한 것
- 실패할까봐 두려워 일을 미루는 것, 자신감이 없는 것
- 버려질까봐 혹은 이용당할까봐 두려워하는 것
- 어떤 위험이 있는지를 면밀히 조사하고 걱정하느라고 자신을 지치게 만드는 것
- 모든 일에 정해진 규칙이 있어서, 거기에 적힌 대로만 했으면 하고 바라는 것
- 기대에 따라 살지 못할 때 자신에 대해 너무 비판적이 되는 것

(6) 6타입과 잘 지내려면

- 솔직하고 분명하라.
- 내 말을 주의 깊게 잘 들어라
- 근심한다고 해서, 그것으로 나를 판단하지 마라.
- 나와 함께 하는 일을 철저히 하도록 하라.
- 우리들 사이에 만사가 괜찮다는 것을 확신시켜라.
- 나와 함께 웃고 농담을 즐겨라.
- 새로운 경험을 하도록 부드럽게 압력을 넣어라.
- 때로 내가 지나친 행동을 하더라도 과민하게 반응하지 않도록 하라.
- 내가 실컷 걱정하도록 내버려 두라.

(7) 인간관계

- 관계에 있어 최상의 상태에 있을 때 6타입 유형은 따뜻하고, 잘 놀고, 개방적이고, 충실하고, 지지를 잘 해주고, 정직하며, 공정하고, 믿을 만하다.

관계에 있어 최악의 상태에 있을 때 6번 유형은 의심을 잘하고, 통제하려 들고, 융통성이 없고, 빈정댄다. 위협은 받으면 그들은 움츠러들거나 거친 행동을 한다.

(8) 6타입의 어린이는

- 다정하고, 호감이 가고, 믿을 만하며, 혹은 빈정대고, 으스대며, 고집스럽기도 하다.
- 근심이 많고, 경계심이 지나치며, 위험을 내다본다.
- 자신을 위험으로부터 보호하기 위해 어떤 단체나 관계당국을 찾아가기도 한다. 혹은 권위에 의문을 제기하고 반항하기도 한다.

(9) 6타입의 부모는

- 자녀를 사랑하고, 양육하며, 강한 의무감을 갖는다.
- 때때로 자녀들에게 독립성을 허용하지 않는다.
- 세상에서 그들 자녀가 입을 손실이나 상처보다 더 크게 걱정한다.

● 7 타입

(1) 7타입의 특성 : 즐거움을 추구하고 계획하는 사람

모든 일을 낙관적으로 보려고 하며 밝고 명랑하다. 그리고 자기 주변에서 즐거움을 찾아내는 능력이 뛰어나다. 좋아하는 사람들이 주변에 많이 있으며 자기 자신도 매력적인 인간이 되려고 노력한다.

또한 항상 즐거운 계획을 세우고 아이디어를 생각해 내며 호기심이 많고 상상력이 풍부하다. '정말 즐겁다', '너무나 유쾌하다', '앞으로의 계획이 무궁무진하다'라는 것에 만족을 얻는다.

(2) 7타입이 좋은 상태에 있을 때와 나쁜 상태에 있을 때

좋은 상태에 있을 때	나쁜 상태에 있을 때
▷즐거운 일을 좋아한다	▷자기 자신에 도취된다
▷자주성이 있다. 충동적이다	▷충동적이다
▷상상력이 풍부하다	▷어느 하나에 집중하지 못한다
▷열중한다	▷반항적이다
▷건설적이다	▷자제력을 잃어버린다
▷신속하다	▷독점하려고 한다
▷자신감에 넘쳐 있다	▷광적인 상태에 빠진다
▷매력적이다	▷자신에 대해 파괴적이다
▷호기심이 왕성하다	▷안정감을 상실한다

(3) 7타입의 장점

- 낙천적이어서 인생의 문제들이 나를 힘들게 하지 못하는 것
- 자연스럽게 살아가고 자유로운 정신을 가진 것
- 할 말이 있으면 말하고, 하고 싶은 대로 행동하는 것. 그것이 재미 있는 일이다.
- 관대하고, 세상을 더 나은 곳으로 만들려고 노력하는 것
- 위험을 감행하는 배짱이 있고 흥분을 주는 모험을 시도하는 것
- 다양한 관심과 능력을 가진 것

(4) 7타입이 빠지기 쉬운 함정 : 이상주의

7타입은 자신의 이상에 얽매이는 함정이 있다. 그들이 말하는 이상이란, 인생은 즐거운 것이기 때문에 괴로운 일을 회피하고 부정하는 것이다. 함정에 빠졌을 때 그들은 현재의 시점에서 살아가지 못하고 과거의 좋았던 기억이나 미래의 즐거운 계획에만 의식이 향하게 된다.

일이 제대로 풀리지 않을 때 그 불만을 참을 수 없어 잔소리가 심해지고 공격적인 태도를 보이는 경우가 많다.

그러나 인생에는 즐거운 일만 있는 것이 아니다. 즐거움만을 추구하면 일상생활에 무책임해지고 꼭 해야 할 일마저 등한시하게 된다. 자신의 즐거움만을 추구하고 싫은 일을 남에게 강요한다면 인간관계는 당연히 나빠질 것이다. 자기 멋대로 하는 사람, 믿음직하지 못한 사람으로 평가될 위험이 있다.

7타입은 창조를 지향하고 슬픔이나 고통을 받아들일 각오를 함으로써 함정에 빠지는 것을 방지할 수 있다. 또한 가치 있는 일을 해내겠다는 결의가 필요하다. 그리고 무언가 달성하기 위해서는 반드시 고통이나 슬픔과 맞서야 한다는 것을 알아야 한다. 그럴 때 비로소 7타입의 이상주의는 현실적 토대에 근거한 것이 되며 많은 업적을 올릴 수 있다.

(5) 7타입의 단점

- 내가 하고 싶은 일을 다 할 만큼 시간이 없는 것
- 시작한 일을 끝맺지 못하는 것
- 전문직의 이점을 누릴 수 없는 것
- 한 우물을 파지 못한다.
- 비현실적인 것
- 헛된 계획이나 공상에 빠진다.
- 일대일 관계에서 속박을 느끼는 것

(6) 7타입과 잘 지내려면

- 나에게 동료감, 애정, 자유를 달라.
- 나와 함께 고무적인 대화를 나누고 함께 웃어 달라.
- 나의 원대한 꿈을 알아주고 나의 얘기를 열심히 들어 주라.

- 내 방식을 바꾸려고 하지 말라. 있는 그대로의 나를 받아들여 주라.
- 당신 자신에 대해 책임을 져라. 나는 들러붙거나 요구가 많은 사람들을 싫어한다.
- 내게 무엇을 하라고 명령하지 말라.

(7) 7타입의 인간관계

- 관계에 있어 최악의 상태에 있을 때 7번 유형은 쾌활하고, 외향적이고, 남을 잘 돌보아주고, 재미있다. 그들은 친구나 연인을 새로운 활동과 모험으로 이끈다.

관계에 있어 최악의 상태에 있을 때 7타입은 자기 도취에 빠지고, 고집이 세고, 방어적이며, 산만하다. 그들은 종종 관계에 묶이는 것에 대해서 마음이 왔다갔다 한다.

(8) 7번 타입의 어린이는

- 활동지향적이고 모험을 감행한다.
- 다른 사람들을 흥분하게 만든다.
- 혼자 있는 것보다 다른 아이들과 있는 것을 더 좋아한다.
- 어른들 곁에서 술책을 쓴다.
- 어른이 되어 누릴 자유를 빨리 얻고 싶어한다.

(9) 7타입의 부모는

- 열정적이고 관대하다.
- 자녀가 인생에서 많은 모험을 겪을 수 있기를 바란다.
- 자기만의 활동에 신경 쓰느라 아주 바쁘다.

8 타입

(1) 8타입의 특성 : 강함을 추구하고 자기를 주장하는 사람

자신이 옳다고 생각하는 것에 대해서는 전력을 다해 싸우는 전사이다.

용기와 힘이 넘치고 부정이나 태만, 허영심 등을 재빠르게 꿰뚫어 그것에 결연히 대항한다.

권력구조를 파악하는 능력이 뛰어나며, 자신의 강한 힘을 발휘할 수 있는 위치를 확보하는 능력도 갖추고 있다. 거드름을 피우지 않고 성실하며 약자를 옹호하고 보호하려고 한다.

'힘이 있다', '할 수 있다', '힘에 넘친다'라는 자신의 모습에 가장 만족을 느낀다.

(2) 8타입이 좋은 상태에 있을 때와 나쁜 상태에 있을 때

좋은 상태에 있을 때	나쁜 상태에 있을 때
▷단도직입적이다	▷타인을 조종하려 한다
▷권위가 있다	▷반항적이다
▷성실하다	▷둔감하다
▷정력적이다	▷오만하다
▷허세를 부리지 않는다	▷자기중심적이다
▷사람을 감싼다	▷회의적이다
▷자신감을 갖고 있다.	▷억지를 부린다

(3) 8타이의 장점

- 독립적이고 자기를 신뢰하는 것
- 책임을 지고 계속해서 앞으로 돌격할 수 있는 것

- 용기가 있고 직선적이며 정직한 것
- 인생에서 찾을 수 있는 모든 즐거움을 얻는 것
- 나와 가까운 사람을 지지하고 힘을 주며 보호해 주는 것
- 정당한 명분을 지지하는 것

(4) 8타입이 빠지기 쉬운 함정 : 정의

사람들을 강력하게 이끌어 가는 8타입은 주위 사람들에게 무섭고 엄격한 인상을 주기 쉽다. 한번 꺼낸 말은 다시 번복하지 않고 완고함 때문에 절대군주가 될 소지가 있다.

8타입의 함정은 정의에 대한 '집착'이다. 부정을 발견하고 그것을 바로잡는 것이 자신의 사명이라고 여긴다. 그리고 옳고 그름을 판단하는 것도 자신이라고 확신한다. 따라서 항상 타인의 시시비비를 가리려고 하며 자기 생각과 다른 의견에는 귀를 기울이지 않는다. 타인을 누르고 싶어해 싸움을 걸고 제압하려 하기 때문에 불필요한 알력을 낳는다.

8타입이 함정에 빠지지 않기 위해서는 자애로운 마음을 가져야 한다. 자애로운 마음씨란 자신의 가치관이나 선악관에 좌우되지 않고 타인을 받아들이고 용서하는 것이다.

또한 자신의 연약함을 드러내는 것이 결코 자신의 존엄성을 손상시키고 존경을 잃게 되는 것이 아니라는 점을 명심해야만 한다. 자신의 연약함을 인정할 줄 아는 사람이야말로 진짜 강한 사람이라는 것을 알면 힘으로 타인을 누르거나 겁을 주는 것이 어리석은 행동이라는 사실을 깨닫게 된다.

(5) 8타입의 단점

- 8번 유형의 특징인 힘과 대담성은 모두 '남성적인' 특성으로 간주되기 때문에, 8타입의 여성들은 때때로 사회생활에 곤란을 겪는다.

- 무뚝뚝해서 사람들을 질리게 하는 것. 의도하지 않았는데도 무섭게 해서 사람들을 달아나게 하는 것
- 다른 사람들을 위해 위험을 감수하고도 그것에 대해 정당한 평가를 받지 못하는 것
- 다른 사람의 무능력을 침착하게 참아내지 못하는 것
- 모욕이나 부당한 대접받은 것을 결코 잊지 못하는 것
- 내 자신에게 너무 많은 압력을 주는 것

(6) 8번 유형인 나와 잘 지내려면

- 당신 자신과 나를 위해 싸워라
- 자신감을 갖고 강하고 솔직해져라.
- 나에 대한 뒷말을 하거나 나를 배신하지 말라.
- 당신의 약한 면과 속의 감정을 보여 주라.
- 나의 부드럽고 상처받기 쉬운 면을 알아줘라.
- 내게 혼자 있을 공간을주라.
- 내가 한 공로를 인정하라. 하지만 나에게 아부하지는 말라.
- 나는 종종 주장이 강하다. 그걸 바로 개인적인 공격으로 생각하지 말라.
- 내가 큰소리를 지르고 욕을 하고 성을 낼 때, 그것은 단지 나의 방식일 뿐이라는 것을 기억하도록 하라.
- 나는 친밀한 관계를 맺고 있다고 느끼는 것을 좋아한다.

(7) 8타입의 인간관계

- 관계에 있어 최상의 상태에 있을 때 8번 유형은 충실고, 남을 잘 돌보아 주고, 긍정적이고, 잘 놀고, 진실하고, 직선적이고, 관대하고, 지지를 잘해준다.
- 관계에 있어 최악의 상태에 있을 때 8번 유형은 요구가 많고, 거

만하고, 투쟁적이고, 소유하려 들며, 비타협적이고, 남의 흠을 잘 집어낸다.

(8) 8타입의 어린이는

- 독립적이며 내적인 힘이 있고 투쟁정신을 갖고 있다.
- 때때로 외롭다.
- 통제를 하지, 절대로 통제당하지 않는다.
- 다른 사람의 약점을 잘 헤아린다.
- 성이 나면 말과 행동으로 공격한다.
- 자신이 가장 강하다고 생각하기 때문에 집안일을 떠맡는다.
- 또는 어렵거나 확대 받는 환경에서 자란다.

(9) 8타입의 부모는

- 자녀에게 충실하고, 잘 돌보고, 몰입하며, 헌신적이다.
- 때때로 지나치게 보호하려 든다.
- 요구가 많거나, 통제하려 들거나, 엄격할 수 있다.

● 9 타입

(1) 9타입의 특성 : 조화와 평화를 바라는 사람

갈등이나 긴장을 피하는 평화주의자로 자신의 내면이 혼란스러워지는 것을 싫어한다.

다른 사람들에게 쉬게 동화되기 때문에 주위 사람들의 영향을 받기 쉽지만, 좋은 환경에 있으면 마음이 넓고 동요되는 일이 없으며 인내심이 강하다. 편견이 없고 다른 사람의 기분을 이해할 줄 알기 때문에 타인의 고민을 잘 들어준다. '안정감'과 '조화'로 넘쳐 있는 상태에 가장 큰 만족을 느낀다.

(2) 9타입이 좋은 상태에 있을 때와 나쁜 상태에 있을 때

좋은 상태에 있을 때	나쁜 상태에 있을 때
▷붙임성이 있다 ▷온순하다 ▷마음이 넓다 ▷인내심이 강하다 ▷넓게 받아들인다 ▷편견이 없다 ▷타인의 심정을 이해하고 타인의 입장에서 생각한다	▷현실적인 대처를 못한다 ▷무관심하다 ▷옹고집을 부린다 ▷강박관념에 사로잡힌다 ▷넓게 받아들인다. 둔감하다 ▷편견이 없다. 선악으로 판단하기 쉽다 ▷마음이 연약하다. 나태하다

(3) 9타입의 장점

- 판단하지 않고 수용하는 것
- 다른 사람들을 돌보고 염려해 주는 것
- 긴장을 풀고 재미있게 지낼 수 있는 것
- 대부분의 사람들이 나와 함께 있는 것을 좋아하고, 내가 함께 하기 편한 사람이라 생각하는 것
- 문제의 다양한 측면을 볼 줄 알아서 중재를 잘하고 일을 순조롭게 진행시키는 능력을 가진 것
- 감각과 심미안이 특히 발달했고, 현실을 잘 깨닫는 것
- 순리에 따라서 우주와 하나됨을 느낄 수 있는 것

(4) 9타이이 빠지기 쉬운 함정 : 자기비하

갈등을 회피하고 평화를 추구하는 9타입은 '무사안일'에 빠지기 쉽다. 자신의 의견을 정확하게 말해야 할 때도 확실하게 말하지 않고 다른 사람들에게 맡긴다. 따라서 주위 사람들은 9타입의 생각을 모르

게 되고, 그 때문에 문제가 발생할 소지가 생긴다.

이러한 문제점은 9타입이 '자기 비하'라는 함정에 빠질 때 발생한다. 자기 비하는 스스로를 대단한 인간도, 중요한 존재도 아니라고 여기는 생각에서 나온다. 이 상태에서는 자신에 대해 애정을 가질 수 없다. 자신의 의지에 대해 자신감이 없고 자신을 움직이게 하는 '활력'을 타인에게 구하는 것이다. 9타입의 사람들은 애정을 가져야 할 대상이 바로 자기라는 확신을 가져야 한다.

이러한 확신에 의해 외부를 향해 마음을 열고 적극적으로 타인과 접할 수 있게 되며, 갈등 또한 받아들일 수 있게 된다. 그리고 갈등이 예상되거나 마음에 상처를 받을 사랑이 생길지 모른다.

(5) 9타입의 단점

- 온순하고 우유부단해서 비판이나 오해를 받는 것
- 솔선력과 절제가 부족해서 자책하게 되는 것
- 비판에 너무 민감해서 남들이 눈썹을 치켜 올리거나 입술을 실룩거리는 것에 일일이 신경 쓴다.
- 내가 정말로 무엇을 원하는지 몰라서 고민하는 것
- 다른 사람들이 나에 대해 어떻게 생각할지 너무 많이 신경쓰는 것
- 남들이 내 말을 잘 들어주지 않거나 대수롭기 않게 여기는 것

(6) 9타입과 잘 지내려면

- 내게 어떤 것을 하게 하고 싶으면, 어떻게 요청하는가가 매우 중요하다. 특히 기대나 압력을 싫어한다.
- 나는 남의 말을 잘 들어주고 봉사하는 것을 좋아하지만, 이것을 이용하지는 말라.
- 비록 내가 조금 꾸물거린다고 할지라도, 내 말이 끝날 때까지 들

으라.

- 일을 끝내고 의사결정을 할 때까지 내게 시간을 주라. 판단하진 말고 부드럽게 주의를 환기시켜 주는 것은 괜찮다.
- 나를 이해시키려면 나에게 질문을 하라.
- 나의 어떤 모습을 좋아하는지 말해 달라. 나는 아첨을 아주 싫어한다.
- 나를 안아 주고, 신체적인 애정을 보여주라. 그것은 나의 감정을 열리게 해준다.
- 나는 훌륭한 토론을 좋아하지만 대결은 좋아하지 않는다.
- 내가 행동하거나 말한 것을 좋아하는지를 알려주라.

(7) 9타입의 인간관계

- 관계에 있어 최상의 상태에 있을 때 9타입은 친절하고, 부드럽고, 기운을 복돋아주고, 지지를 해주며, 충실하고, 판단하지 않는다.
- 관계에 있어 최악의 상태에 있을 때 9번 유형은 고집을 부리고, 수동적 공격성을 갖으며, 주장하지 않고, 지나치게 편한 것을 추구하며, 방어적이다.

(8) 9타입의 어린이는

- 무시당했다고 느끼고 자신의 소망이나 의견, 느낌이 소홀하게 취급되었다고 느낀다.
- 특히 다른 사람들이 논쟁을 벌일 때, 신경을 꺼버린다.
- '착한' 아이들이다. 분노를 부인하거나 마음속에 간직한다.

(9) 9타입의 부모는

- 지지해 주고, 친절하고, 따뜻하다.
- 때때로 과도하게 허용적이다. 즉 전혀 지침을 주지 않는다.

<활동자료 #3>

유형별 조직도

1번 유형	2번 유형	3번 유형
4번 유형	5번 유형	6번 유형
7번 유형	8번 유형	9번 유형

청개구리와 앵무새(의사소통 I)

(역할극)

1. 개 요

가. 학습목표

(1) 기초적인 대화연습을 통하여 자기표현 능력을 기른다.
(2) 상대방의 말을 경청하는 태도를 기른다.
(3) 의사소통을 통해 상호 이해를 증진시킨다.

나. 프로그램 구성/내용

이 프로그램은 처음은 좀 어색하겠지만 상대의 말을 듣고 딴청을 피우거나, 앵무새처럼 같은 말을 반복하여 반응하는 게임으로, 서로 마음을 솔직하게 표현하고 그대로 받아주며, 간결한 표현으로 되받아 주기도 하고, 더 나아가 내면의 감정, 느낌까지도 말하고 읽어주는 새로운 의사소통 기술의 중요성을 경험하는 프로그램이다.

다. 실습조 편성/교육준비

(1) 집단의 규모: 소대단위
(2) 소요시간/자소: 100′/내무반
(3) 준비물 : A4용지, 활용자료 #1, 교관자료 #1

라. 기대효과

(1) 타인의 말을 경청해야 한다는 것과 마음을 기울이는 것의 중요성을 경험하게 된다.
(2) 의사소통할 때 효과저인 적극적 경청기술을 습득한다.

2. 진행순서/방법

① 교관은 의사소통에 대한 집단분위기를 조성하고 프로그램을 진행한다.(①~② : 10′)

- 우리는 함께 생활하는 조직이나 동료들 사이에서 자신을 바르게 세울 수 있도록 도와주어야 할 사람이 적어도 한 사람 이상이 필요하다고 생각되는데 그가 바로 우리이며, 이웃 사람들 또한 나에게 꼭 필요한 그런 사람이다. 그렇다면 우리는 대인관계에서 어떤 방법으로 리더십을 발휘하고 다른 사람들로부터 어느 정도의 호감과 신뢰를 받으며 살아가고 있을까? 하는 궁금증이 생기게 된다.
- 이 시간에는 공동체생활 속에서 말이나 비언어적인 행동으로써 맺는 인간관계를 보다 효율적으로 할 수 있는 체험을 하도록 하겠다. 우선 평소 여러분이 전우와의 관계, 아니면 상・하급자와

관계, 가족과의 관계라도 좋겠지만 어쨌든 다른 사람과의 관계에서 보일 수 있는 여러 가지 행동들을 생각해 보기로 하자.

② 소대를 분대별로 앉게 하고 기록지에 인간관계를 특징을 기록하게 한다.

- 먼저 분대장은 적당한 위치에 분대원을 원형으로 앉히고 A4용지를 나누어 주어라.
- 다 받았으면 우리 부대에서 다른 전우들과 잘 어울리지 못하는 전우들은 어떠한 성격 특징들이 있는지 한번 기록해 보자.

> 지도요령
>
> - 다른 전우들과 잘 어울리지 못하는 사람의 성격 특성
> - 다른 전우들 앞에서 어떤 태도를 보이는가?
> - 내무생활, 교육훈련 등에서 특별히 다른 점은?
> - 앉거나 서있는 자세, 손과 발, 고개를 끄덕이는 태도, 눈빛, 목소리, 몸짓 등이 다른 전우들과 특별히 다른 점은?
> - 언어 스타일(수줍고 말이 없음, 까불고 수다스러움, 짜증을 자주 내는 말투, 남을 배려하거나 무시하는 말투)과 귀찮게 하거나 괴롭히거나 하는 태도 등

③ 각 분대장 통제하에 기록한 내용을 발표하게 한다.(20′)

- 그러면 각 분대장의 통제하에 분임별로 빠지는 사람 없이 순차적으로 발표를 하도록 한다.
- 발표를 잘 들었다. 인간관계에 있어서는 될 수 있는 대로 남이 이야기를 할 때에는 고개를 끄덕이면서 상대방이 친근감을 느끼게 듣는다든지 남을 배려하는 전우들, 표정이 밝고 상냥하고 친절한 전우들이 다른 사람들과 잘 어울리며 호감을 얻게 되는 것을 알 수 있을 것이다.

④ 청개구리 대화법을 실시하고 느낌을 나누게 한다.(30′)

- 이번에는 청개구리 대화방식을 직접 역할연기를 통해서 실습해 보기로 하겠다. 우선 두 사람씩 짝을 짓는다. 매번 강조하지만 우리가 배우고자 하는 프로그램의 목적이 대인관계이므로 가능하면 그다지 대화가 없던 전우와 자발적으로 짝을 이루어 활동하도록 하는 것이 그 자체로도 대인관계 훈련이 되는 셈이 된다. 게임요령을 설명할 테니 잘 듣고 게임에 참가하도록 한다.

<u>게임요령</u>

- 2사람이 짝이 되어 화자·청자의 역할을 결정한다.

㉮ 화자와 청자는 서로 등을 대고 앉아서 화자(교대로)가 자기 이야기를 3분간하고 청자는 최대한 움직이지 않고 듣기만 한다.(대화주제 : 아침에 일어나 이 시간까지 있었던 일 이야기)

㉯ 역할을 바꾸어 같은 주제로 이야기한다.

㉰ 화자와 청자가 나란히 앉아서 화자는 자기 이야기를 3분간 하고 청자는 듣는 둥 마는 둥 딴짓을 하면서 관심 없는 표정을 한다. (대화 주제 : 이성과 친한 친구가 가능한가?)

㉱ 화자와 청자가 마주보며 무릎을 대고 앉아서 화자는 청자를 보며 이야기하고 청자는 미소, 고갯짓, 공감 반응 등을 자주하면서 듣는다.(대화주제 : 요즘 나의 관심사)

- 모두들 수고했다. 청개구리 역할 연기를 하면서 느낀 소감을 각 분대에서 한 사람씩만 발표하도록 하겠다.

⑤ 앵무새 대화법을 실시하고 느낌을 나누게 한다.(활동자료 #1 : 30′)

- 모두 열심히 했다. 재미있는가?
  마찬가지로 이번에는 앵무새 대화법을 직접 역할연기를 통해서 실습해 보기로 하겠다.

게임요령을 잘 듣고 역할 연기에 임하도록 한다.

> 게임요령
>
> - 두 사람씩 짝을 지어 마주 보고 앉는다.
> - 상대방의 말을 주의 깊게 듣는다.
> - 제1단계 대화는 상대의 말을 앵무새처럼 그댈 따라서 말하게 하고
> - 제2단계 대화는 표현 뒤에 숨어 있는 마음까지 읽게 한다.
> - 부정적 표현보다 긍정적 어휘를 사용하도록 한다.
>
> ※ 〈교관자료 #1〉의 정답을 참고한다.

- 열심히 하는 모습이 보기 좋다.

이번에도 앵무새 대화의 역할 연기를 하면서 느낀 소감을 각 분대에서 한 사람씩만 발표하도록 하겠다.

> 유 의 사 항
>
> - 둘씩 짝을 지을 때 가능한 새로운 사람과 함께 하도록 한다.
> - 지도자는 의사 확인, 수용, 공감의 예를 간단히 들어 줄 수도 있다.
> - 상대방의 말을 되받아 줄 때 표정, 태도, 간단한 몸동작까지도 그대로 전해 주도록 한다.
> - 이야기 소재는 어릴 적의 아픈 추억 또는 현재의 갈등상활을 주제로 정할 수도 있다.

3. 결 론(10′)

가. 그렇다. 우리는 살아가면서 많은 사람들을 대하고, 대화를 나누며 살지만, 별 생각 없이 무심코 대하는 경우가 많다.

그러나 좀더 신중히 그 사람과의 관계를 대화 내용으로 살펴보면 이야기를 나누고 난 후 참으로 기분이 좋고 편안했다. 또는 내 마음과 상대방의 뜻이 시원하게 통해서 참 만남의 기쁨을 얻었기 때문에 언제라도 또 만나서 이야기하고 싶다고 하는 경우는 그리 많지 않을 것이다.

나. 우리의 전통적인 습관으로 볼 때 어렸을 때부터 재미있고 생생하게 남과 이야기를 나누며, 나의 마음을 편하게 전하는 방법을 자연스럽게 터득하지 못한 것 같다. 그러므로 우리는 훈련을 통해서라도 좋은 인간관계를 갖도록 관심을 가져야 할 것이다. 꼭 어떤 토의주제를 놓고 하는 것이 아니더라도 일상생활에서 흔히 오고 가는 이야기 내용에서도 더욱 필요한 것이라고 생각된다. 상대방의 이야기를 자르지 않고 경청함으로써 성실성, 인내성도 배우게 되고 전우들이나 상하관계에서도 좋은 이미지를 줄 수 있을 것이라 믿는다.

그러면 다른 사람으로부터 호감을 얻을 수 있는 적극적 경청의 6가지 기본자세를 낭독하고 이번 시간을 마치겠다.

<u>적극적 경청의 기본자세</u>

① 따뜻하고 부드러운 시선을 보낸다.
② 편안하고 자연스러운 자세를 취한다.
③ 진지한 태도를 보여준다.
④ 잘 듣고 있다는 표시로 고개를 끄덕인다.
⑤ 듣고 있다는 표시로 간단하게 반응한다.
⑥ 상대의 말을 중간에서 자르지 않는다.

<u>Key Point</u>

- 바람직한 대화의 초기단계인 상대의 말 받아 주기와 상대에게 관심 기울이 기를 체험하여 느껴보고 반복 연습하는데 중점을 두고 진행한다.

<활동자료 #1>

앵무새 대화

제1단계

1. 나는 지금 애인한테 편지를 못해서 조바심이 난다.

2. 내일 있을 행군을 생각하면 우울해진다

3. 내가 일등병이라고 너무들 한다.

4. 작업때 다친 손가락이 치료를 받아도 잘 낫지를 않는다.

제2단계

1. 나는 지금 애인한테 편지를 못해서 조바심이 난다.

2. 내일 있을 행군을 생각하면 우울해진다.

3. 내가 일등병이라고 너무들 한다.

4. 작업때 다친 손가락이 치료를 받아도 잘 낫지를 않는다.

<교관자료 #1>

앵무새 대화

제1단계

1. 나는 지금 애인한테 편지를 못해서 조바심이 난다.
   너는 지금 애인한테 편지를 못해서 조바심 내고 있구나
2. 내일 있을 행군을 생각하면 우울해진다.
   너는 내일 있을 행군을 생각하고 우울해 하고 있구나
3. 내가 일등병이라고 너무들 한다.
   네가 일등병이라고 너무들 한다고
4. 작업때 다친 손가락이 치료를 받아도 낫지를 않는다.
   작업때 다친 손가락이 치료를 받아도 잘 낫지 않는다고

제2단계

1. 나는 지금 애인한테 편지를 못해서 조바심이 난다.
   나는 네 애인이 편지가 안와 오해라고 할까봐 걱정되는구나
2. 내일 있을 행군을 생각하면 우울해진다.
   내일 행군에서 행여 탈락이라도 할까봐 마음이 쓰이는구나
3. 내가 일등병이라고 너무들 한다.
   네가 일등병이라고 함부로 취급받는 것 같단 말이구나
4. 작업때 다친 손가락이 치료를 받아도 잘 낫지 않는다.
   작업때 다친 손가락이 낫지를 않아 행여 잘못될까 걱정이 많이 되는구나

인간관계를 열어주는 대화

(역할극)

1. 개 요

가. 학습목표

(1) 전우와 좋은 관계를 형성, 유지하는데 대화의 중요성을 인식한다.

(2) 좋은 대화방법을 모색한다.

나. 프로그램 구성/내용

전우와 좋은 관계를 위해서는 좋은 의사소통 태도가 필수임을 인식하고, 분대원들끼리 머리를 맞대고 바람직한 대화태도를 모색하여 정리하고, 정리된 내용에 맞는 대화방법을 역할극을 통하여 시연해 본다.

다. 실습조 편성/교육준비

(1) 집단의 규모: 소대단위
(2) 소요시간/장소: 100′/내무반
(3) 준비물: A4용지, 모조전지, 크레파스

라. 기대효과

(1) 전우들과의 대화태도가 긍정적으로 변한다.
(2) 언어의 효용성과 생산성을 인식한다.

2. 진행순서/방법

① 교관은 대화의 중요성을 설명하고 프로그램을 진행한다.(5′)

- 이번 시간에는 좋은 전우관계를 유지하기 위해서 필요한 것들에 어떤 것이 있는지 생각나는 대로 발표해 본다.(자유롭게 발표하도록 한다)
- 그렇다. 그런 것들이 전우와 좋은 관계를 유지하기 위해 필요한 것들이다.

  그 중에서 '대화'는 너무 일상적인 것이라 별로 신경 안쓰고 되는 대로 해왔으나, 이 대화야말로 전우관계를 해치기도 하고 북돋우기도 하는 가장 중요한 부분이 아닌가 한다.

  우리 속담에 '말 한마디로 천냥 빚을 갚는다'는 말도 있다. 이 속담은 말의 중요성을 단적으로 표현한 것이다.

  이번 시간은 전우와의 언어생활에서 명심해야 할 사항들이 어떤 것인지 생각해보고 정리하여 실천함으로써 보다 밝고 활기찬 병영생활을 영위하기 위해 마련되었다.

② 소대를 분대별로 자리를 정해 앉힌다.

- 먼저 각 분대장 통제하에 분대별로 적당한 장소를 찾아 둥글게 앉는다.

③ 분대별로 백지 두 장, 전지 한 장, 크레파스 1통씩을 돌린다,

④ 토론내용과 정리요령을 알려준다.(20′)

- 이제부터 전우와의 "바람직한 언어생활"을 영위하기 위해서 필요한 사항들을·분대별로 토의하고 그 내용을 백지에 정리한다. 토론의 주제는 다음과 같다.

  *대화할 때의 마음가짐

  *대화할 때의 태도

  *대화의 기술

  *그 외 필요한 사항

- 분대별 정리가 끝났으면 그 내용을 모조전지에 정리한다.

⑤ 분대별로 역할극을 준비한다(30′)

- 이제부터 정리된 내용을 가지고 분대별로 역할극을 준비한다.
- 역할극의 내용은 모조전지에 정리한 내용이 효과적으로 전달되도록 꾸며져야 한다.
- 준비할 소재는 다음과 같다.

  *우리 분대의 구호

  *역할극의 주제가(율동과 함께)

  *역할극의 제목

⑥ 역할극의 발표한다.(30′)

- 역할극의 발표요령은 다음과 같다.

  *분대원들 모두, 한명도 빠짐없이 역할을 맡는다.

*입장에서 퇴장까지의 순서는 다음과 같다.

입장⇒모조전지 무대 중앙에 부착⇒관객에 인사⇒부착내용 발표⇒분대구호 외치기⇒역할극 발표⇒주제가 부르기(율동과 함께)⇒관객에 인사⇒퇴장

⑦ 역할극 발표 후 분대별 1명씩 느낀 소감을 이야기하도록 한다.(30′)

- 역할극을 준비하면서 느낀 점
- 역할극을 발표하면서 느낀 점
- 모든 팀의 발표를 보면서 느낀 점 등

3. 결 론(5′)

가. 여러분의 소감을 잘 들었다. 여러분이 발표한 내용들이 바로 우리들 모두의 생각이자 깨달음이다.

나. 오늘 이 시간을 통하여 느낀 전우와의 대화에 있어서 지향해야 할 점들을 명심한다면 훨씬 밝고 활기찬 병영생활이 될 것이다.

다. 또한 짧은 시간에 이렇게 훌륭한 작품을 준비한 여러분들의 창의력과 순발력, 또한 연기력에 경의를 표한다.

라. 여러분의 잠재력에 놀랐고 무엇이라도 해낼 수 있으리라는 뿌듯한 마음이 든다. 수고 했다.

<u>Key Point</u>

- 바람직한 언어생활을 스스로 도출해 내도록 하는데 중점을 둔다.
- 역할극은 이를 적용해 보기 위한 것이므로 만드는 과정에서 활용하게 한다.

봉사활동

(행동화)

1. 개 요

가. 학습목표

(1) 건강한 삶과 부모님에 대한 고마움을 느낀다.

(2) 남을 배려하고 봉사하는 기쁨을 배운다.

나. 프로그램 구성/내용

봉사활동지역은 부대여건, 가용시간 등을 고려 부대주변의 사회복지시설 등을 선정한다. 먼저 봉사대상에 대한 이해와 마음가짐을 정리하고 봉사의 목표와 유의사항을 확실히 주지시킨 후 출발하도록 한다. 출발 전 사전 협의, 토의를 통해 구체적인 봉사활동 계획을 수립하고 시기와 상황에 따라 적절한 활동 프로그램을 선택한다.

(1) 사회복지시설(양로원, 보육권, 장애인 시설 등)

(2) 소년 · 소녀 가장돕기

(3) 독거노인 돕기

(4) 6 · 25 참전용사 돕기 등

다. 실습조 편성/준비사항

(1) 집단의 규모 : 소대 · 중대
(2) 소요시간/장소 : 4H/봉사활동 지역
(3) 준비물 : 봉사활동 내용에 따라 준비

라. 기대효과

(1) 국민으로부터 신뢰받는 군대가 된다.
(2) 공동체 의식이 향상되고 자신의 마음자세에 대해 생각해 보는 기회가 된다.

2. 진행순서/방법

① 중 · 소대장은 봉사계획을 설명하고 전체적인 진행을 통제한다.

- 이제부터 4시간 동안 봉사활동을 하게 된다.
- 우리의 봉사 대상은 ________이다.

우리는 이번 봉사활동을 통해서 우리 지역사회를 이해하고 국민의 한 사람으로서 책임과 협동, 도움의 장을 마련하여 서로 우애를 나누고 상호 발전을 가질 수 있는 기회를 갖고자 한다. 오늘 우리가 봉사활동을 할 ○○에는 사전에 연락이 되어 있고 우리가 오기를 기다리고 있을 것이다.

봉사활동이 오히려 당사자에게 거추장스럽고 부담스런 형식이 되어버리지 않도록 예의와 존중감을 가지고 겸손과 미소의 표정을 잃지 않기 바란다.

이번 기회를 통해 사회로부터 군인에 대한 신망을 얻고, 개인적으로는 봉사에 대한 기쁨을 맛봄으로서 참 삶에 대한 의미를 생각해 보는 시간이 되기를 바란다.

> <u>사전 준비요령</u>
>
> ㉮ 중·소대장은 사전에 어디로 갈 것인가 대상을 미리 선정한다.
> ㉯ 대상에 필요한 봉사활동은 무엇인지 조사한다.
> ㉰ 활동에 따른 준비물을 챙긴다.

② 봉사활동에 대해 사전 협의/토의를 한다.

- 봉사활동 전에 협의가 필요한 안건을 내어 놓기 바란다.
  ㉮ 일감을 정한다.(가장 필요한 것이 무엇인가?)
  ㉯ 준비는 어떻게 할 것인가?
  ㉰ 활동 프로그램을 짠다.
  ㉱ 현장에서의 주의사항은 무엇인가?
  (교관은 자연스럽게 의견을 모아 칠판에 정리한다)
- 일감 선택하기의 "예"

대 상	일 감
양로원	㉮ 위로회를 계획하자 ㉯ 목욕을 해드리자 ㉰ 시설물을 보수하자 ㉱ 게임을 같이하자 ㉲ 대청소를 해드리자

③ 분대별로 사전 준비를 한다.

- 협의된 안건 중 사전 준비가 필요한 것들은 분대별로 분담한다.

④ 준비가 끝났으면 봉사활동지역으로 이동한다.

- 이제부터 봉사활동지역을 이동하겠다. 각자 활동사항을 메모하여 봉사활동이 끝난 후 발표할 수 있도록 한다.

⑤ 봉사활동후 발표

- 가장 하기 어려웠던 일은?
- 대상의 마음을 이해하는 입장이 되었는가?
- 부족한 점은 무엇이었는가?
- 개선할 점은 무엇인가?
- 봉사를 통해 느끼고 깨달은 점은 무엇인가?

3. 결 론

가. 발표하는 것을 잘 들었다. 바로 여러분이 한 이야기들이 이 시간에 우리가 깨닫고 배워야 할 내용이다.

나. 봉사를 통해 단순히 내가 남을 돕는다는 원조 차원에서 보다 인간은 조화와 협력, 상호의존, 상호보완이 필요함을 깨달았고, 군인으로서 사회와 연대의식을 가질 수 있는 좋은 기회였다.

다. 봉사는 개인적으로 인간적인 성숙과 발전을 가져다 준다는 것도 느꼈을 것이다.

라. 여러분들이 발표한 내용은 다음 봉사활동에 참고하여 더 나은 봉사활동이 되도록 하겠다.

감사한 마음 전하기

(토의/발표)

1. 개 요

가. 학습목표

(1) 관계의 중요성을 인식하고 더불어 함께 살아가는 태도를 기른다.
(2) 긍정적 사고와 타인 이해, 수용력을 기른다.

나. 프로그램 구성/내용

이 프로그램은 가족과 고향을 떠나 군생활을 하는 동안 누구에게 언제, 어떤 사랑과 도움을 받았는지, 또 그 영향으로 어떤 결과를 갖게 되었는지 생각해 보고 영향을 준 전우나 상・하급자들에게 어떤 보답을 해왔으며, 또 스스로는 어떤 다짐을 할 것인지 생각해보게 하는 프로그램이다.

또한, 우리의 도움을 필요로 하는 사람들을 위해 헌신할 수 있는 봉사정신을 배양하여 신 민주시민으로서의 바른 자세를 갖게 하는 프로그램이다.

다. 실습조 편성/교육준비

(1) 집단의 규모 : 소대단위
(2) 소요시간/장소 : 50′/내무반
(3) 준비물 : A4용지, 필기도구

라. 기대효과

(1) 협조와 협동의 생활태도를 갖게 된다.
(2) 고마운 사람들을 기억하고, 항상 감사할 줄 아는 태도와 더불어 보답하는 삶을 지향한다.

2. 진행순서/방법

① 교관은 감사한 마음을 갖도록 분위기를 조성하고 프로그램을 진행한다.(5′)

- 이번 시간은 군생활 중 전우들에게 도움을 주었었거나 도움을 받았던 일들을 생각해 보고 빚을 지고도 갚지 못한 일은 없는지 한번 생각해 보기로 하겠다.
- 사람들은 누구나 혼자서 살지 못하고 다른 사람들과 함께 공동체 생활을 하면서 살아간다. 따라서 자신이 생활하고 있는 공동체에서 서로 간에 조금씩 빚을 지며 의지하고 있다고 볼 수 있다. 밥 한끼, 사용하는 펜 하나, 입고 있는 옷 한 벌에도 여러 사람의 정성과 애정이 담겨 있다. 특히 우리가 함께 하는 사람들과는 서로 도움을 주고받으며 더불어 존재하고 있다. 그런데 자칫 우리는 가까이 있는 사람을 갈등관계로만 부각하여 소원해지는 경우가 발생한다.

  의식적으로 함께 존재하는 의미를 찾아보는 것은 서로에게 귀한 체험이 될 것이다.

② 소대를 분대별로 자리를 정해 앉아 명상을 하게 한다.(5′)

- 각 분대별로 둘러앉아 조용히 침묵하며 눈을 감도록 한다.

각 분대장은 A4용지를 분대원들에게 나누어주도록 한다.

- 여러분은 국가의 부름을 받고 군인으로서의 사명을 다하고 있다. 군생활은 사회생활과 달라 여러분이 적응하는데 많은 혼란을 경험했을 것이다.

  이러한 힘든 상황 속에서의 지나온 삶을 되돌아보면서 내게 잊지 못할 영향을 준 사람들을 한분 한분 떠올려 보도록 하겠다. 또한 그분들이 나에게 어떤 의미에서 고맙게 생각되는지 깊이 생각해 보도록 한다.

  우선 가장 가까운 소대, 중대, 대대, 그밖에 신병교육대나 휴가 중에 만났던 많은 사람들의 얼굴들을 천천히 하나하나 떠올려 보자.

③ 병사들에게 A4 용지를 나누어 주고 기록하게 한다.(15′)

- 눈을 뜨고, 그 중에서 가장 고마운 분, 한 분을 선정하여 집중적으로 그분에 대한 마음을 살펴보고, 구체적으로 기록하도록 한다.

④ 기록이 끝나면 발표하고 상호 피드백하게 한다.(20′)

- 자신이 기록한 내용을 발표하고 이 과정을 통해서 느낀 점이나 특별히 생각나는 것이 있으면 나눌 수 있도록 진행한다.

<u>유 의 사 항</u>

- 사건에 중점을 두지 말고 지금 이 자리에서의 느낌에 중점을 두게 한다.
- 감사하고 싶은 사람과 내용이 자연스럽게 떠오르지 않는 경우라도 억지로 찾아 기록하게 한다.
- 감사할 대상은 같은 부대원을 우선순위로 하지만, 같은 중대나 대대 혹은 군대에 있는 모든 전우들을 대상으로 선정하도록 유도하고, 마땅히 사람이 없을 때 사회에서도 대상을 찾을 수도 있도록 한다.

3. 결 론(5′)

가. 사람이 살아가는데 있어서 최대의 행복은 사랑을 주고받음에 있다고 생각한다. 급변하는 산업사회나 통제적이고 규제적인 조직사회에서 바쁘게 살다보면 작은 기쁨이나 작은 고마움을 무심하게 지나쳐 버리기가 매우 쉽다.

나. 그와 같은 생활이 습관화됨에 따라 우리의 감정은 더 메말라가고 병들고 있음을 느낀다.

따라서 마음속 깊숙한 곳에 있는 우리의 순수하고 맑은 인간 본성의 감성을 되살려 순간순간 느끼는 감사하는 마음을 지나치지 말고 전우들과 주고받을 때, 자신과 상대에게 기쁨이 되는 삶을 살아갈 수 있을 것이며, 빚을 지고 사는 가난한 삶이 아니라 덕을 쌓으며 사는 넉넉한 마음의 부자로 생활하는 천국의 삶을 살 수 있을 것이다.

<u>Key Point</u>

- 고마운 사람을 찾아서 그 고마움의 의미를 생각해 보는데 중점을 두고, 자신도 그 누구에게 고마운 사람이 되고 싶은 생각을 갖게 한다.

요술상점

(행동화)

1. 개 요

가. 학습목표

(1) 마음의 갈등상황 해결을 위한 행동대안을 선택하고 현실적으로 적용해 간다.

(2) 자신의 마음을 성찰해 보고 성장동기를 유발시켜 자기발전을 도모 한다.

나. 프로그램 구성/내용

인간의 삶은 항상 갈등을 수반하게 되어 있다. 인간은 자신의 내부에서 일어나는 심리적 욕구와 신체적 욕구에 의해서 충족과 좌절의 갈등을 겪는다.

특히 급격한 사회변화와 질적 풍요 속에서 정신적 갈등, 상대적 빈곤감과 소외감은 인간의 삶의 의욕을 떨어뜨린다. 요술상점(magic shop)은 연극적인 상황을 통하여 개인이 자신의 문제와 직면해 보고, 통찰해 보는 과정을 경험하는 프로그램으로써 불확실한 마음의 갈등상황을 실제로 개방해 보고 정화, 수용함으로써 문제에 대한 행동대안을 선택하고 현실적으로 적용해 가는 활동이다.

다. 실습조 편성/교육준비

(1) 집단의 규모 : 소대단위

(2) 소요시간/장소 : 150′/내무반

(3) 준비물 : 활동자료 #1(요술상점 간판), 카드(A4용지 1/4의 크기)1인2매, 활동자료 #2, 크레파스, 마음의 예시문(칠판부착용으로 전지에 준비)

라. 기대효과

(1) 갈등과 욕구의 매매 경험을 통해 자기정화를 체험한다.
(2) 자기수용, 전우 이해, 긍정적 전망을 하게 된다.

2. 진행 순서/방법

① 교관은 소대를 2개조로 편성하고 게임 준비요령을 설명한다. (①~② : 10′)

- 이번 시간은 요술상점(Magic Shop)이란 주제로 게임을 해 보도록 하겠다. 선임 분대장은 소대를 두 그룹으로 편성하고, 무대를 향해 U자형으로 둘러 앉게 한다.
- 그리고 무대에 요술상점 간판(활동자료 #1)을 부착한다.

② 교관은 요술상점 프로그램의 내용과 진행요령을 설명한다.

- 준비가 다 되었으면 본 프로그램에 대해 잠시 설명하겠다.
Magic Shop은 모레노(Moreno)박사가 창시한 집단치료방법의 하나인 심리극(Psychodrama)으로, 개인의 문제를 말로만 노출하는 것이 아니라, 연극적인 행동을 통하여 직접 자신의 문제에 대면케 하는 방법이다.
  그 중 요술상점은 준비단계에서 자발성과 참여도록 촉진하는 데 널리 쓰이고 있는 치료방법이다.
- 지금 무대에 설치되어 있는 요술상점은 불가능한 것이 없고 어떤 물건이든지 다 갖춘 유일한 상점이다. 여러분은 지금까지 간

절히 원하고 있으나 갖지 못했던 그 어떤 것도 살 수가 있다. 그것은 물질적인 것도 있고, 정신적인 것일 수도 있다. 오늘은 그토록 원하였던 모든 것들 중, 가장 중요하고 시급한 것 한 가지를 꼭 성취하기 바란다.

그런데, 조건이 한 가지 있다.

이 요술상점은 필요하다고 해서 그냥 물건을 나누어주는 곳이 아니다. 원하는 물건을 얻기 위해서는 무엇으로든 대가를 치러야 하는데, 이곳에서는 물건을 사는 사람이 자기가 가진 것 중에서 가장 버리고 싶은 것(삶에 방해가 된다고 생각하는 것)을 한 가지 내어놓아야 한다.

버리고 나면 아쉬운 생각이 날지도 모르니 잘 생각하여 정말로 필요치 않은 것 하나를 선택해야 할 것이다. 자, 그러면 황금찬스를 놓치지 않기 바라며 게임을 진행하겠다.

③ 교관은 상점주인이 되며, 주인을 도와 줄 서기 한 사람을 선출하고 게임을 준비한다.(20′)

- 그러면 교관이 상점주인 역할을 할 테니 주인을 도와 서기 역할을 할 전우 한 사람이 필요한데 자발적으로 지원하기 바란다. 서기는 크레파스로 사가는 물건 이름을 카드에 적는 일을 한다.
- 서기는 카드(A4용지 1/4의 크기)를 소대원들에게 1인당 1매씩을 나누어주고 크레파스를 중앙에 갖다 놓도록 해라. 나머지 카드는 서기가 소지하고 구매 물품명을 적는데 사용한다.
- 서기에게서 카드를 받았으면 소대원 여러분은 각자가 버릴 물건 한 가지씩을 크게 기록하여 물건을 사갈 때 교환하도록 한다. 준비 다 되었는가?
- 그러면 한 사람씩 나와서 필요한 물건의 구매와 버릴 물건 교환을 진행하겠다.

④ 교관은 실감나게 게임을 진행한다.(④~⑤: 50′)

- 누가 먼저 요술상점 물건을 사겠는가?

<u>게임규칙 지도요령</u>

※ 상점주인이 판매할 때 사용하는 질문 요지(실감이 나도록)

- 어떤 물건이 필요한가요?
- 무슨 이유로 그 물건이 필요한가요?
- 그렇게 그것이 필요한가요? 충동구매는 아닌가요?
- 그 물건을 사는 대신 무엇을 내놓을 건가요?
- 그것을 갖게 되면 자신의 모습이 어떻게 될 것 같은가요?
- 어떤 것을 내놓을 건가요?
- 무엇이 그렇게 부담되고 짐이 되었나요?
- 그렇게도 버리고 싶었나요?
- 후회는 하지 않겠나요?
- 그것은 ____에 이로운 점이 있는데 아쉽지 않겠습니까?

⑤ 상점주인은 먼저 버릴 물건을 받아 보관하고, 원하는 물건을 내어주며 다시 확인한다.

- 원하는 물건은 구매자의 이야기를 듣고 서기가 즉석에서 카드에 기록하던지, 그림으로 그려 상점주인에게 건넨다.
- "당신이 그렇게도 원하시던 물건을 드리겠습니다."이 때 구매자가 두 손을 벌려 "주십시오"라고 크게 외치면 소대원들도 두 손을 크게 벌려 "주십시오"라고 소리친다.
- "원하는 물건이 여기 있습니다. 잘 쓰기 바랍니다."
  (상점 주인이 물건을 내어 줄 때 하는 말)
- "분명히 원하는 물건을 받았고 버릴 물건을 버리신 거죠?"(다시 한번 확인한다. 버린 물건이 적힌 종이는 하나하나 벽에 붙인다.)

⑥ 버린 물건을 처리한다.(10′)

- 버리고 후회하거나 꺼림직한 사람이 없는가 물어 보고 되돌려 준다.
- 버린 물건이 필요한 사람에게는 덤으로 준다.
- 최후로 남겨진 종이를 모아 소대원들이 보는 앞에서 시원하게 찢어서 뿌린다.

<u>버린 물건 처리요령</u>

- 반환시 멘트
  우리 상점은 좀처럼 되돌려 주는 법은 없는데 당신이 그처럼 필요하다면 오늘 특별히 당신께 덤으로 얹어 드리겠습니다.
- 필요한 사람에게 건넬 때의 멘트
  당신은 정말로 운이 좋은 사람입니다. 이 물건을 버리기 아까웠었는데 당신이 꼭 원한다면 덤으로 드릴테니 잘 쓰시기 바랍니다.
- 남은 쪽지 처리시 멘트
  이 버릴 물건들은 영원히 흔적도 없이 사라질 것입니다.

⑦ 구매한 물건을 가슴에 달도록 한다.(10′)

- 구매활동이 전부 완료되며 자신이 구매한 마음의 가치에 대해서 분별하기 위하여 칠판에 부착되어 있는 활동자료 #2(마음의 예시문)을 보고 내가 선택한 마음은 어느 항목에 속하는지를 확인해 본다.
- 천천히 거닐면서 소대원들이 구매한 물건이 무엇인지 읽고 격려하며 축하한다.

⑧ 이 과정을 통해 느낀 소감을 나누게 한다.(⑧~⑨: 45′)

- 이 과정을 통해서 느낀 소감이나 특별히 생각나는 점이 있으면 발표하도록 한다.

⑨ 교관은 각 조별 발표가 전부 끝나면 종합정리와 강평을 한다.

유 의 사 항

- 병사들의 자발적인 연기를 유도하기 위하여 연극적인 분위기를 조성한다.
- 즉각적으로 진행자와 참가자 모두의 진실이 드러나게 되므로, 자연스런 연기와 진행이 필요하다.
- 구매와 교환하는 물건은 정신적인 것, 물질적인 것 모두가 가능하나, 가능한 구체적인 것을 선택할 수 있도록 유도한다.

3. 결 론(5′)

오늘, 우리는 요술상점에서 그토록 원했던 아주 귀중한 물건들을 하나씩 구입했다. 그러나 그동안 여러분을 얽매어 계속 실패의 감정을 맛보게 하였던 인생의 덫 하나를 제거해 버렸다.

이제부터 구매한 물건을 어떻게 잘 활용할 것인가 하는 일이 여러분에게 맡겨졌다.

부디, 그것을 통해 여러분의 삶이 축복으로 변하고 진정한 당신 자신이 되기 바란다.

Key Point

- 교관의 확신에 차고, 단호한 태도가 중요하다.
- 버리기를 원하는 가치는 확실하게 단절의 기분을 느끼게 하고 갖기를 원하는 가치는 분명히 내 것이 되었음을 실감시키는 멘트를 주도록 한다.

<활동자료 #1>

요술상점 간판

<활동자료 #2>

마음의 예시문

진실한 마 음	나와 남에게 거짓됨이 없는 것, 자신을 있는 그대로 표현하는 것, 자신이 누구인지 바로 알고 싶은 것, 다른 사람에게 혹은 자신에게 약속을 잘 지키는 것, 자신이 옳다고 생각하는 것을 말하는 것, 싫고 좋음을 편하게 얘기하는 것 등
더불어 사 는 마 음	나와 남을 같이 배려하는 것, 남의 입장을 고려하는 것, 남에게 도움이 되고 싶어하는 것, 남의 이익에 관심을 갖는 것, 공동체의 이익을 추구하는 것, 자연보호 등
자신을 다스리는 마 음	자신의 욕구를 다스리는 것, 노력하는 것(자신의 부족함을 채워서), 성취하고자 하는 의욕을 갖는 것, 다른 사람의 유혹에 대해 저항하는 것, 자신과의 약속에 충실하는 것 등

자신의 장점 찾기

(토의/발표)

1. 개 요

가. 학습목표

(1) 자기 자신의 장점을 발견하고 자신을 사랑하는 마음을 갖는다.
(2) 남의 장점을 발견하면서 모두가 존귀한 존재임을 안다.

나. 프로그램 구성/내용

본 프로그램을 자신의 장점을 찾아 알림으로써 자신감을 높이고 또한 소대원들의 장점을 확인하여 공유함으로 신뢰와 사랑의 고양을 체험하는 프로그램이다.

아무리 작은 장점이라도 그것을 크게 보고 자신 있게 활용할 때 개인의 성공과 조직의 발전에 긍정적인 영향을 미칠 수 있음을 알게 될 것이다.

다. 실습조 편성/교육준비

(1) 집단의 규모: 소대단위

(2) 소요시간/장소: 100′/내무반

(3) 준비물: A4용지(1인당 1장씩)

라. 기대효과

(1) 자신의 장점을 확인하고 소유하도록 해 준다.

(2) 자신의 성취에 대한 인식능력을 향상시킨다.

(3) 미처 깨닫지 못한 전우의 좋은 점을 알고 군생활 중 상호 보완해 준다.

2. 진행순서/방법

① 교관은 장점에 대한 설명으로 분위기를 조성하고 프로그램을 진행한다.

- 이번 시간은 자신의 긍정적인 점을 찾아 자신감을 높이고 타인의 긍정적인 점을 듣고 인식을 새롭게 하여 자신과 타인에 대한 신뢰와 사랑을 발전시키는 시간이다.

  사람은 누구나 장점과 단점을 가지고 있다. 사람들 중에는 장점보다 단점에 매달려 우울하고 불편한 삶을 사는 사람도 있으나, 그 보다는 조그만 장점이라도 크게 보고 그것을 더욱 발전시켜 활기차게 살아 성공적인 삶을 이끌어 간 사람도 많다.
- 소대원들에게 A4용지 한 장씩을 분배한다.

② 잠시 눈을 감고 자신의 장점을 찾아보게 한다.

- 잠시 눈을 감고 생각해 보겠다.
  눈을 감는 것은 나 아닌, 다른 것을 보던 눈을 내 안을 돌려 마음속을 살펴보기 위함이다.
  자기의 장점이라고 생각되는 것을 하나하나 찾아보자.

<u>장점 찾기 안내</u>

- 크고 근사한 것이 아닌 비록 작은 것이라도 내가 생각하기에 자랑할 만한 것이라 생각되는 것도 찾아보라.
- 병영생활, 가정, 이웃간에 잘하는 점도 찾아보라.
- 성격, 습관, 신체, 특기, 취미 면에서도 찾아보라.

③ 눈을 뜨고 자기의 장점을 20개 이상 적는다.

- 나누어 준 A4용지에 번호를 매겨가며 자기의 장점을 10개 이상 적는다.
- 길게 서술하지 말고 "나는 ________하다"와 같이 단문 형식으로 적는다.

<u>Key Point</u>

- 자신이 꼭 필요하고 아주 괜찮은 존재임을 스스로 깨닫게 되도록 장점을 세밀한 부분까지 많이 기록하게 한다.

④ 자기가 기록한 장점을 발표한다.

> 유 의 사 항
>
> • 전우들의 발표를 들으며 적극 인정하고 격려한다.
> • 상황에 따라 장점의 수효를 가감할 수 있다.

- 발표시에는 큰 소리로 자랑스럽게 발표한다.
- 다른 병사의 발표를 들으면서 미쳐 생각나지 않아 챙기지 못한 자기 장점이 있으면 즉시 기록하여 보탠다.
- 상대가 미쳐 챙기지 못한 장점이 있으면 챙겨주어 기록에 보태도록 한다. 그 사람의 숨은 특성을 발견해서 적절한 때에 진지하게 반응해 주는 것은 사기를 북돋아 기를 살려주는 활동이다.

⑤ 상호 피드백을 교환하고 소감을 나눈다.

- 자기의 장점을 찾아 발표하고 또 전우들의 장점을 들으면서 느낀 점이나 새롭게 생각하게 된 점을 소대원들과 함께 나눈다.

3. 결 론

가. 여러분의 반응을 중심으로 정리해 보겠다.

- 여러분이 장점을 발표할 때에는 겸허한 모습을 엿볼 수 있었다.
- 발표하면서 다른 사람에게 있는 장점이 자신에게도 있다는 것을 알 수 있었을 것이다. 이것은 인간행동의 보편성을 보여주는 것이라 생각된다.
- 내가 단점으로 생각하고 있었던 점이 다른 사람에게는 단점으로 발표되는 것을 보며 단점도 장점화할 수 있음도 인식할 수 있었다.

- 상대의 장점이 발표되는 동안 우리는 그동안 편견을 가지고 그 사람을 보고 있었지 않았나 하는 반성도 했을 것이다.
- 우리는 남의 장점을 발견하는 것으로 끝내지 말고 그것을 모범 삼아 나의 것으로 키울 수 있었으면 좋겠다.

나. 자신의 장점을 이해하고 상세히 기술할 수 있는 능력은

- 자신의 장점을 성과로 전환할 수 있는 능력이고
- 개인의 특성을 활성화할 수 있는 능력이며
- 자기를 좋아하므로 스스로 격려하고, 타인을 격려하는 능력이다.

다. 자기 장점 기록지를 보관하고 때때로 읽어보며 자기 격려를 하기 바란다. 수고했다.

나는 이런 사람이 되련다

(토의/발표)

1. 개 요

가. 학습목표

(1) 자신의 가치를 인식하고 새로운 가치를 선택할 수 있다.

(2) 선택한 결과를 극대화하고 실천의지를 다진다.

나. 프로그램 구성/내용

본 프로그램은 급변하는 현대화 속에서 가치의 혼란을 겪고 있는 병사들에게 가치화의 과정을 바르게 학습시킴으로써 자신의 가치를 새롭게 발견하게 함은 물론 나아가서 자신과 타인에게 가장 적합한 새로운 가치를 발달시킬 수 있도록 하는 과정이다.

세상에는 많은 훌륭한 사람들이 모범이 되는 삶을 살아왔고 우리에게 삶의 지표가 되고 있다. 그들의 모습을 보고 자신의 가치를 바르게 정립하고 꿈을 실현할 수 있는 신념과 구체적인 계획을 수립하며 의식화하여 실천할 수 있도록 하는 프로그램이다.

다. 실습조 편성/교육준비

(1) 집단의 규모: 소대단위
(2) 소요시간/장소: 100'/내무반
(3) 준비물: 필기도구, 활동자료 #1, 참고자료 #1

라. 기대효과

(1) 자신의 가능성을 재확인하고 보다 의미있고 생산적인 삶을 살아 가려는 태도와 능력을 갖는다.
(2) 자신의 꿈을 실현하기 위한 확고한 신념과 자기성장을 위한 적극적인 자세와 가치관을 바르게 설정하게 된다.

2. 진행순서/방법

① 교관은 꿈에 대한 설명으로 분위기를 조성하고 프로그램을 진행한다.

- 여러분! 여러분은 꿈이 있는가?
- 그 꿈은 실천 가능한 꿈들인가?
- 인간은 누구나 아름다운 꿈을 갖고 살아간다. 꿈은 종류나 꿈의 크기가 아니라 그 꿈을 어떻게 실현하는가가 더욱 중요하다. 그 꿈의 실현여부는 자신이 얼마나 노력하는가에 달렸기 때문에, 자신의 꿈을 자기 것으로 만들기 위해서는 구체적인 계획을 수립하여 의식화하며, 굳은 의지를 갖고 끊임없는 실천을 해야 가능할 것이다.

- 또한 그 꿈은 실현 가능한 꿈이어야 할 것이다.

  어떤 사람들은 '하늘에 별을 따는 꿈', '뜬 구름 잡는 꿈'을 꾸며 일생을 의미 없이 보내는 사람들도 있다. 이번 시간은 사회에 진출하여 한 인간으로서 정말 아름다운 자아실현을 할 수 있는 가장 가치 있는 꿈을 선택해 보기로 하겠다.

② 소대를 분대별로 둥글게 앉게 한 다음 아래의 삽입 멘트를 읽어 준다.

> <u>삽입멘트</u>
>
> 사람은 저마다 고유의 모습을 가지고 있는 것처럼 가치관도 다 다르다. 지금의 자신을 들여다 보자. 앞으로의 삶은 어떻게 될 것인가? 지금의 자신과 많이 달라질까?
>
> 여러분 스스로 운전대를 잡으라.
>
> 스스로 되고 싶은 자신을 현재의 자신이라고 믿으면 그것이 진정한 자신이 되어 행동한다.
>
> 여러분들이 먼저 결과를 만들면 원인이 되어야 할 상황이 여러분에게 다가온다.
>
> 상황은 언제나 여러분에게 열려 있다.

③ <활동자료 #1>을 나누어 주고 기록하게 한다.

- 1분대장이 큰소리로 활동자료를 읽게 한다.
- 소대원들로 하여금 20개 문항중 나에게 가장 의미 있거나, 되고 싶은 것으로 한 개 또는 두 개를 선택하게 한다.

④ 선택한 항목을 분대원들에게 발표하고 그 이유를 말한다.

- 기록이 전부 끝났으면 분대장부터 순차적으로 항목의 내용과 그것을 선택한 이유를 말한다.
- 이때, 서로 격려와 인정을 보내며 듣는다.

⑤ 꿈을 실현하기 위한 실천계획을 세우고 발표한다.
- 실천계획은 구체적이고 즉시 실천 가능한 것을 계획한다.
- 실천계획을 세울 때 서로 정보를 공유하고 지지를 보낸다.

⑥ 실천계획을 분대원 앞에서 공포하게 한다.
- 실천계획 발표가 마무리 되었으면 이번에는 한 사람씩 나와서 자신이 계획서 대로 실천할 것을 분대원 앞에서 큰소리로 공포한다.

⑦ 분대별로 이 과정을 통해 느낀 소감을 나누게 한다.
- 분대원 전원이 발표를 마치면 이 과정을 통해서 느낀 점이 무엇인지 나눈다.

⑧ 각 분대별 1~2명을 지명하여 자기 분대에서 나눈 느낌을 종합, 발표하게 한다.

3. 결 론

가. 여러분의 소감과 발표를 잘 들었다.

나. 여러분의 실천의지를 돕기 위해 어느 소년의 질문내용을 읽어 주겠다. 도움이 되었으면 좋겠다.<참고자료 #1>

> **Key Point**
>
> - 교관은 장난끼 있는 진행이 되지 않도록 진지한 자세를 갖는다.
> - 가치선정이 충실히 되고 실천의지를 엄숙히 다지도록 가치를 부여한다.

<활동자료 #1>

내가 돕고 싶은 사람

별칭 :

1. 원대한 꿈을 가진 사람	11. 자주적인 사람
2. 솔직한 사람	12. 지혜로운 사람
3. 능력이 있고 쓸모가 있는 사람	13. 거소한 생활을 하는 사람
4. 쾌활하고 명랑한 사람	14. 사랑할 수 있는 사람
5. 깨끗하고 단정한 사람	15. 겸손하고 예의바른 사람
6. 자신이 믿는 바를 밀고 나가는 용기를 가진 사람	16. 정의를 지키는 사람
7. 남의 잘못을 용서할 수 있는 사람	17. 자신을 다스릴 수 있는 사람
8.남을 도와주려는 사람	18. 책임감이 강한 사람
9. 정직하고 성실한 사람	19. 열정적인 사람
10. 상상력이 풍부하고 창의력이 뛰어난 사람	20. 부지런한 사람
선택한 이유	구체적인 실천계획

<참고사항 #1>

"나는 나 일뿐이다. 이 세상의 어디에서도 나와 똑같이 생긴 사람은 없습니다. 나와 어느 정도 닮은 사람은 있어도 정확히 나와 똑같은 사람은 없습니다. 따라서 나로부터 나오는 모든 것은 진정한 나만의 것입니다. 내 자신이 그것을 선택하기 때문이다.

나의 모든 것을 내 소유입니다. 나의 육체가 하는 모든 것이 나의 것입니다.

마음과 마음속에 담긴 생각, 행동 등 그것이 남에게 하는 행동이 든 나 자신에 하는 행동이든 모두가 나의 것입니다.

나의 성공과 승리, 나의 실패와 실수도 나의 것입니다. 내 모든 것이 나의 것이기 때문에 나 자신과 친해질 수 있습니다. 그리고 그렇게 함으로써 나는 나를 사랑하고, 또 나의 모든 부분과 친구가 될 수 있습니다.

나는 어떤 부분은 나를 당황하게 하고 또 어떤 부분에 대해선 내가 모르는 것도 있을 수 있습니다. 하지만 내가 나 자신을 사랑할 때, 난 용기와 희망을 갖고 그 모르는 부분을 해결할 수 있습니다. 또한 나 자신에 대해 더 많은 것들을 발견할 수 있습니다.

이 순간에 내가 어떻게 보이고 어떻게 들리든, 내가 무엇을 말하고 어떤 행동을 하든지, 내가 무엇을 느끼든 모든 것은 나의 것입니다. 그것이 이 순간 나의 진정한 모습이기 때문이다.□"

참고문헌

3군사령부, 『영원한 삶을 위하여』(3군사령부, 1984)

강문희 외, 『인간관계의 이해』(학지사, 2001)

김려옥 외, 『나는 내 인생의 주인공』(국방부, 1996)

김려옥, 『심성개발지도의 실제』(도서출판 한국인성개발, 1993)

김명권, 『집단상담의 이론과 실제』(연수자료, 2000)

김석길 외, 『육군 가치관 교육 프로그램』(육군본부, 2003)

김석길 외, 『인성교육 병사용 프로그램』(국방부, 2002)

박경석, 『그렇지만 팀장님!』(도서출판 마음心, 2001)

박경석, 『五星將軍 김홍일』(서문당, 1984)

박연수, 『정당한 명령과 진정한 복종』(육사논문집 50집, 1996)

白樂曙, 李相희 편역, 『軍隊와 社會—軍隊組織의 變化와 國民關係』(法文社, 1974)

서병조, 『정치사의 현장 증언』, 제1공화국(중화출판사, 1981)

서병조, 『정치사의 현장 증언』, 제2공화국(중화출판사, 1981)

서병조, 『정치사의 현장 증언』, 제3공화국(중화출판사, 1981)

서울특별시 교육청, 『심성수련 활동의 길잡이』(1997)

서울특별시 교육청, 『청소년 심성수련활동 프로그램 집』(1998)

세문사 편, 『해방 22년사 : 목격, 내막, 증언』(1967)

신종순 · 장을병, 『공직의 윤리』(박영사, 1965)

아리스토텔레스(최명관 역주), 『니코마코스 倫理學』(서광사, 1984)

안토니 퀸턴(장을병 역), 『政治哲學』(종로서적, 1984)

야전교범 22-101(草案), 『統率法』(육군본부, 1981)

오홍근, 『청산해야 할 군사문화』(월간중앙 1988년 8월호)

우재현, 『심성개발을 위한 TA 프로그램』(정암서원, 1997)

유동수, 『감수성훈련』(학지사, 2000)
유동수, 『인간관계 개선훈련』(청년문화사, 1993)
육군본부 팜프레트 850－15, 『지휘통솔 사례』(1998)
육군본부, 『군기강 확립을 위한 의식전환 실천과제』(1991.3.5)
육군본부, 『장교의 도』(육군본부, 1997)
육군본부, 『통솔법(야전교범 22－101)』(육군본부, 2003)
육군사관학교, 『군대윤리』(서울 : 초원문화사, 1996)
육군사관학교, 『軍人 이미지 調査資料』(1983)
육군사관학교, 『군인 이미지 조사자료』(화랑대연구소, 2001)
육군사관학교, 『군인정신 기질연구』(군인정신/기질 연구위원회, 1992)
육군사관학교, 『韓國의 軍人像』(1984)
이규태, 『한국인의 의식구조』(서울 : 문리사, 1977)
이만종, 『명령관계론』(서울 : 진리탐구, 2001)
李文烈, "塞下曲"『사람의 아들』(민음사, 1980)
이민수 편저, 『멋의 본질과 군인의 멋』(서울 : 봉명, 1998)
이민수, 『위대한 군인정신①②』(서울 : 봉명, 2001)
이안국 외, 『인성교정론』(한국소년보호협회, 1999)
이장호 · 김정희, 『집단상담의 원리와 실제』(법문사, 1992)
이재창, 『자기성장과 인간관계』(한국가이더스, 1992)
이태복, 『영원한 것은 없다』(서울 : 물푸레, 2002)
이형득 외, 『의사소통 술의 실제』(중앙적성출판사, 1993)
이형득 · 설기문, 『조력기술훈련의 실제』(형설출판사, 1994)
장성숙 · 최해림, 『집단정신치료의 이론과 실제』(하나의학사, 1993)
정연태 외, 『심성수련 지도지침과 프로그램』(한국인성개발, 1998)
조성룡 편저, 『명장일화』(서울 : 병학사, 2003)
조승옥 외, 『군대윤리』(서울 : 경희종합출판사, 1996)

Dyck, Arthut J., "Ethical Bases of the Military Profession," Parameters, Journal of the US Army War College, vol.4. no.1, March 1980 Reprinted in MQS 1, 2:21-2:28

Flammer, Philip M., "Conflicting Loyalties and the American Military Ethics," The American Behavioral Scientist 19, no.5, May/June 1976, 589-604. Reprinted in M.M. Wakin(ed.), WAr, Morality, and the Military Profession(Boulder, Cororado : Westview Press, 1979), 163-178

Gabriel, Richard A., To Serve with Honor : A Treaties on Military Ethics and the Way of the Soldier(Westport, Connecticut : Greenwood Press, 1982)

Goodpaster, Andrew J., Huntington, Samuel P., Civil-Military Relation(Washington, D.C. : American Enterprise Institute for Public Policy Research, 1977)

Gottfried Martin, 『소크라테스 評傳』(김여수 역, 삼성문화재단, 1974)

Hart, H. L. A., Law, Liberty and Morality(New York Vintage Books, 1963)

Huntington, Samuel P., "The soldier and the State in the 1970s" in Andrew J. Goodpaster and Samuel P. Huntington, Civil-Military Relations(Washington, D.C. : American Enterprise Institute for Public

Huntington, Samuel P., The Soldier and the State : The Theory and Politics of Civil-Military Relations(Cambridge, Massachusetts : The Belknap Press of Harvard University Press, 1957)

공저자 소개

김용현(영남이공대학교 부사관, 경찰경호계열)

김남수(동우대학교 부사관과)

김성우(영남이공대학교 부사관, 경찰경호계열)

김영종(동부산대학교 부사관과)

송준화(경북전문대학교 전문사관양성과)

임계환(경남정보대학교 경영학부 전문사관과)

이승규(계명문화대학교 부사관과)

군대윤리

2011년 7월 5일 초판 1쇄 인쇄
2011년 7월 10일 초판 1쇄 발행

공 저 김용현·김남수
김성우·김영종
송준화·임계환
이승규

발행인 (寅製) 진 욱 상

발행처 백산출판사

저자와의 합의하에 인지첩부 생략

서울시 성북구 정릉3동 653-40
등록 : 1974. 1. 9. 제 1-72호
전화 : 914-1621, 917-6240
FAX : 912-4438
http://www.ibaeksan.kr
edit@ibaeksan.kr

값 17,000원
ISBN 978-89-6183-490-2